NÉLIDA

CHEZ LES MÊMES ÉDITEURS

OUVRAGES

DE

DANIEL STERN

Format grand in-18

Essai sur la liberté, nouvelle édition.................. 1 vol.
Florence et Turin, études d'art et de politique..... 1 —
Jeanne d'Arc, drame historique en cinq actes et en prose 1 —

CLICHY. — Imp. de Maurice LOIGNON et Cie, rue du Bac-d'Asnières, 12.

NÉLIDA

HERVÉ — JULIEN

PAR

DANIEL STERN

NOUVELLE ÉDITION

PARIS

MICHEL LÉVY FRÈRES, LIBRAIRES ÉDITEURS

RUE VIVIENNE, 2 BIS, ET BOULEVARD DES ITALIENS, 15

A LA LIBRAIRIE NOUVELLE

—

1866

Tous droits réservés

« La première production d'une intelligence originale est presque toujours curieuse à étudier : on y découvre en espoir toutes les autres [1]. » Nous avons pensé que le public serait de cet avis, et c'est pourquoi nous réimprimons les premières œuvres de l'écrivain éminent à qui l'on doit quelques-uns des plus beaux travaux historiques et philosophiques de notre temps. Si l'auteur de *Nélida*, d'*Hervé*, de *Julien*, a grandi en talent et en renommée depuis l'époque (1842-1846) où il livrait à la publicité ces fictions romanesques ; si son esprit, de plus en plus libre, s'est élevé d'un essor plus hardi vers la vérité, il n'en est pas moins évident que, dès les premiers essais d'une plume encore inexpérimentée, il se révèle tout entier et tel qu'il sera toujours : passionné, religieux, épris d'un noble idéal, par-dessus tout sincère avec lui-même et avec autrui.

LES ÉDITEURS

---

1. *Mémoires de Carnot.*

NÉLIDA

PREMIÈRE PARTIE

> Alle Erscheinungen dieser Zeit zeigen
> dass die Befriedigung im alten Leben
> sich nicht mehr findet.
>
> HEGEL.

C'était au mois de juin ; le soleil, à son midi, inondait l'horizon de clartés ; pas un nuage ne voilait la splendeur du ciel. Une chaude brise glissait sur l'étang et se jouait dans les roseaux sonores. Près de la rive, à l'ombre d'un rideau de peupliers, sommeillait un couple de cygnes. Le nénuphar ouvrait ses ailes blanches sur le miroir des eaux. Dans une barque, amarrée au tronc d'un saule dont les rameaux flexibles formaient au-dessus de leurs têtes une voûte mobile et fraîche, deux beaux enfants étaient assis, qui se tenaient par la main. Le plus âgé pouvait avoir une douzaine d'années ; c'était un garçon robuste, hardiment découplé, aux yeux noirs, au teint brun : un enfant des campagnes, épanoui au soleil, accoutumé à se jouer librement au sein de la mère nature. L'autre était une jeune fille qui paraissait avoir un ou deux ans de moins. Rien n'égalait la pureté de ses traits ; mais son corps frêle avait déjà cette grâce inquiétante des organisations trop délicates ou trop hâtivement développées ; son cou, d'une blancheur mate, fléchissait sous le poids de sa chevelure d'or ; une pâleur maladive couvrait ses joues ; un léger cercle entourait ses yeux d'azur ; tout trahissait dans cette créature charmante l'alanguissement des forces vitales.

— C'est trop ennuyeux de rester toujours à la même place, dit le garçon en se levant brusquement ; je vais défaire la chaîne, et nous irons là-bas voir le nid de sarcelles.

— J'ai peur, dit la jeune fille, en essayant de retenir dans ses deux petites mains blanches la main vigoureuse et hâlée de son compagnon.

— Puisque c'est moi qui ramerai, reprit-il avec une gravité comique. Et s'arrachant sans peine à la faible étreinte qui lui faisait obstacle, il détachait la barque, saisissait l'aviron, et voguait vers le milieu de l'étang sans écouter les plaintes de sa compagne, qui, le suppliant du regard, s'écriait d'une voix craintive : — Guermann ! Guermann !

Au bout de quelques instants d'un silence causé par un mélange d'effroi et de plaisir : — O mon Dieu, reprit la jeune fille, si l'on nous voyait ! Regarde donc ; je crois que la fenêtre de ma tante est ouverte.

Guermann leva les yeux ; le soleil donnait en plein sur les

croisées du château et les faisait étinceler comme des diamants; il n'y avait personne au balcon de la vicomtesse d'Hespel.

— Elle ne nous reconnaîtrait pas de si loin, dit-il; d'ailleurs elle n'est pas là; puis le grand mal si elle nous reconnaissait!

— Tu n'as donc pas peur d'être grondé, toi, reprit la jeune fille qui se rassurait peu à peu; qu'est-ce que dit donc ta mère quand tu fais ce qu'elle défend?

— Oh! d'abord, ma mère n'a pas le temps de me défendre grand'chose; et puis, Nélida, quand je fais quelque chose de mal, elle ne gronde pas, elle pleure.

— Et alors?

— Et alors, je l'embrasse.

— Et alors?

— Et alors elle prend un air moitié fâché, moitié content, et elle me dit : « Méchant enfant! il faudra donc toujours tout te pardonner! » Je sais cela d'avance.

En devisant ainsi, les deux enfants étaient arrivés à une partie de l'étang obstruée par une masse de roseaux et d'autres plantes aquatiques. Guermann écarta avec précaution une touffe de joncs dont les soyeuses aigrettes semblaient des flocons de neige oubliés par l'hiver au sein de cette luxuriante verdure; et Nélida poussa un cri de joie en apercevant le nid de sarcelles, où reposaient, doucement échauffés par un rayon de soleil, huit ou dix œufs d'un fauve verdâtre, polis et luisants, charmants à voir. Elle contempla longtemps ce spectacle nouveau pour elle; jamais rien de semblable ne s'était offert à sa vue; car elle était de ces tristes enfants des villes à qui la nature demeure étrangère, qui ne se sont jamais éveillés au chant de l'alouette, qui n'ont jamais cueilli la mûre sauvage sur la tige épineuse, et qui n'ont pas vu le papillon délivré ouvrir ses jeunes ailes dans l'atmosphère embaumée d'avril. Depuis la mort de ses parents, qu'elle avait perdus tous deux comme elle était encore au berceau, Nélida de la Thieullaye, confiée au soin de sa tante, la vicomtesse d'Hespel, avait à peine quitté Paris. Cette année pourtant, la vicomtesse s'était décidée à passer deux mois dans ses terres; mais là encore, elle craignait pour Nélida les pernicieux effets du soleil et de la rosée, et, de peur des loups, des serpents, des chauves-souris et des crapauds dont elle avait horreur, elle la laissait très-rarement sortir. Elle lui avait interdit surtout de dépasser jamais l'enceinte du parc, fermé de trois côtés par un grand mur, et de l'autre par l'étang où Nélida s'aventurait en cet instant, malgré les défenses les plus formelles.

Après qu'elle se fut longtemps oubliée à examiner le nid : — Maintenant, ramène-moi vite à la maison, dit la jeune fille.

Guermann reprit la rame; mais au lieu de se diriger vers la rive du parc, il vint, sans tenir compte des instances de sa compagne, aborder au côté opposé de l'étang que longeait un chemin public.

— Il fait bien trop beau pour rentrer déjà, dit-il; allons nous promener un peu; nous serons de retour avant qu'on se soit seulement aperçu que tu n'es plus au jardin.

Disant cela, il amarra la barque à un poteau, saisit dans ses bras Nélida tremblante, l'enleva lestement, traversa le chemin en chantant à tue-tête comme pour appeler et narguer les regards, sauta un fossé, enjamba une haie, et déposa son doux fardeau au bord d'un champ de trèfle en fleur.

La timide enfant, enhardie par le ton résolu de Guermann, séduite à la vue des horizons illimités qui s'ouvraient devant elle, excitée par ce vent de liberté qui lui soufflait pour la première fois à la face, se mit à courir de tout son cœur et de toutes ses jambes à travers champs, non sans faire plus d'un faux pas dans les sillons raboteux, non sans demeurer souvent accrochée aux branches par les rubans flottants de sa robe de mousseline. Ces mésaventures provoquaient de grands éclats de rire, que plus d'un écho surpris répétait au passage.

Après avoir longtemps couru, bondi, erré au hasard, le long des haies odorantes, sur la lisière moussue des bois, dans l'herbe des prairies, foulant joyeusement sous leurs pieds, cueillant, pour les jeter aussitôt, des gerbes de marguerites, de boutons d'or, de digitales, les deux enfants se trouvèrent au bas d'un verger planté sur une colline exposée au midi, et dont une forte palissade gardait l'entrée.

— Oh! les belles cerises! s'écria Nélida, en jetant un regard de convoitise sur les baies rougissantes d'un arbre peu distant du chemin, mais qu'elle croyait placé là hors de toute atteinte.

— Tu en veux? dit Guermann, dont l'œil exercé avait déjà reconnu un endroit où les pieux étaient moins solidement joints, et par lequel, après plusieurs tentatives malheureuses, en s'écorchant les mains et les genoux jusqu'au sang, il parvint à se faire passage. Grimper au cerisier, rompre une branche chargée de fruits, reprendre son élan, sauter par-dessus la palissade, tout cela fut l'affaire d'un clin d'œil.

— Sauvons-nous! s'écria Guermann en saisissant le bras de Nélida stupéfaite; le père Girard m'a vu; c'est un vieux grognon qui va nous courir après.

Et, fuyant avec la rapidité d'un chevreuil effarouché par la meute, il entraîna la jeune fille, gagna l'étang en moins de dix minutes sans même se retourner pour voir s'il était poursuivi, poussa Nélida dans la barque, y sauta après elle, lança le petit esquif, d'un vigoureux coup de pied, loin du rivage, fit force de rames, et se trouva bientôt hors de portée, à une grande distance du bord, au milieu des joncs et des nénuphars. Alors seulement les deux enfants osèrent regarder en arrière. Le père Girard arrivait en ce moment, tout essoufflé, le visage écarlate, le front en sueur. Sa voix rauque et son poing fermé envoyaient des menaces et des imprécations à l'effronté scélérat qui avait osé, sous ses yeux mêmes, lui dérober ses plus beaux fruits. Nélida se prit à pleurer.

— Mange tes cerises, lui dit Guermann, d'un ton si impérieux, qu'elle obéit machinalement, en laissant tomber une larme sur le fruit à demi mûr.

— J'ai eu tort de vouloir ces cerises, dit-elle bien bas, c'est mal de voler.

— Tu vas me faire un sermon à présent, n'est-il pas vrai? Mange tes cerises et ne pleure pas; le père Girard croirait que nous avons peur.

Lassé de vociférer en pure perte et de se voir narguer par un petit vaurien, le père Girard quitta la place en jurant qu'il allait porter plainte au garde champêtre. Nélida rentra consternée au château et fut sévèrement réprimandée sur l'état pitoyable de sa toilette. Madame Régnier, la mère de Guermann, qui habitait une petite maison du village, apaisa son hargneux voisin par un peu d'argent et beaucoup de bonnes paroles. Quant à Guermann, il ne fit d'autre amende honorable, on ne put lui arracher d'autre excuse que ces mots, dits d'un air fier et dédaigneux : « Elles n'étaient pas déjà si bonnes, ses cerises ! et d'ailleurs, ce n'est pas pour moi que je les avais cueillies. »

I

Quatre ans avaient passé. Nélida était entrée au couvent de l'Annonciade pour y faire sa première communion, retardée d'année en année par un état de langueur presque constant, qui avait donné de sérieuses inquiétudes. Elle devait rester dans le pensionnat que dirigeaient les dames de l'Annonciade jusqu'à ce qu'elle eût accompli ses dix-huit ans ; c'était l'âge fixé à l'avance pour son mariage. La vicomtesse d'Hespel était complétement sous le joug des idées reçues dans le monde. Elle ne voyait dans l'union conjugale qu'un établissement qui donnait aux femmes un rang dans la société ; le mariage était à ses eux une affaire plus ou moins avantageuse, dont les chances ne pouvaient et ne devaient se calculer que la plume à la main, dans une étude de notaire. Pensant, non sans raison, que mademoiselle de la Thieullaye, héritière d'une fortune considérable, serait recherchée par les meilleurs partis aussitôt que l'on annoncerait l'intention de lui donner un époux, elle en avait conclu qu'elle pouvait sans scrupule s'épargner l'embarras de la conduire au bal pendant plusieurs hivers, la vicomtesse préférant, et de beaucoup, y aller encore pour son propre compte. Nélida ignorait ses projets; mais, les eût-elle connus, elle ne s'en fût point affectée; elle était d'humeur douce et soumise, accoutumée à un respect instinctif, et n'avait encore jamais songé à se rendre compte ni de ses goûts ni de ses désirs. Elle entra donc sans répugnance au couvent, et bientôt même, sans oser se l'avouer, s'y trouva plus heureuse qu'elle ne l'avait été dans la maison de sa tante.

Il y a dans la vie des communautés religieuses un charme solennel qui attire et séduit les imaginations vives. Toutes ces existences confondues en une seule existence, cette règle cachée sous laquelle tout ploie, le silence sur toutes les lèvres, l'obéissance, ce silence de la volonté, dans tous les cœurs; de jeunes femmes, enveloppées de deuil, qui chantent d'une voix suave de funèbres cantiques, les sons puissants de l'orgue vibrant sous des mains timides; toutes les sévérités de la religion voilées d'une grâce touchante; je ne sais quel mélange inexprimable enfin de joie et de tristesse, d'humilité et d'extase, qui se révèle sur des visages d'une placidité mélancolique, tout cela captive les sens émus et s'empare du cœur comme par surprise. Nélida, plus qu'une autre, devait se laisser pénétrer de cette poésie du cloître. Douée d'une organisation exquise, elle avait l'âme croyante, prédisposée aux ardeurs mystiques. La douce enfant que nous avons vue, en un beau jour de juin, aussi blanche que les nénuphars, aussi souple que les roseaux de l'étang d'Hespel, la craintive révoltée qui courait par la campagne avec un garçon sans peur et sans vergogne, est devenue une jeune fille calme et grave, d'une merveilleuse beauté ; mais les roses du printemps ne sont point écloses sur sa joue ; le sourire de la confiante jeunesse n'entr'ouvre pas sa lèvre sérieuse; sa démarche est languissante; son accent plein de larmes; sa paupière, lente à se lever, laisse échapper des regards abattus qui semblent, chargés de tristes pressentiments, demander grâce au destin; on dirait que toutes ses facultés inclinent vers la douleur.

Devinant avec le coup d'œil d'une femme et d'une religieuse ce qu'il y avait de susceptibilités délicates dans la frêle créature qui lui était confiée, la supérieure du couvent la prit en quelque sorte sous sa tutelle, et, au lieu de la faire coucher au dortoir, elle lui fit préparer, voisine de la sienne, une cellule qu'on arrangea par ses ordres avec un soin inusité. Le lit en bois d'acajou fut abrité sous des rideaux de mousseline; un morceau de tapisserie, bien étroit et bien mince à la vérité, de peur de scandaliser les sœurs converses peu habituées à voir de pareilles recherches, fut étendu au pied du lit, afin que la jeune fille pût s'y agenouiller matin et soir, sans trop sentir le froid contact des dalles; au chevet, la supérieure suspendit elle-même un crucifix d'ivoire d'un travail précieux ; vis-à-vis,

I.

une Vierge d'après Raphaël orna la muraille nue; chose inouïe dans la sévérité d'un monastère, la religieuse fit apporter du jardin et placer au-dessous de la sainte image, comme pour la mieux honorer, deux plantes de bruyère blanche, qu'elle ordonna de renouveler aussitôt qu'on les verrait se flétrir. Une table avec un miroir de toilette et deux chaises en bois de figuier complétaient l'ameublement de la cellule; son unique fenêtre ouvrait sur un quinconce de tilleuls, alors en pleine floraison, d'où s'exhalait le plus suave parfum.

En installant Nélida dans ce petit réduit, la supérieure lui remit la clef d'une armoire où se trouvaient réunis une trentaine de volumes qui ne faisaient point partie de la bibliothèque du pensionnat. C'était un trésor secret, un choix trop bien approprié aux dispositions rêveuses de la jeune fille, de ces auteurs plus fervents qu'orthodoxes, plus séduits que convaincus, qui n'ont cherché dans la doctrine que les sucs propres à distiller le miel; qui n'ont vu dans l'Évangile que les parfums de Madeleine ou la blonde tête de Jean reposant sur le sein ému du Christ, et qui parlent, imprudents, le langage amolli des tendresses humaines pour exprimer les ardeurs du divin amour qui les consume. Nélida profita avec bonheur de la liberté qu'on lui laissait. L'attrait tout nouveau pour elle de ces livres brûlants, ces voluptés de l'extase et du ravissement en Dieu offertes ainsi tout d'un coup sans préparation, sans contre-poids, à son imagination avide et aux instincts de sa jeunesse qui commençaient à s'éveiller, causèrent un grand ravage dans son esprit. Les effusions dithyrambiques des Thérèse, des Chantal, des Liguori, dans le sein de l'époux ou de l'ami céleste, firent sur elle l'effet d'une musique enivrante qui plonge l'âme et les sens en des songes délicieux. Bientôt elle s'absorba dans ces lectures au point de prendre en un dégoût mortel les études de la classe et le caquet des pensionnaires. Elle n'avait pas trouvé d'ailleurs, parmi ces dernières, une seule jeune fille vers laquelle elle se sentît attirée. La plupart étaient des demoiselles nobles et riches comme elle, mais aussi pleines de morgue, aussi entichées de leur noblesse et de leur fortune qu'elle l'était peu elle-même. Toutes se voyaient au couvent à regret, souhaitaient impatiemment d'en sortir, et ne s'entretenaient, dans leurs épanchements vaniteux, que des somptuosités de la maison paternelle et des plaisirs sans nombre qui les y attendaient.

La supérieure venait presque chaque jour, à l'issue du dernier office, s'asseoir auprès du lit de Nélida déjà couchée, et causait avec elle, tantôt de la première communion qui approchait, tantôt des dangers du monde où la jeune fille allait vivre, tantôt enfin de ses lectures dont elle lui expliquait les symboles et le sens caché à un point de vue d'une rare élévation, avec un don particulier de persuasion et d'éloquence. De jour en jour, la religieuse prenait un intérêt plus vif à son élève qui, de son côté, s'attachait à elle avec passion. Mère Sainte-Élisabeth, c'est ainsi qu'on l'appelait, avait porté dans le monde un nom illustre, et, sous l'humilité de la robe de bure et du bandeau de lin, il était facile de reconnaître encore en elle cette habitude d'ascendant involontaire que donnent aux femmes une grande naissance et une grande beauté. Elle n'était pourtant plus belle, quoiqu'elle comptât trente ans à peine; elle avait trop souffert. L'ovale de son visage eût été d'une pureté parfaite, mais le chagrin avait miné ses joues; son nez droit et fier, les contours fins de sa lèvre pâlie rappelaient les plus nobles formes de la statuaire; mais ses yeux noirs, ardents et secs, étaient très-enfoncés dans leur orbite, et son front était sillonné de rides qui se creusaient d'une manière effrayante au moindre froncement de ses épais sourcils; tout en elle portait la trace d'une lutte violente de passions dominées plutôt qu'apaisées. Lorsqu'elle allait au chœur, grande et un peu ployée sous ses longs voiles noirs, sa croix d'argent brillant sur sa poitrine, on éprouvait en la voyant un sentiment mélangé de respect, d'étonnement, de curiosité et de crainte; on sentait là une force cachée qui attirait et repoussait tout à la fois; il semblait qu'on eût la révélation d'une grande destinée brisée.

Un soir, rentrant à une heure plus avancée que de coutume, après une visite de surveillance dans les dortoirs, elle aperçut de la lumière dans la chambre de Nélida. Irritée de cette désobéissance et de l'abus que faisait la jeune fille des priviléges qu'on lui accordait, elle entra vivement chez elle pour lui reprocher, avec sévérité cette fois, une veille prolongée si au delà de l'heure permise; mais un spectacle inattendu fit évanouir sa colère. Nélida, dans sa robe de nuit, était agenouillée au pied du crucifix, les mains jointes, les yeux levés, le visage baigné de larmes. Ses cheveux dénoués tombaient en larges ondes sur son vêtement blanc; ses deux pieds nus passaient à demi sous les chastes plis qui l'enveloppaient tout entière;

une petite lampe posée à terre l'éclairait d'une lueur vacillante, et dessinait sa silhouette incertaine sur le fond sombre de la cellule; on eût dit l'une des Marie éplorée auprès du sépulcre vide, ou l'un de ces anges contristés par les péchés de l'homme, tels qu'ils apparaissaient, à Florence, dans l'église de Saint-Marc, au bienheureux frère de Fiesole. Mère Sainte-Élisabeth demeura immobile et contempla longtemps l'enfant de ses prédilections, si absorbée dans l'ardente prière qu'elle ne voyait et n'entendait rien autour d'elle; puis, saisie de respect à la pensée de l'union mystérieuse qui s'accomplissait là entre une âme sans tache et le Dieu d'amour, la religieuse ploya les genoux; et alors, pendant plusieurs minutes, ces deux femmes, dont l'une avait renoncé à toutes ses espérances terrestres, tandis que l'autre posait à peine le pied sur le seuil de la vie, firent monter vers le ciel la même prière.

Toutes deux se levèrent au même moment, et, sans proférer une parole, elles se jetèrent dans les bras l'une de l'autre. — Qu'avez-vous? dit enfin mère Sainte-Élisabeth du ton le plus compatissant, oubliant qu'elle était venue là pour faire des reproches; pourquoi vous trouvé-je ainsi toute en pleurs? Auriez-vous quelque chagrin que j'ignore? Me cacheriez-vous quelque chose, Nélida?

— Rien au monde, ma mère, reprit la jeune fille avec un accent de vérité convaincant.

— Mais ces larmes, cette prière, si avant dans la nuit?

— Je souffre, ma mère, reprit l'enfant; je souffre eaucoup.

— Pourquoi ne pas me le dire plus tôt? Pourquoi ne pas me confier vos peines?

La religieuse s'était assise auprès du lit; Nélida se mit à ses pieds, et, prenant une de ses mains dans les siennes, elle y imprima ses lèvres brûlantes.

— Seriez-vous ici à regret? continua mère Sainte-Élisabeth, voyant que la jeune fille gardait le silence.

— Pouvez-vous le penser? répondit Nélida. Toute ma crainte, au contraire, est d'en sortir trop tôt. Le monde me fait peur; j'éprouve à l'idée d'y entrer une appréhension inexplicable; il me semble certain que j'y offenserai Dieu et que j'y perdrai mon âme. J'entends sans cesse au dedans de moi une voix lugubre qui me dit que je dois mourir... mourir, ou bien... mais je n'ose achever.

— Dites, mon enfant, reprit la supérieure en serrant la main de Nélida dans sa main amaigrie.

— Ou bien, ma mère, ne jamais vous quitter, ne jamais voir le monde; prendre le voile.

— Gardez-vous d'une telle démence! s'écria la supérieure d'une voix vibrante.

Nélida la regarda avec surprise.

— Vous pensez donc, ma mère, que je ne suis pas digne...

— Enfant, reprit mère Sainte-Élisabeth, sans lui laisser le temps d'achever, vous ne savez pas ce que c'est que la vie du cloître! Et elle fit à la jeune fille, qui se suspendait à sa parole, un tableau si morne, si désolé, si pathétique et si profondément vrai de la vie claustrale, de sa monotonie, de ses dégoûts, de ses petitesses inévitables, que l'enfant frissonna et qu'une question bien simple, mais à laquelle la religieuse n'avait pas songé sans doute, vint à ses lèvres :

— Vous êtes donc bien malheureuse, ma mère ?

Mère Sainte-Élisabeth tressaillit des pieds à la tête.

— Je suis ce qu'il plaît à Dieu, répondit-elle en se levant brusquement, peu importe. Mais, mon enfant, il est insensé à moi de vous faire veiller ainsi ; votre tête s'exalte, votre corps s'épuise, vous vous forgez des chimères. Demain il faudra voir le père Aimery et vous mettre, plus entièrement encore que par le passé, sous sa direction. C'est un homme plein de sagesse et de prudence ; il saura mieux que moi vous donner des conseils salutaires et rendre la paix à votre âme inquiète.

Disant cela, mère Sainte-Élisabeth s'achemina vers la porte de la cellule, en faisant signe à Nélida de ne pas la suivre.

Ni l'une ni l'autre ne put trouver un instant de sommeil pendant le reste de la nuit.

II

A cinq heures du matin, la supérieure attendait le père Aimery dans la sacristie. C'était une pièce très-basse d'étage, plus longue que large, toujours humide, même dans le fort de l'été, parce qu'elle était au-dessous du sol.

Une croisée haute mais étroite y jetait, par des vitraux de couleur orange, une lumière bizarre et fausse. En face de la croisée, un Christ en os jauni par le temps étendait ses bras décharnés sur un fond de drap noir encadré de buis. deux énormes bahuts en vieux bois rongé des vers occupaient les parois latérales; l'un renfermait les nappes d'autel, les candélabres, les vases, les ornements de toute sorte; l'autre était le vestiaire des prêtres. Un confessionnal découvert, formé d'une planche en sapin percée d'un grillage, servait à confesser les étrangers qu'attirait la réputation du père Aimery. Le prie-Dieu du révérend père, un fauteuil et quelques chaises en tapisserie achevaient de meubler cette pièce d'aspect lugubre. La religieuse, après l'avoir plusieurs fois arpentée en tous sens, s'était enfin assise sur le fauteuil. Elle paraissait excessivement agitée; de temps à autre elle jetait les yeux sur la porte extérieure qui ne s'ouvrait pas. Toute la nuit elle avait songé à Nélida; elle se repentait de l'avoir dissuadée d'entrer en religion. Cette vocation que la jeune fille croyait sentir, et dont elle lui avait démontré la folie avec tant de véhémence, lui apparaissait maintenant sous un tout autre jour. Les pensées égoïstes ne se présentent pas de face aux nobles âmes; elles prennent de longs détours, elles se parent de mille faux semblants pour les abuser. Ainsi mère Sainte-Élisabeth, qui, dans son premier mouvement, avait combattu de tout son pouvoir l'exaltation de Nélida, avait, à force d'y réfléchir, senti naître dans son cœur un désir ardent de garder auprès d'elle cet enfant bien-aimé. L'espoir d'associer à son existence aride un être sensible et charmant, l'espoir de se confier enfin, de communiquer ses pensées, lui causait un frémissement intérieur qu'elle ne pouvait maîtriser. Elle était si lasse de son autorité dérisoire! si lasse de commander à un troupeau imbécile de femmes dont la plupart avaient quitté la broderie pour le chapelet, la romance pour le psaume, sans même s'apercevoir d'une différence, et dont les autres n'avaient d'activité d'esprit que tout juste ce qu'il en fallait pour semer dans la communauté les mesquines jalousies, les disputes et les intrigues stériles! Elle étouffait sous le silence forcé qui gardait les issues de sa pensée énergique. Mère Sainte-Élisabeth était une de ces femmes à qui le gouvernement d'un royaume n'eût pas semblé une charge trop pesante. Son intelligence était faite pour le mouvement des affaires, son caractère pour le commandement. Loin de là, l'infortunée se voyait réduite à discuter le jour des vœux d'une professe, à fixer l'ordonnance d'une procession dans le jardin d'un cloître, à réprimander des novices pour avoir parlé à la chapelle. Aussi elle se jetait avec impétuosité au-devant de cette lueur d'espérance qui s'élevait tout à coup à son horizon; et pour justifier à ses propres yeux ce qu'elle venait faire (car les âmes altières, qui ne consentent jamais à se justifier aux yeux d'autrui, ont toujours besoin d'apaiser le juge rigide qui est en elles), elle se disait qu'après tout on avait vu des exemples de vocations véritables; que Nélida semblait de nature à devoir souffrir beaucoup dans le monde; qu'elle n'aurait pas la force nécessaire pour affronter les fatigues et les émotions de la vie active, et que la monotonie du cloître serait moins contraire aux penchants de son esprit contemplatif que la diversité des folles joies du siècle.

Comme elle raisonnait de la sorte, s'affermissant de plus en plus, ainsi qu'il arrive, dans l'égoïsme de sa pensée secrète, la porte s'ouvrit sans bruit, et le père Aimery se glissa plutôt qu'il n'entra dans la sacristie.

— Vous venez tard, mon père, lui dit la supérieure en se levant à peine de son fauteuil.

— Il est cinq heures et demie, ma sœur, et je ne dis la messe qu'à six heures, répondit-il en tirant sa montre.

Mère Sainte-Élisabeth se tut; son impatience lui avait fait trouver le temps long, mais le père Aimery était exact comme l'horloge.

— N'y a-t-il rien de nouveau à la communauté? continua-t-il en ôtant sa douillette de soie puce, qu'il posa soigneusement sur le dossier d'une chaise, et ouvrant le vestiaire pour y prendre son *aube*.

— Rien à la communauté; mais au pensionnat, nous avons une élève qui veut entrer en religion...

— Laquelle? interrompit le père Aimery en levant sur la religieuse son œil gris et perçant.

— Mademoiselle de la Thieullaye.

— Nélida de la Thieullaye? Cela ne se peut.

— Cette vocation me paraît très-véritable, dit la religieuse en adoucissant sa voix qui prenait, lorsqu'elle le voulait, un accent insinuant auquel personne n'avait sans doute résisté jadis; Nélida est une enfant d'un jugement solide, très-supérieure à son âge, et d'une droiture d'intention que l'on ne peut suspecter.

— Je ne dis pas qu'elle n'a pas la vocation; je dis que nous ne devons pas la laisser faire, reprit le confesseur d'un ton plus sec.

— Mais, mon père, dit mère Sainte-Élisabeth en s'animant un peu, vous ne songez pas à la précieuse conquête que ce serait pour la foi, et pour notre ordre en particulier...

— Nous faisons trop de ces conquêtes, dit le père, qui avait passé son *aube* et qui marquait dans le missel la *Préface* et les *Oremus* du jour ; vous savez bien que nos ennemis nous accusent de conversions par surprise ; ils disent que nous attirons, que nous captons les jeunes héritières ; je crois entendre encore les propos tenus lorsque vous avez pris l'habit. Non ; mademoiselle de la Thieullaye a une grande fortune ; on sait qu'elle a été traitée par vous avec des égards singuliers ; c'en est assez pour autoriser la calomnie ; tout cela ameute contre nous ; nous sommes en des temps difficiles ; il faut que mademoiselle de la Thieullaye reste dans le monde ; elle nous y servira beaucoup plus efficacement qu'ici.

— Mais, mon père, dit en l'interrompant la religieuse, qui pâlissait de colère, tant la contradiction la trouvait peu préparée, si nous la repoussons, elle prendra le voile ailleurs ; elle se fera augustine, carmélite, que sais-je ?

— Cela n'est guère probable ; et d'ailleurs, peu m'importe ; il ne convient pas, je vous le répète, qu'elle prenne le voile ici.

— Mais, mon père, dit la religieuse en élevant la voix et ne se contenant plus, il ne s'agit pas de savoir si cela vous convient, mais si cela convient à Dieu, ce me semble.

Le père Aimery leva les yeux de dessus le missel, et

fixa sur la supérieure un long regard où se peignait une sorte de compassion dédaigneuse.

— Le zèle de la maison du Seigneur vous dévore, madame, dit-il enfin, non sans une nuance d'ironie. Prenez garde, vous avez les passions vives ; vous n'avez pas encore suffisamment appris la déférence aux opinions d'autrui.

— Je n'ai pas appris à reconnaître d'autorité supérieure à celle de Dieu, dit la religieuse hors d'elle-même.

— Vous vous croyez toujours chez M. le duc votre père, continua le confesseur sans paraître avoir entendu l'interruption, entourée de vos nombreux esclaves...

— De grâce, s'écria la religieuse en se dressant comme une vipère sur qui l'on a marché, ne me raillez pas ; ne prenez pas toujours plaisir à me pousser à bout, vous ne savez pas de quoi je suis capable !

Le père Aimery la regarda avec un sang-froid écrasant.

— Vous avez besoin de repos, ma sœur, reprit-il d'un ton fort doux ; vous semblez avoir mal dormi. Envoyez-moi cette jeune fille après la messe et veuillez ordonner qu'on sonne ; il va être six heures.

Mère Sainte-Élisabeth sortit en silence, après avoir jeté sur le prêtre un regard étincelant de haine.

III

Le père Aimery avait trop de pénétration pour ne pas comprendre, au langage de Nélida, que son trouble, ses langueurs et sa vocation imaginaire venaient du confus éveil de la jeunesse dans une nature chaste, d'un vague besoin d'amour qui prenait le change, et d'une sorte de faim de l'intelligence qui ne recevait pas, peut-être, tous les aliments dont elle avait besoin. Il hâta le jour de la première communion, pensant avec justesse que ce divin apaisement de l'âme amènerait, au moins pour quelque temps, le calme des sens ; or, gagner du temps, pour lui, c'était tout gagner. Mademoiselle de la Thieullaye une fois rendue à sa famille, lui et son ordre cesseraient d'être responsables ; on ne pourrait plus lui imputer les partis extrêmes vers lesquels la jeune enthousiaste serait, il le croyait du moins, infailliblement entraînée par son imagination romanesque. Il exigea que Nélida se mêlât beaucoup plus qu'elle ne l'avait fait jusqu'alors à la vie des pensionnaires. Toujours docile, et privée d'ailleurs depuis quelque temps des entretiens de la supérieure, qui ne venait plus la trouver dans sa cellule, mademoiselle de la Thieullaye cessa d'user des priviléges qui lui avaient été accordés, et rentra sous la règle commune.

Un matin, après l'étude, comme elle s'était un peu attardée en classe, elle s'apprêtait à rejoindre les élèves dans le jardin, et cherchait des yeux de quel côté s'étaient réunies ses compagnes habituelles, lorsque de bruyants éclats de rire, au milieu desquels il lui sembla distinguer une voix plaintive, vinrent frapper son oreille. Curieuse d'apprendre la cause d'une gaieté si expansive, elle gagna la longue allée qui coupait en deux le massif de tilleuls, et aperçut à l'extrémité une scène qui attira toute son attention. Au milieu des robes noires d'uniforme, une jeune fille, grotesquement affublée de chiffons de toutes couleurs, avait été attachée à un arbre. La parure bizarre et les étranges contorsions de la pauvre maltraitée produisaient chez ses compagnes ces explosions de joie qui se renouvelaient à chaque minute. Nélida, sans rien comprendre encore à ce jeu cruel, voyait de loin la pantomime animée des pensionnaires et leur danse autour de l'arbre.

— Que signifie cela? demanda-t-elle à une jeune fille qui passait en courant.

— Chut! répondit celle-ci en s'arrêtant un instant: n'allez pas nous trahir; la surveillante a été appelée au parloir; on a oublié de la remplacer, et nous en profitons pour nous amuser divinement. Je cours au vestiaire pour ramasser encore quelques châles; nous avons habillé Claudine en reine de Saba; elle pleure, elle hurle, que c'est une bénédiction; jamais elle n'a été si drôle; elle a commencé par vouloir se débattre, mais elle n'était pas la plus forte, et nous l'avons solidement attachée au grand tilleul; à présent nous lui présentons des bouquets de chardons, et nous lui chantons des litanies improvisées.

Et la pensionnaire se mit à chanter en s'éloignant :
« *Bécasse mystique, tour de pain d'épice, reine des imbéciles...* »

Révoltée de cette profanation et saisie de pitié pour la victime de ces méchants cœurs, Nélida pressa le pas et fut bientôt en vue de la bande joyeuse qui s'arrêta soudain à son approche. On avait au pensionnat un respect involontaire pour mademoiselle de la Thieullaye.

— En vérité, mesdemoiselles, dit-elle en s'adressant aux danseuses interdites, vous avez choisi là un passe-temps qui ne vous fait guère honneur.

Personne ne souffla mot. C'étaient de grandes filles de quinze à seize ans qui s'amusaient ainsi. Nélida alla droit à la désolée Claudine, défit, non sans peine, les cordes dont on l'avait liée, arracha les oripeaux qui la couvraient, et, la prenant par le bras, elle l'emmena en déclarant que si rien de pareil se renouvelait, bien qu'elle détestât la délation, elle avertirait la supérieure et le père Aimery. Un silence général fut la seule réponse des pensionnaires.

Lorsque Nélida fut un peu éloignée, la jeune fille qu'elle venait de soustraire à ces cruelles bouffonneries s'arrêta tout à coup, se jeta à ses pieds, embrassa ses genoux et fondit en larmes. Claudine de Montclair était, depuis son entrée au couvent, le jouet favori des élèves. C'était une douce enfant, aux trois quarts idiote. Elle avait eu, à l'âge de dix ans, une fièvre cérébrale dont elle n'avait guéri que par des moyens violents, et depuis ce temps elle était restée dans un état d'hébétement dont rien n'avait encore pu la tirer. Ses parents l'avaient mise au couvent, espérant que le changement de lieu et l'émulation de la vie commune agiraient favorablement sur son esprit; mais son mal n'avait fait qu'empirer. En butte à la malignité de ses compagnes, qui prenaient plaisir à augmenter la confusion de son faible cerveau, intimidée, ahurie, elle devenait de jour en jour moins capable de discernement, et la dernière lueur de raison eût bientôt achevé de s'éteindre en elle si, comme nous venons de le voir, Nélida ne l'eût délivrée et ne se fût hautement déclarée sa protectrice.

Dire les transports de Claudine et les étranges manifestations de sa reconnaissance ne serait pas chose facile. Plus son intelligence était obstruée, plus son cœur semblait susceptible de dévouement. Elle s'attacha à Nélida comme un chien fidèle; elle la suivait partout, ne la quittait pas du regard, épiait ses moindres gestes et lui rendait avec orgueil des services d'esclave. Un jour, à la procession du saint-sacrement, voyant que l'on effeuillait des roses au-devant du prêtre, elle se persuada que c'était là la plus grande marque de vénération que l'on pût donner à ceux que l'on aimait; et dès lors Nélida ne fit plus un pas dans le jardin sans que Claudine, munie d'un énorme bouquet qu'elle se faisait envoyer chaque jour par ses parents empressés à lui complaire, ne jetât sous les pas de sa bienfaitrice des jasmins, des tubéreuses, des œillets, les plus belles fleurs de la saison, ivre de contentement quand Nélida ne pouvait s'empêcher de sourire.

Peu à peu, en ne se rebutant pas de causer avec elle comme si elle eût été en état de tout comprendre, mademoiselle de la Thieullaye crut apercevoir que la pauvre intelligence égarée faisait halte et semblait chercher à se reconnaître. Claudine avait souvent montré un goût très-vif pour la musique. Sa voix était juste et fraîche ; elle qui n'avait de mémoire pour rien, elle retenait et chantait avec une fidélité surprenante des airs qu'elle saisissait à la première audition. Nélida se dit qu'il fallait frayer à cet esprit encore si débile des pentes insensibles, des routes fleuries où la pensée ne rencontrât point de choc ; elle multiplia les leçons de musique, fit admettre Claudine dans les chœurs de la chapelle, et flatta son amour-propre par des louanges à dessein fort exagérées. Au bout de six mois, elle avait obtenu des progrès surprenants et ne désespérait pas de rendre sa chère idiote complétement à la raison, lorsque le jour vint où elle dut renoncer à cette œuvre pieuse, quitter le couvent et entrer dans une vie inconnue, redoutée, où elle-même allait avoir un si grand besoin de guide et d'appui.

IV

Le ciel était gris, l'air pesant. Depuis huit jours mademoiselle de la Thieullaye avait fait ses adieux aux pensionnaires ; selon la coutume du couvent elle était entrée en retraite dans sa chambre et n'y voyait personne que le père Aimery. La vicomtesse d'Hespel n'avait pas annoncé avec certitude le jour où elle viendrait chercher sa nièce, mais on savait que cela ne pouvait tarder. Assise sur le rebord de sa fenêtre, Nélida pensive laissait errer son regard, tantôt sur la masse immobile des tilleuls dont les feuilles affaissées sous le poids de l'atmosphère orageuse penchaient vers la terre, tantôt sur les nuages qui s'amassaient, tantôt sur Claudine qui allait et venait le long d'une allée plantée de roses trémières, récitant, un cahier à la main, des vers qu'elle s'efforçait d'apprendre pour le concours. Chaque fois qu'elle passait sous la croisée de la cellule, elle s'arrêtait, regardait mélancoliquement Nélida, et lui envoyait un baiser. Mademoiselle de la Thieullaye souriait et retombait dans sa rêverie. Tout à coup le roulement d'une voiture sur le pavé de la cour et le bruit d'un marche pied qui s'abattait la firent tressaillir. Elle ne douta pas que ce ne fût la vicomtesse. En effet, deux minutes après, on vint l'avertir que madame la supérieure l'attendait au parloir. Nélida prit machinalement son chapeau et son châle, descendit l'escalier et traversa les corridors en se soutenant à peine; ses yeux s'emplissaient de larmes; elle faillit se trouver mal lorsque la religieuse qui la conduisait ouvrit la porte du parloir, et qu'elle se trouva en présence de sa tante et de mère Sainte-Élisabeth. La vicomtesse s'avança pour l'embrasser; mais la supérieure, se plaçant entre elles deux, prit Nélida par la main et, d'un air d'autorité, conduisit la jeune fille tremblante au pied du crucifix qui sanctifiait jusqu'à cette chambre profane. Là, s'agenouillant avec elle : — Prions, dit-elle d'une voix ferme mais profondément altérée, prions ensemble pour la dernière fois peut-être; demandons à Dieu, mon enfant, qu'en quittant ce pieux asile vous ne quittiez pas aussi le respect de sa loi et la fidélité à son amour. Vous allez entrer dans un monde où l'un et l'autre sont trop souvent outragés. Puissiez-vous demeurer toujours ce que vous êtes à cette heure, Nélida, un cœur pur, rempli des choses du ciel! Recevez en ce moment bien douloureux pour moi, et en recueillant toutes les puissances de votre âme, la bénédiction du Seigneur que je vais appeler sur vous et sur votre avenir.

La religieuse se leva; puis, avec un geste d'une majesté triste et lassée, comme une reine qui vient d'abdiquer, elle étendit sur Nélida noyée dans les pleurs sa main émue, et la bénit au nom du Père, du Fils et du Saint-Esprit. . .

. . . .

— En vérité, dit la vicomtesse en se précipitant dans la voiture élégante qui l'attendait au perron, ces religieuses sont de singulières femmes. Ne dirait-on pas que tu vas vivre chez des impies! Grâce au ciel, il n'en est rien; je me crois aussi bonne chrétienne que personne; je défie qu'on soit plus régulière.

Nélida demeurait pensive. La voiture était arrêtée à la grille extérieure qui tournait lentement sur ses gonds. Une petite branche de bruyère blanche fraîchement cueillie vint tomber sur les coussins. « Claudine! » s'écria Nélida en se jetant à la portière. En ce moment les chevaux impatientés s'élançaient hors de la grille et prenaient rapidement le chemin de l'hôtel d'Hespel.

— Ah çà! mon enfant, dit la vicomtesse qui n'avait pas pris garde à cet incident, préoccupée qu'elle était de voir ses chevaux se cabrer sous la main du cocher, c'est fort bien, fort convenable à toi d'avoir montré à cette supérieure quelque regret de la quitter, mais maintenant il t'est permis d'être gaie. Je t'ai fait préparer un appartement délicieux ; tu vas avoir une femme de chambre pour toi seule ; la couturière et la lingère attendent chez moi pour prendre ta mesure et te faire au plus vite un trousseau complet, car il me tarde de te voir quitter ce ridicule accoutrement noir. D'aujourd'hui en huit, je te conduirai au bal de l'ambassadrice d'Autriche. Réjouis-toi, mon enfant ; voici tes belles années qui commencent.

La vicomtesse d'Hespel, comme toutes les personnes d'un esprit borné, ne doutait pas que les choses qui l'occupaient ne fussent d'un intérêt général, et ne s'apercevait jamais de l'inattention de ses auditeurs. Cette fois encore elle ne vit pas, ce qu'il était pourtant presque impossible de ne pas voir, que mademoiselle de la Thieullaye, absorbée dans une profonde tristesse, entendait à peine le flux de ses paroles et eût été absolument incapable d'en dire le sens. La voiture arrêta devant le péristyle de l'hôtel d'Hespel. Les laquais, en grande tenue, étaient rassemblés pour recevoir leur jeune maîtresse. La vicomtesse et Nélida traversèrent cette nombreuse livrée, montèrent l'escalier couvert de tapis et d'arbustes, et madame d'Hespel, qui avait hâte de jouir de la surprise de sa nièce, l'introduisit dans l'appartement qu'elle lui destinait. C'était une pièce octogone, tendue d'une gaze transparente doublée de rose, relevée de distance en distance par des glands, des houppes, des galons et autres ornements d'un goût plus que contestable. Une immense glace à pied, chargée de dorures, remplissait le panneau principal. Un canapé et des fauteuils en velours blanc, semé de bouquets de roses en relief, avaient paru à la vicomtesse une merveille d'élégance à ravir les yeux. Une fourrure d'hermine jetée devant le lit rose, des étagères couvertes de porcelaines, de cristaux et autres babioles de toutes sortes, achevaient de donner à cet appartement quelque chose de coquet et de maniéré, bien peu fait pour plaire à la sérieuse Nélida.

Il s'établit toujours, quoique souvent à notre insu, un rapport entre les objets extérieurs et notre être le plus intime. La ligne, la forme, la couleur, le son, l'odeur, la lumière et l'ombre sont autant de notes d'une harmonie mystérieuse qui agit sur l'âme, soit par un effet d'apaisement et de satisfaction quand cette harmonie s'accorde comme un accompagnement fidèle avec la mélodie intérieure des sentiments et des pensées, soit en troublant, en irritant, lorsqu'il y a désaccord et lutte entre l'une et l'autre. Nélida se sentit très-désagréablement affectée par tout ce luxe hors de propos. Toutefois, voyant la joie naïve de sa tante et son empressement plein de tendresse, elle s'efforça de lui en savoir gré, et balbutia quelques remercîments dont la gaucherie fut mise, par la vicomtesse, sur le compte d'un excès d'admiration bien naturel en pareil cas chez une pensionnaire.

Le reste du jour et les jours suivants furent employés à courir les magasins pour acheter ici un velours, là un ruban, ailleurs une dentelle. Madame d'Hespel faisait régulièrement chaque après-midi une tournée dans les boutiques à la mode, et cela sans même projeter aucune emplette; elle aimait la conversation des faiseuses qui lui témoignaient une déférence dont elle était flattée; et lorsqu'elle rencontrait, dans un magasin, quelqu'une de ses amies, les conseils réciproques, les observations sur la forme d'un mantelet, la critique d'un chapeau vu la veille à une étrangère, animaient à tel point le discours, que souvent on s'y oubliait jusqu'à l'heure du repas. Ce fut dans ces rencontres, au milieu des étoffes dépliées, des coiffures essayées et de l'étourdissant babil des demoiselles de comptoir, que Nélida fit connaissance avec les grandes dames du faubourg Saint-Germain, et reçut une première et ineffaçable impression de ce monde où elle était appelée à vivre.

Le jour du bal arriva. Malgré le déplaisir de sa tante et l'insistance des couturières, mademoiselle de la Thieullaye était parvenue à garder dans sa toilette une parfaite simplicité. Ses cheveux, en dépit de la mode qui les voulait crêpés et bouclés, descendaient en bandeaux lisses de chaque côté de son front. Elle refusa obstinément d'animer ses joues pâles d'un peu de rouge, et ne voulut charger d'aucun collier ses épaules délicates. Au moment de monter en voiture, on s'aperçut qu'il manquait un bouquet de corsage. On passa chez la bouquetière en renom; toutes ses corbeilles étaient vides. La vicomtesse se mit en fureur. Malgré les excuses de la marchande, qui rejetait la faute sur un garçon entré chez elle la veille, elle menaçait de lui retirer sa pratique, quand Nélida, qui, pendant ce colloque et dans l'espoir d'apaiser sa tante, avait cherché dans tous les coins quelques fleurs assez fraîches pour en faire un bouquet passable, aperçut au milieu d'un seau d'eau où l'on avait jeté pêle-mêle les plantes de rebut, un beau nénuphar penchant mélancoliquement hors du vase sa tête alanguie. Un souvenir depuis longtemps effacé surgit à cette vue dans sa mémoire. Elle se rappela l'étang d'Hespel, la barque sous le saule, le nid d'oiseaux, et surtout la palissade si vaillamment escaladée par son petit ami du village. Ces images inopinément évoquées lui causèrent un attendrissement extrême. Elle saisit le nénuphar, en essuya la tige humide avec son mouchoir de fine batiste, et, le passant dans sa ceinture, elle déclara qu'elle trouvait cette fleur délicieuse et qu'elle n'en aurait pas choisi d'autre dans la serre la mieux fournie des plantes les plus rares. Le caprice était étrange, mais il n'y avait pas lieu à se montrer difficile ; le temps pressait. La vicomtesse, sans trop murmurer, remonta en voiture et, dix minutes après, elle entrait avec sa nièce dans les salons de l'ambassade.

La présentation de mademoiselle de la Thieullaye avait été annoncée ; c'était un événement que l'entrée dans le monde d'une telle héritière. Aussi lorsque la vicomtesse parut, attifée, pomponnée, panachée, luisante de fard et bouffante de dentelles, toutes les conversations demeurèrent suspendues, et chacun se tut pour mieux regarder la nouvelle arrivée. Ravie de l'effet qu'elle produisait, madame d'Hespel traversa plusieurs salons, souriant aux unes, donnant la main aux autres, faisant signe de l'éventail, s'accrochant par toutes ses garnitures aux décorations des hommes, suivie de Nélida pâle et grave qui regardait sans curiosité et sans émotion le spectacle nouveau pour elle d'une fête brillante.

— Elle est fort belle, disaient plusieurs hommes.

— Mais sans expression aucune, observait une merveilleuse sur le retour.

— Pourquoi sa tante ne lui met-elle pas un peu de rouge? ajoutait une femme couperosée.

— Elle a tout gardé pour elle, répondait un jeune élégant. Ne remarquez-vous pas combien la vicomtesse acquiert de fraîcheur et d'éclat avec les années? Chaque hiver, je trouve à son teint un velouté plus séduisant, des dégradations mieux observées. Depuis un mois elle tourne décidément à la rose du Bengale.

Tout en provoquant sur son passage ces remarques et d'autres analogues, la vicomtesse avait pris place dans la salle de danse. Elle se hâta de présenter Nélida à plusieurs jeunes personnes de son âge, entre autres à une demoiselle Hortense Langin, qui paraissait la reine du bal.

— C'est la fille d'un notaire, dit la vicomtesse bas à sa nièce; mais elle n'en est pas moins reçue partout comme si elle s'appelait Duras ou la Trémoille; d'abord parce qu'elle est fort riche et que son père a rendu de grands services à quelques-uns des nôtres, puis aussi parce qu'elle est pleine d'esprit et comprend à merveille sa position. L'hôtel de son père est à deux pas de chez nous; ce sera pour toi une relation commode.

Mademoiselle Langin combla Nélida de prévenances; elle lui nomma les meilleurs danseurs, lui désigna par leurs ridicules les danseuses à la mode. Nélida fut charmée de ses manières affables. Avant la fin du bal, la belle Hortense, ravie de patronner une nouvelle présentée, affirmait à chacun qu'elle était intimement liée avec mademoiselle de la Thieullaye et qu'elle allait la voir sans cesse.

V

Quel étrange spectacle aux yeux d'un être sensé que le spectacle du monde, c'est-à-dire de cette partie de la société qui, opulente, glorieuse, réservée aux nobles loisirs, est reconnue, saluée par tous, comme l'arbitre des bienséances, comme la gardienne des mœurs élégantes et de l'esprit d'honneur, et qui, dans son dédain superbe, ne tenant compte que d'elle-même, affecte de se nommer le *monde* par excellence : tant elle a jugé tout ce qui était en dehors d'elle indigne de son attention et de son intérêt ! Quel assemblage d'inconséquences et d'anomalies ! Quelle conciliation singulière de maximes et d'usages en apparence inconciliables ! Avec quel art merveilleux on parvient à maintenir debout cet édifice bâti de préjugés et de mensonges, dont chaque partie est près de tomber de vétusté, et dont l'ensemble pourtant présente encore une masse assez imposante ! Cette société affirme qu'elle est chrétienne; l'éducation qu'elle donne à la jeunesse destinée de génération en génération à la renouveler est de tous points, assure-t-elle, conforme aux enseignements de l'Évangile. Elle en fait gloire et feint de ne pas s'apercevoir que la parole du Christ est la réprobation sévère de l'esprit qui l'anime; car le fils du charpentier enseignait le mépris des richesses, la vanité des plaisirs, le néant des grandeurs, et le monde pratique ouvertement l'avide poursuite de tous ces faux biens, le culte aveugle de l'opinion, l'estime immodérée des honneurs et de la fortune. Cette contradiction est à tel point enracinée dans les mœurs, qu'elle ne soulève pas une difficulté, pas un doute; elle est disciplinée et ordonnée à la satisfaction de tous. La loi de l'Évangile, observée sans accommodements, serait un joug trop rude; les vices du siècle, montrés sans voiles, feraient horreur; un compromis habile a tout ménagé. On a gardé le langage de Jésus, les pompes de Satan, les œuvres de tous deux. L'Église a ses jours, le tentateur a les siens; on n'exerce pas la charité, mais on fait l'aumône; on ne pratique pas le renoncement, mais on observe l'abstinence; on honore le duel, mais on flétrit le suicide; on court en foule à la comédie, mais on refuse la sépulture au comédien; on lapide la femme adultère, mais on porte le séducteur en triomphe. Qui ne s'étonnerait en venant à considérer avec quel pharisaïsme prodigieux le monde a su interpréter et fausser le sens de la divine Écriture? Quelle tolérance pour le vice hypocrite, quelle rigidité pour la passion sincère! Combien la coquetterie rusée et la galanterie circonspecte y trouvent peu de censeurs; mais l'amour, s'il osait s'y montrer, comme on le couvrirait d'anathèmes! L'amour? ne craignez pas de l'y voir; il en est banni comme une faiblesse ridicule; il est banni de son plus pur sanctuaire, du cœur même de la jeune fille; il y est étouffé avant de naître par la cupidité et la vaine gloire qui pervertissent tous les instincts, jusqu'au plus naturel, au plus légitime, au plus religieux de tous: le désir du bonheur dans le mariage.

Il était impossible que l'esprit sérieux, l'âme délicate, le caractère invinciblement porté à la droiture de Nélida ne fussent point froissés par ce qu'il y avait de faux dans cette société devenue la sienne. Mais la jeunesse est lente à se rendre compte de ses impressions et à les transformer en jugement. Il faut une force rare pour s'arracher au joug de la coutume. L'opinion établie semble tout naturellement l'opinion respectable, et les intelligences les plus fermes se défient d'elles-mêmes lorsqu'elles se sentent portées à franchir le cercle tracé par des mots aussi solennels que ceux de religion, de famille, d'honneur: mots trois fois saints, à l'abri desquels le monde a su placer les choses les moins dignes de vénération et de sacrifice. Aussi Nélida, surprise, incertaine, cherchait vainement à mettre d'accord ce qu'elle voyait et ce qu'elle entendait avec la voix intime de sa conscience. Tantôt elle se sentait attirée par des grâces si nobles qu'elles semblaient presque des vertus; tantôt elle était repoussée par des hypocrisies grossières ou des maximes d'un égoïsme cynique. Les entretiens des jeunes filles avec lesquelles elle s'était liée n'étaient qu'un commentaire plus libre des conversations du couvent, et les fades galanteries des jeunes gens au bal blessaient sa simple fierté qui n'y trouvait rien à répondre. Un ennui insurmontable la gagnait son cœur attristé se rouvrait au désir de la vie religieuse.

— Je voudrais voir madame la supérieure, dit Nélida, en entrant une après-midi, très-agitée et très-pâle, a. *to..* du couvent de l'Annonciade.

La vieille tourière, qui ne la reconnut pas d'abord, mit ses lunettes; et la regardant attentivement :

Ah! c'est vous mademoiselle Nélida, dit-elle d'un air contraint. Vous demandez mère Sainte-Élisabeth?... Elle n'y est pas; c'est-à-dire elle est malade, ajouta-t-elle avec un embarras visible; mais si vous voulez voir notre mère Saint-François Xavier, ou notre mère du Sacré-Cœur, ou notre mère de la Grâce...

Comme elle parlait ainsi, la porte intérieure s'ouvrit et Claudine parut...

—Nélida! s'écria-t-elle d'un accent qui partait des entrailles et en laissant échapper un grand portefeuille qu'elle tenait à lamain.

Et, courant à Nélida, elle se jeta à son cou avec une violence qui faillit les renverser toutes deux, et la couvrit de baisers, en poussant des cris de joie.

— Mademoiselle Claudine, criait la tourière d'une voix enrouée, mademoiselle Claudine, y pensez-vous? Ramassez donc vos dessins, mademoiselle; soyez donc convenable. Mademoiselle Claudine, vous allez avoir un mauvais point. Rentrez donc en classe, mademoiselle.

Rien n'y faisait; la religieuse en était pour ses peines, quand tout à coup elle se tut et salua respectueusement en apercevant la figure du père Aimery à deux pas d'elle. La présence du prêtre fit à l'instant ce que n'avait pu faire le flux de paroles de la tourière; Claudine courut ramasser ses dessins, puis, sans lever les yeux, elle alla, confuse et muette, se cacher dans un angle obscur du vestibule. Nélida s'était approchée du révérend père.

— Vous ici! mon enfant, lui dit-il, d'un ton affectueux; il y a bien longtemps qu'on ne vous a vue. Mais ce n'est pas un reproche que je vous fais, c'est un regret que j'exprime. Je sais que nous n'avons que des éloges à vous donner depuis votre sortie du couvent.

— Mon père, dit mademoiselle de la Thieullaye, je suis venue souvent demander mère Sainte-Élisabeth; on m'a toujours répondu qu'elle ne pouvait me recevoir.

— Elle fait une tournée d'inspection dans nos maisons de province, dit le père Aimery, d'un ton bref.

— J'avais aujourd'hui surtout, mon père, un vif désir de la voir. Je voulais lui parler d'une chose dont je n'ose pas vous importuner.

— Venez, ma chère fille, dit le confesseur. Qu'y a-t-il de plus important pour moi que d'écouter mes enfants et de porter, s'il est possible, la lumière dans leur esprit? Suivez-moi à la sacristie ; nous y causerons en toute liberté.

Disant cela, le père Aimery entra dans l'intérieur du couvent par une petite porte pratiquée dans la muraille, et mademoiselle de la Thieullaye le suivit après avoir fait un signe d'adieu à Claudine, qui était demeurée tout le temps immobile, clouée à sa place, les yeux fixés sur elle.

Le prêtre marchait en silence dans un couloir étroit et obscur, Nélida à quelques pas derrière lui. A mesure qu'ils approchaient de la sacristie, elle sentait son cœur battre avec inquiétude. Le courage lui manquait. Deux fois elle s'arrêta, incertaine si elle ne retournerait pas en arrière pour éviter à tout prix cet entretien où elle se trouvait engagée sans l'avoir voulu. La confession de ses fautes ne lui avait jamais causé d'effroi, mais elle éprouvait un trouble insurmontable en venant faire à un homme une confidence de jeune fille, en venant parler de mariage à un prêtre. Un instinct exquis de pudeur l'avertissait que, dans les scrupules qu'elle allait confier, et dans les conseils qu'elle allait entendre, il y aurait quelque chose qui ne serait pas dit, mais qui serait sous-entendu, et dont une femme seule aurait dû lui parler. A cette pensée, la honte lui montait au visage, et elle cherchait quelque subterfuge pour sortir de peine, quelque feinte confidence qui lui épargnât la véritable, quand le jour se fit dans le corridor ; le prêtre venait d'ouvrir la porte de la sacristie et disait d'une voix que la nature avait faite rogue et sèche, mais que l'habitude rendait caressante et mielleuse : entrez, mon enfant ; ici personne ne viendra nous déranger.

Rien n'était changé dans la sacristie depuis le jour où mère Sainte-Élisabeth était venue annoncer au père Aimery la vocation de mademoiselle de la Thieullaye ; seulement il y faisait plus froid et plus humide encore, car on était au mois de septembre et de faibles rayons de soleil perçaient avec peine les épais vitraux. Nélida s'assit sur un tabouret que le père Aimery plaça en ligne droite à côté de son fauteuil, de façon à ce qu'ils pussent se parler sans se voir, comme au confessionnal.

— Auriez-vous froid ? mon enfant, dit-il à la jeune fille, voyant qu'elle serrait sur sa poitrine sa mantille de velours ; voulez-vous que je fasse demander la chaufferette de la mère tourière ?

— Merci, mon père, dit Nélida, en tâchant de maîtriser le frisson qui courait dans ses membres.

— Vous ne semblez pas bien portante, mon enfant, dit le confesseur en prenant la main souple de Nélida dans sa main ridée ; vous êtes soucieuse, auriez-vous quelque contrariété de famille ? êtes-vous gênée dans l'exercice de votre religion ?

— Nullement, dit Nélida un peu soulagée de voir que le confesseur lui épargnait par ses questions le premier embarras de la confidence ; ma tante est très-bonne pour moi et me laisse une liberté entière.

— Vous ne vous ennuyez pas, je suppose, continua le révérend père ; vous savez vous occuper, et d'ailleurs vous n'avez que trop de distractions probablement, dans le monde où l'on vous mène.

— Je ne m'ennuie pas, mon père. Et la main de Nélida, glacée quand le confesseur l'avait prise, devenait moite ; son pouls, à peine senti d'abord, battait avec violence. Le prêtre crut comprendre.

— Vous avez peut-être, mon enfant, dit-il en ralentissant sa parole et en baissant la voix, quelque préférence, quelque inclination secrète ? Auriez-vous fait un choix que vos parents désapprouvent ?

— Oh non, mon père, s'écria Nélida avec vivacité ; l'idée d'être soupçonnée d'un sentiment coupable lui rendait tout son courage : on veut me marier, mon père.

— Eh bien, ma chère fille, dit le confesseur avec un petit sourire à demi-malicieux et en serrant la main qu'il tenait toujours, je ne vois rien là de fort affligeant ; surtout si, comme je le pense, il s'agit d'un mariage convenable, tel que vous pouvez prétendre à le faire.

— On veut me faire épouser le fils du duc de Vannei, que je n'ai jamais vu, dit Nélida.

— C'est un fort grand seigneur, reprit le père Aimery sans faire attention à la dernière partie de la phrase. Il a une fortune considérable, dit-on. Eh bien, ma chère fille, je vous fais mon compliment bien sincère. Vous le voyez, la Providence est toujours juste ; elle vous récompense comme nos prières le lui demandaient chaque jour et comme vous méritez de l'être, car vous êtes une bonne et pieuse enfant, Nélida.

— Mon père, reprit la jeune fille avec hésitation et en retirant involontairement sa main de la main du prêtre, est-il donc bien, est-il permis d'épouser un homme que l'on ne connaît pas ?

— Mais M. de Valmer n'est pas un inconnu, reprit le père ; il a dû être facile de prendre des renseignements, et je suppose que madame votre tante n'a pas négligé de s'enquérir...

— Mais moi, interrompit Nélida, je ne l'ai jamais rencontré, mon père ; je ne connais pas même son visage.

— On ne dit pas qu'il soit mal fait de sa personne, qu'il ait quelque vice qui repousse ?

— Je n'ai rien entendu dire de semblable, dit Nélida ; mais comment m'engager pour la vie, comment promettre de l'aimer ? Sais-je si cela me sera possible ?

— Vous l'aimerez, mon enfant, reprit le confesseur. Vous êtes trop sage et trop bien née pour qu'il en puisse être autrement ; vous lui saurez gré du rang honorable que vous occuperez par lui dans la société et des agréments de votre vie nouvelle. S'il a des défauts, qui n'en a pas ? vous les supporterez avec résignation, parce que vous êtes chrétienne, et vous vous efforcerez, par votre douceur et vos prières, de l'en corriger.

Nélida demeurait muette ; qu'aurait-elle pu répondre ?

que savait-elle de la vie et de l'amour ? Le père Aimery parla longtemps encore. Aux timides objections qu'elle hasarda il opposa d'abord la peinture des avantages qu'une position aussi élevée lui donnerait dans le monde ; mais s'apercevant bientôt que des considérations de cette nature avaient peu de prise sur l'esprit grave de la jeune fille, il lui fit envisager le mariage au point de vue austère et ecclésiastique ; il le lui fit voir, ainsi qu'il le voyait lui-même, des hauteurs de la théologie, et, suivant la définition du Catéchisme, comme un sacrement destiné à donner des enfants à l'Église. Habitué à considérer les joies de l'amour comme des nécessités grossières ou des égarements coupables, il attaqua de toute sa logique l'instinct secret de la jeune fille ; il fut disert et érudit, sinon éloquent ; il invoqua l'expérience, la raison, les pères de l'Église ; il exhorta Nélida à se montrer forte, à s'élever au-dessus des misères de la chair. Il lui fit honte, comme d'une faiblesse, de cette tristesse sans cause, de cette voix de la nature qui l'avertissait, et lorsqu'il la quitta pour aller, comme d'habitude, faire la conférence des novices, il la laissa chagrine et sombre, mais résignée au sacrifice.

Le projet de mariage avec le marquis de Valmer fut rompu par suite de difficultés survenues entre les notaires. Mademoiselle de la Thieullaye n'en ressentit ni joie ni peine. Elle avait pris la résolution inébranlable de se plier aux convenances dont le prêtre lui faisait une loi supr ic Elle ne se permettait plus de réfléchir. L'homme de Dieu avait parlé ; elle se soumettait à cette parole comme à l'expression infaillible de la volonté divine.

VI

A quelque temps de là, Nélida se promenait une après-midi au bois de Boulogne, seule avec sa tante, en calèche découverte. La vicomtesse avait ordonné d'aller au pas dans la grande allée, pour laisser à chacun le loisir d'admirer une paire de chevaux jeunes et fringants que son cocher attelait pour la première fois. Mais il y avait très-peu de monde à la promenade ; le temps était incertain, l'air assez aigre. Madame d'Hespel se dépitait sans oser le dire, et, maussadement enfoncée dans ses coussins, n'ouvrait pas la bouche. Nélida regardait courir les tourbillons de poussière et de feuilles mortes que chassait la bise ; elle écoutait la lointaine rumeur de Paris qui se mêlait d'une façon étrange avec les harmonies naturelles de la campagne, avec le chant des oiseaux, le craquement des branches, et s'allait perdre dans les horizons paisibles du mont Valérien. Tout à coup le bruit d'un cheval, qui passait au galop auprès de la calèche, arracha une exclamation à la vicomtesse :

— M. de Kervaëns ! s'écria-t-elle en se penchant hors de la portière pour suivre du regard le rapide cavalier.

— Qu'est-ce, ma tante ? dit Nélida, qui n'avait pas entendu ce nom, tout nouveau à ses oreilles.

Comme madame d'Hespel allait répondre, un jeune homme de la tournure la plus distinguée, monté sur une belle jument arabe, s'approcha, et pendant qu'il la retenait d'une main légère et ferme il soulevait de l'autre son chapeau avec une grâce accomplie, et s'inclinant un peu : — J'ose à peine espérer, madame la vicomtesse, dit-il, que vous daignerez me reconnaître.

— A l'instant même je vous nommais à ma nièce, reprit madame d'Hespel en faisant un geste qui équivalait à une présentation, et je m'adressais la même question. Il y a, si je ne me trompe, quatre ans que vous avez quitté Paris; et quatre ans, à mon âge, continua-t-elle en minaudant, c'est un siècle. Je suis changée à faire peur; vous me retrouvez décidément vieille.

Le comte de Kervaëns, qui pendant tout ce temps avait tenu ses yeux pénétrants attachés sur Nélida, n'entendit point ou feignit de ne pas entendre. La vicomtesse fut forcée d'ajouter :

— Et nous revenez-vous cette fois *tout de bon* ?

— *Tout de bon*, en vérité, madame, reprit le comte. Je mets fin à ma vie voyageuse. Je viens d'acheter un petit hôtel dans votre rue. Incessamment je vais en Bretagne pour arranger mon vieux manoir, refaire des baux qui n'ont pas été augmentés depuis vingt ans, et chasser un fripon de régisseur qui m'a indignement volé, à ce qu'on m'écrit. Puis une fois de retour, vous verrez en moi un homme de tous points recommandable.

— Contez-moi donc ce que vous êtes devenu pendant ces quatre années ?

— Ce que je suis devenu, madame, reprit M. de Kervaëns en flattant d'une main fort belle, qu'il avait négligemment dégantée, la fine encolure, de son cheval, ce serait bien long à vous dire. J'ai voyagé comme Joconde, comme Childe-Harold, comme le Juif errant ; j'ai vu l'Italie, la Grèce, Constantinople, la Russie, et même en passant, un peu de Danemark, ma parole d'honneur. J'ai observé profondément, et conclu de mes observations que les hommes étaient partout aussi maussades, mais que les femmes n'étaient nulle part aussi charmantes qu'à Paris ; voilà pourquoi je suis revenu.

Un sourire passa sur les lèvres de la sérieuse Nélida.

— Je vois que vous êtes resté le même, dit la vicomtesse ; toujours railleur, toujours...

— Me permettrez-vous de vous présenter mes hommages ? interrompit M. de Kervaëns.

— Non-seulement je vous le permets, mais je vous invite à venir dès demain. J'ai quelques personnes, nous danserons un peu.

— Mademoiselle voudra-t-elle me garder une valse? dit M. de Kervaëns, curieux d'entendre enfin le son de voix de cette belle jeune fille silencieuse.

— Je ne valse jamais, monsieur, répondit Nélida.

— Mon enfant, dit la vicomtesse, je n'ai pas voulu te contrarier jusqu'ici, mais demain, chez moi, tu ne peux te dispenser de valser ; il faut que tu animes le bal. D'ailleurs, et la vicomtesse se pencha à l'oreille de sa nièce, je t'en prie, pas de rigorisme affecté.

— Je valserai avec vous, monsieur, reprit mademoiselle de la Thieullaye d'un ton de simplicité parfaite.

M. de Kervaëns s'inclina, puis, sur une indication de la

main à peine sensible, son cheval partit au galop. Nélida écouta longtemps le rhythme égal et cadencé de ce galop, sur le sol battu de l'allée devenue déserte.

— C'est bien le garçon le plus spirituel de France, s'écria la vicomtesse ranimée et joyeuse ; personne n'était plus à la mode que lui quand il est parti. Il est obligeant, plein de savoir vivre, et, par-dessus le marché, il entend les affaires à merveille.

Le rez-de-chaussée de l'hôtel d'Hespel, destiné à la réception, était admirablement disposé pour un bal. La vicomtesse, chez laquelle on eût en vain cherché la moindre trace du goût inné, qui, chez les natures délicates, n'est autre chose que le besoin de l'harmonie, et qui n'avait pas non plus le goût artiste que donne l'étude du beau, possédait en revanche l'instinct de l'amusement et le génie de la profusion. Elle excellait à ordonner ces fêtes banales où il ne saurait être question de deviner les préférences et les habitudes de chacun, et auxquelles il n'est pas nécessaire non plus d'imprimer un cachet personnel qui les distingue ; elle avait toujours vécu dans la meilleure compagnie ; aucune dépense ne l'arrêtait ; il n'en faut pas davantage, dans une ville comme Paris, pour réaliser des merveilles.

Ce soir-là, ses salons en stuc blanc chargé d'or étaient éclairés avec plus de splendeur que de coutume ; des multitudes de girandoles en cristal de roche à facettes étincelantes, se répétant à l'infini dans des panneaux de glace, jetaient une vive lumière sur les draperies de damas aux tons éclatants. Des pyramides de cactus, qui ouvraient leurs corolles ardentes dans cette chaude atmosphère, ajoutaient encore à l'éblouissement de l'œil. Un orchestre puissant faisait retentir d'une musique provocante ces espaces sonores où les femmes aux courtes tuniques, aux cheveux parfumés, ruisselants de pierreries, les bras nus, les épaules nues, arrivaient une à une et se prenaient la main, comme des fées qui se rassemblent pour un joyeux sortilége.

— En vérité, vous êtes jolie à ravir, ce soir, disait Hortense Langin à Nélida retirée avec elle dans un boudoir écarté où l'air était moins étouffant que dans la salle de danse ; vous nous éclipsez toutes.

Il est certain que Nélida n'avait jamais été aussi belle. Elle portait une jupe de taffetas bleu glacé de blanc, relevée de côté par un bouquet de jasmin naturel ; une guirlande des mêmes fleurs ceignait son front ; les feuilles délicates de son bouquet, dépassant un peu l'étoffe du corsage, jetaient une ombre légère et mobile sur sa peau d'albâtre ; une longue ceinture flottante indiquait, sans trop les marquer, les purs contours de sa taille virginale. Je ne sais quelle langueur attirante tempérait le sérieux habituel de son visage. Il était impossible d'imaginer rien de plus aérien, de plus chaste, de plus suave ; on eût dit qu'elle était enveloppée d'une gaze diaphane qui la voilait à demi et la protégeait contre de trop avides regards.

— Je suis sans doute bien indiscret de rompre un si charmant tête-à-tête, dit M. de Kervaëns qui parut en ce moment à la porte du boudoir.

— Vous voilà donc enfin, dit Hortense, en lui tendant une main qu'il secoua à l'anglaise tandis qu'il saluait respectueusement mademoiselle de la Thieullaye ; je croyais que vous ne viendriez plus, et je ne sais pas si j'ai encore une valse pour vous.

Et elle consultait les tablettes d'ivoire où il était d'usage alors que les danseuses très-recherchées écrivissent le nom de leurs danseurs. M. de Kervaëns les lui prit sans façon des mains et lut : le prince Alberti, le marquis d'Hévas..,

« Je suis bien aise de voir que vous n'avez pas *dérogé* pendant mon absence, lui dit-il d'un ton railleur, en regardant Nélida qui souriait ; mais ne comptez pas sur moi, aimable Hortense ; je suis devenu vieux ; j'ai vingt-neuf ans. C'est un grand âge et je ne danse plus. »

Nélida le regarda à son tour d'un air surpris : elle n'avait pas oublié la valse promise la veille au bois de Boulogne, et s'en était même préoccupée plus que de raison, car elle n'avait jamais valsé et redoutait un peu ce premier essai devant tant de monde.

— Ou du moins, continua M. de Kervaëns, je ne danse qu'en des circonstances particulières, et jamais plus d'une fois dans un bal.

— Vous me proposez des énigmes, monsieur Timoléon, dit mademoiselle Langin un peu piquée.

Ce colloque fut interrompu par l'orchestre qui joua une ritournelle indiquant la mesure à trois temps.

— Puis-je espérer que ce sera celle-ci ? dit M. de Kervaëns en s'approchant de Nélida. Et sa voix prit soudain une inflexion tendre, presque suppliante.

— Si cela vous est agréable, monsieur, reprit-elle en se levant. Timoléon lui offrit son bras. Mademoiselle Langin restait confondue, lorsque heureusement, pour la sortir de peine, son valseur arriva ; les deux couples se dirigèrent, à travers la foule, vers la salle de danse.

— Vous ne savez pas, monsieur, que je n'ai jamais valsé, dit Nélida à M. de Kervaëns ; c'est une première leçon que je vais prendre, et je crains.....

— Ne craignez pas ce qui me comble de joie, interrompit Timoléon.

— Mais je serai bien gauche, bien embarrassée.

— J'aurai de l'assurance pour deux, car je suis plein d'orgueil en ce moment. N'ayez crainte ; fiez-vous à moi, laissez-vous conduire, et tout ira bien.

Ils étaient arrivés dans le cercle des danseurs. Timoléon passa son bras autour de la taille de Nélida, qui fit un mouvement en arrière comme pour fuir une étreinte inaccoutumée.

— Et d'abord, continua M. de Kervaëns, puisque vous m'accordez en cet instant les droits d'un maître de danse, veuillez bien ne pas vous roidir ainsi ; il faut, au contraire, vous abandonner entièrement.

Et il lui fit faire un tour pendant lequel elle se laissa enlever plutôt que conduire.

— C'est à merveille, je vous le jure ; encore quelques leçons, et vous serez la meilleure valseuse de Paris ; mais ne craignez pas d'appuyer votre bras sur mon épaule ; cela me donnera plus de confiance, plus de liberté pour vous diriger... et puis (ceci est pour la galerie qui nous observe) il ne faut pas autant baisser la tête ; il faut vous résigner à me regarder quelquefois.

Et Timoléon attachait ses yeux enivrés sur les yeux de la jeune fille inquiète ; il osait presser doucement sa taille flexible ; et sa main, sans serrer la sienne, la retenait et l'enchaînait par un magnétisme inexplicable. A mesure qu'ils rasaient le sol, d'une vitesse toujours redoublée, au son d'une musique dont le rhythme impérieux arrachait Nélida à elle-même, l'étourdissait, lui donnait le vertige, la jeune fille émue, palpitante, poussée par une impulsion irrésistible dans un tourbillon de lumière et de bruit, sentait monter à son cerveau les perfides exhalaisons du jasmin et l'haleine embrasée, toujours plus proche, de Timoléon qui l'attirait. Il y eut un moment où, pour la garantir du choc d'un couple de valseurs sortis des rangs, il la saisit si fortement et la rapprocha de lui d'un mouvement si brusque, que leurs visages se touchèrent presque. Nélida sentit à son front pâle la chevelure humide et chaude du jeune homme ; elle vit son œil ardent qui plongeait sur elle ; un frisson courut dans tout son corps ; elle défaillit sous cette étreinte et ce regard auxquels elle était livrée, et sa lèvre entr'ouverte et sa voix mourante laissèrent tomber ces mots que Timoléon but avec ivresse comme un aveu d'amour : « Soutenez-moi et emmenez-moi d'ici, je me trouve mal. »

Il l'arrêta soudain, et sans lui laisser le temps de revenir à elle, l'entraîna, la porta presque dans le boudoir où il l'avait trouvée avec Hortense. La vicomtesse, qui les avait vu passer, accourut effrayée.

— Voici votre tante, dit Timoléon en déposant Nélida sur le divan ; je vous laisse avec elle. Pour Dieu ! ajouta-t-il à demi-voix, ne valsez jamais avec un autre que moi ; je crois que j'en deviendrais fou.

Le reste de la soirée se passa sans que M. de Kervaëns,

guidé par un tact exquis, essayât de se rapprocher de Nélida, même sous le plausible prétexte de s'excuser auprès d'elle. Mademoiselle de la Thieullaye lui en sut gré. Elle ne dansa plus, remonta chez elle avant la fin du bal, s'endormit d'un sommeil agité, et s'éveilla à plusieurs reprises, croyant voir Timoléon entrer dans sa chambre.

— .... Faisons la paix, disait M. de Kervaëns à mademoiselle Langin qui prenait une glace auprès d'un buffet chargé d'une vaisselle en vermeil où les mets les plus exquis, les fruits les plus savoureux, les plus rares primeurs, défiaient les palais blasés et les goûts difficiles. Vous savez que je hais la jalousie.

— Répondez-moi, dit mademoiselle Langin d'une voix saccadée ; pensez-vous à l'épouser ?

— Je ne pensais à rien tout à l'heure ; c'est vous, avec vos querelles ridicules, qui me forcez de songer à elle ; d'ailleurs, après tout, que vous importe ? Elle ou une autre, ce sera toujours quelqu'un.

— Pourquoi pas moi, dit Hortense avec un cynisme qui contrastait étrangement avec son jeune visage et l'air modeste qu'elle avait su prendre pour se faire bien voir dans la société où elle était admise.

— Ma chère enfant, reprit M. de Kervaëns en faisant jouer l'éventail qu'Hortense avait posé sur le buffet, je vous l'ai dit si souvent ! C'est un malheur, mais qu'y faire ? Je suis pétri de préjugés ; et jamais, cela est certain, fût-ce Vénus en personne, Vénus douée de toute la sagesse de Minerve, jamais je ne consentirai à épouser une femme qui ne pourra pas mettre sur sa voiture un double écusson.

Il y eut un instant de silence.

— Ce ne sera pas facile, reprit Hortense en suivant son idée. Nélida est romanesque ; elle voudra qu'on soit amoureux d'elle.

— Qu'à cela ne tienne ! dit Timoléon.

— Elle ne vous croira pas ; votre réputation est trop bien établie... Mais tenez, ajouta Hortense en baissant la voix, car plusieurs groupes s'étaient rapprochés du buffet, pour vous, je suis capable de tous les sacrifices ; voulez-vous que je m'y emploie ? J'ai un grand ascendant sur son esprit ; avec toute son intelligence, elle est d'une naïveté incroyable. Mais c'est à une condition...

Se voyant écoutés, ils rentrèrent dans le bal.

A partir de ce jour, Timoléon, avec l'agrément tacite de madame d'Hespel, vit presque journellement mademoiselle de la Thieullaye. Il usa de toutes les ressources de son esprit et de l'expérience que lui donnait le commerce des femmes pour lui plaire et lui persuader qu'il avait ressenti à son approche une soudaine et profonde passion.

Il ne mentait qu'à demi. Blasé par ses succès, dégoûté des mœurs faciles et de l'esprit de salon, fatigué de la bonne et de la mauvaise compagnie qu'il avait fini par trouver également insipides, également dépourvues de vérité et de fantaisie, Timoléon était très-attiré par cette nature sincère qui n'empruntait rien au dehors et qui laissait percer, sous le voile d'une fierté chaste, les exaltations les plus romanesques. La beauté de Nélida le charmait, son grand air flattait ses goûts aristocratiques ; c'était d'ailleurs pour lui un mariage superbe ; il se monta la tête, et ne tarda pas à se croire sérieusement épris. Mademoiselle Langin, voyant bien qu'il n'y avait plus pour elle le moindre espoir de se faire épouser, et pensant que la meilleure manière de conserver l'amitié de M. de Kervaëns, à laquelle elle tenait par amour-propre, c'était de le servir en cette occasion, s'y employa avec une habileté consommée. Il n'en fallait pas tant pour séduire une femme aussi aimante, aussi peu sur ses gardes que Nélida. Elle ne mit pas en doute un seul instant la tendresse de Timoléon. Les hommes du monde, quand ils ont de l'esprit, poussent la galanterie jusqu'au génie. Comme ils ne font d'autre usage de leurs facultés que celui de se montrer aimables, comme toute leur ambition se concentre sur un seul point, plaire aux femmes, car la faveur du beau sexe constitue la seule supériorité reconnue dans les salons, ils arrivent en ce genre à un art qui mérite d'être admiré. La grâce ingénieuse de leurs soins, leurs attentions si constantes et si délicates, semblent ne pouvoir s'inspirer que d'un cœur profondément touché, et produisent, au moins momentanément, l'illusion d'un amour véritable.

Nélida se crut privilégiée entre toutes les femmes quand Timoléon, à ses genoux, implora d'elle, dans les termes les plus choisis et les plus tendres, le droit de lui consacrer sa vie; et ce fut avec une sécurité aveugle qu'elle s'abandonna dès ce jour à la douceur d'aimer et d'être aimée.

Madame d'Hespel, ravie de ce mariage qui lui permettrait de montrer souvent à ses côtés le jeune ménage le plus élégant de Paris, courut l'annoncer à toute la société, pendant que M. de Kervaëns allait en Bretagne mettre ordre à ses affaires et disposer son château pour y conduire sa nouvelle épouse. Nélida confia au père Aimery son heureuse destinée. Elle s'affligea beaucoup de ne pas voir mère Sainte-Élisabeth, toujours absente ; et, nous le disons à regret, elle eut le tort, dans la préoccupation de son cœur, de ne pas songer à demander sa pauvre amie Claudine de Montclair.

DEUXIÈME PARTIE

VII

Un matin, madame d'Hespel et Nélida prenaient le thé dans une salle à manger qui donnait sur le jardin. Un déjeuner servi à l'anglaise couvrait la table ; les épagneuls de la vicomtesse sautaient sur les chaises et jappaient impertinemment pour obtenir quelque morceau de mofine ou de sandwich, qu'elle leur distribuait avec une rare complaisance, lorsqu'un domestique vint lui remettre une carte de visite, en ajoutant que la personne était là, qui demandait à se présenter.

— Eh ! sans doute, sans doute, s'écria madame d'Hespel, faites entrer tout de suite. C'est Guermann Régnier ; tu te souviens bien, Nélida, le fils de la voisine qui nous envoyait de si beaux abricots de son espalier ; ce doit être un grand garçon à présent que ce petit vaurien ; il va se perdre sur le pavé de Paris ; mais c'est bon signe qu'il vienne nous voir.

Comme elle parlait encore, la porte s'ouvrit et un jeune homme d'une fort belle figure entra en saluant profondément. La vicomtesse, sans quitter sa place, lui tendit la main ; il s'approcha et porta cette main à ses lèvres. Nélida le regardait avec une curiosité mêlée de quelque embarras, ayant peine à reconnaître dans ce jeune homme à la taille élancée, au visage pensif, au noble front, le petit villageois de rustiques allures qu'elle avait connu jadis.

— Soyez le bienvenu, mon enfant; et d'abord asseyez-vous là, près de moi. A bas, Djett, à bas, disait la vicomtesse, en donnant du bout des doigts une tape à son épagneul favori qui ne se pressait pas de céder sa place. Comme vous voilà grandi ! et beau garçon vraiment ; qui aurait dit cela ? Et la chère mère, comment va son rhumatisme ? Et son espalier, est-il encore de quinze jours en avance sur celui d'Hespel ? Qu'est-ce que vous venez faire à Paris ? des folies ! pas trop, j'espère. Il faut être sage, mon enfant. Il faut venir nous voir souvent ; vous trouverez toujours votre couvert mis chez moi, mon cher Guermann.

Ce fut pendant dix minutes un déluge de paroles protectrices qui ne permit pas à Guermann de placer un mot. Plusieurs fois il réprima un léger sourire.

— Vous êtes mille fois bonne, madame, dit-il enfin, profitant d'un moment où les chiens, oubliés pour lui, importunaient de plus belle et forçaient leur maîtresse à s'occuper d'eux ; ma mère se porte à merveille et m'a chargé de ses respectueux hommages. Moi, je suis à Paris depuis longtemps déjà ; si je n'ai pas eu l'honneur de me présenter chez vous jusqu'ici, c'est qu'un travail incessant, presque au-dessus de mes forces, absorbait mes heures. Il m'a fallu tout à la fois gagner ma vie pour ne pas rester à la charge de ma mère, si peu riche, comme vous savez, et m'efforcer d'acquérir un talent ; il m'a fallu étudier et produire ; devenir artiste, car telle était ma vocation, et rester artisan, car telle était la condition de mon existence précaire. Ce n'était pas chose facile. Heureusement j'avais été, vous ne le savez que trop, madame, un enfant obstiné et ingouvernable, c'est-à-dire un de ces enfants qui deviennent des hommes persévérants et durs à la peine. J'ai eu aussi la fortune de rencontrer un maître qui n'a cessé de me donner courage. Depuis cinq ans je travaille à l'atelier de....

— Vous êtes peintre, interrompit la vicomtesse ; ah ! je vous en fais mon compliment ; c'est un état bien agréable. Vous peignez l'aquarelle ou la miniature ?

— J'espère faire des tableaux d'histoire, répondit le jeune homme avec une assurance tranquille. Jusqu'à présent j'ai peint un peu de tout. Il a fallu me conformer au goût des marchands et subir leurs exigences, si brutales avec quiconque n'a pas encore de réputation, et je viens de terminer les deux seules toiles que je puisse véritablement avouer : le portrait de ma mère et le Pêcheur de Gœthe. Le but de ma visite, madame, était de vous demander si vous voudrez bien honorer mon atelier de votre présence ; mon maître a daigné monter hier mes six étages et m'assurer qu'il ne me renierait pas.

— Avec le plus grand plaisir, mon enfant, nous irons dès demain, Nélida et moi ; et si, comme j'en suis sûre, vous avez fait une belle chose, si vous n'êtes pas trop exagéré dans vos prix, je vous enverrai toute ma société, et vous aurez probablement d'ici à peu quelque bonne commande.

Disant cela, elle achevait son thé et se levait pour passer dans le jardin, lorsqu'on vint l'avertir que sa couturière l'attendait depuis longtemps et demandait ses ordres. Nélida et Guermann, qui ne s'étaient encore rien dit, se trouvèrent seuls en présence sur le perron.

— C'est une bien belle vie que celle d'un grand artiste, dit Nélida en descendant les degrés. (Quelque chose l'avertissait qu'elle avait à réparer la bienveillante indélicatesse de sa tante.) Sentiez-vous déjà du goût pour la peinture quand nous jouions ensemble à Hespel?

Ce *nous*, qui rétablissait l'idée d'égalité, presque d'intimité entre Guermann et elle, se plaça naturellement sur les lèvres de la jeune fille comme la plus indirecte et la plus exquise des réparations. L'artiste le sentit ainsi, car, au moment même, le pied de Nélida ayant glissé sur la dernière marche, il saisit son bras pour la retenir, et la serra peut-être un peu plus longtemps qu'il n'eût été strictement nécessaire.

— J'ai toujours aimé contempler les belles lignes à l'horizon, et, tout enfant, mes yeux prenaient un plaisir infini au jeu de la lumière dans le feuillage, reprit-il. Au temps que vous me rappelez, je m'étais déjà essayé souvent à reproduire des formes qui me charmaient. J'avais dessiné, ou du moins cru dessiner, des troncs d'arbres, des animaux au repos, le porche ogival de notre vieille église; mais la première fois que je me complus dans mon œuvre, le premier jour où je sentis un tressaillement intérieur, une vocation, pardonnez-moi ce mot qui vous semble peut-être bien ambitieux, ce fut... Vous souvenez-vous de ce jour où je volai pour vous une branche de cerises?

— Assurément, dit Nélida qui s'enfonçait avec Guermann sous une longue tonnelle de lierre et de vigne vierge ; vous étiez un vrai bandit alors, et moi une pauvre petite pleureuse.

— Vous savez qu'on vous gronda très-fort. Votre tante fit connaître à ma mère tout son déplaisir; on me signifia que je ne serais plus reçu au château, puisque je vous entraînais à la désobéissance. Indigné, le cœur plein de rage, je ne songeai qu'à me venger. Pendant plusieurs jours et plusieurs nuits, je forgeai et je rejetai tour-à-tour une foule de projets risibles, mais qui me paraissaient, dans le paroxysme de ma colère, d'une exécution très-facile. Le plus timide n'allait à rien de moins qu'à brûler le château d'Hespel, à vous enlever à travers les flammes, et à tuer résolûment tous ceux qui oseraient tenter de me barrer le chemin. N'oubliez pas que j'avais treize ans alors. Ces accès d'une fureur concentrée me brisèrent. Bientôt la douleur, une douleur plus tranquille, quoique plus intense encore peut-être, prit le dessus. Je formai la résolution calme, et j'oserais dire religieuse, de conserver de vous quelque chose que personne dans l'univers ne pourrait jamais me ravir, votre image.

— Comment! dit Nélida, vivement intéressée à ce récit.

— Me promettez-vous de ne pas vous offenser? continua Guermann ; les enfants, et un peu aussi les artistes, ne sont pas toujours responsables de leurs actes.

— Ce que vous avez à confesser est donc bien terrible? dit Nélida en souriant.

— Vous allez en juger, répondit Guermann. Ou plutôt non; ne jugez rien ; faites descendre sur moi toutes vos indulgences.

— Ne sommes-nous pas de vieux amis? une indulgence réciproque est le lien de toute amitié vraie.

— Je tirai d'un bureau, où j'l'avais serré avec soin, un portefeuille, héritage de mon père; j'allai dans la campagne, et, repassant exactement par les sentiers où nous avions marché ensemble, je vins m'asseoir sur le bord d'un fossé où vous vous étiez reposée. Là, mettant ma tête dans mes deux mains et fermant les yeux afin de n'être distrait par aucun objet extérieur, je concentrai longtemps sur vous toute ma pensée, je m'imprégnai tout entier, si je puis m'exprimer ainsi, du souvenir de votre grand front si fier, de votre belle chevelure, de votre doux et triste regard; je fis à Dieu un vœu étrange...

— Lequel? dit Nélida, de plus en plus attentive.

— Dispensez-moi de vous le dire, dit Guermann avec un sourire mélancolique; je n'aurai jamais à l'accomplir. Puis, continua-t-il en reprenant son récit, saisissant un crayon avec un enthousiasme incroyable dans un enfant tel que je l'étais alors, je traçai d'une main audacieuse une figure qui, certes, était bien loin de vous égaler en beauté, mais qui pouvait, à des yeux prévenus et à un cœur plein de vous, rendre un instant d'illusion et rappeler votre présence. Lorsque j'eus fini, je ressentis une si vive joie, je fus saisi d'un transport tel, que je tombai à genoux devant mon œuvre, et ma poitrine gonflée se soulagea par un torrent de larmes. Quand je voulus me relever, mes jambes ne me soutenaient plus; mon front était baigné d'une sueur froide; je tremblais de tous mes membres. Ce fut avec une peine infinie que je me traînai jusqu'au village; il fallut me mettre au lit. J'y restai quinze jours, en proie à une fièvre presque toujours accompagnée de délire.

Le premier jour de ma convalescence, à peine en état de parler, j'annonçai à ma mère que je voulais aller à Paris et devenir un grand peintre. La pauvre femme fut consternée; elle pensa que j'étais repris d'un accès, tant cette résolution lui parut insensée. Mais mon pouls était calme, et j'expliquai avec beaucoup de lucidité un projet qui semblait bien arrêté dans mon esprit. Le médecin, qui ne manquait pas d'un certain goût, et qui avait vu le dessin resté sous mon chevet pendant ma maladie, crut reconnaître dans cette esquisse hardie les signes certains d'un talent véritable. Il rassura ma mère, et l'exhorta à ne pas contrarier mon désir. L'excellente femme consentit à tout; mais, inquiète pour mon jeune âge, elle me supplia d'attendre encore deux années. Le docteur calma mon impatience en promettant de guider mes études et de me fournir de bons modèles. Enfin, les deux années écoulées, nous vînmes à Paris; ma mère m'installa dans une petite chambre, voisine de la demeure d'un de ses parents qui, par le plus grand des bonheurs, se trouvait être l'ami de... Celui-ci me reçut à son atelier sans vouloir accepter aucune rétribution. Confiante en la Providence qui protégeait ainsi mes premiers pas, ma mère retourna dans son village. Elle avait voulu me conduire chez madame d'Hespel, dont la bonté lui était connue; je m'y refusai. Quand je serai devenu un grand peintre, lui dis-je, j'irai moi-même prier mademoiselle de la Thieullaye de venir voir mon œuvre; jusque-là il ne faut pas qu'elle entende parler de moi. Je ne veux pas être protégé, je veux être applaudi.

Cela était bien orgueilleux, bien fou assurément; vous allez en rire de pitié; et pourtant me voici, après sept années de silence et de travail; et si, demain, un regard de vous s'arrête avec complaisance sur la toile que j'ai animée de mon souffle, si vous éprouvez quelque sympathie pour ces créations de mon âme et de ma main, je me sentirai le premier, le plus grand entre les mortels. Sinon, si vous me trouvez indigne de vos louanges, si votre cœur ne s'émeut pas à la vue de mon œuvre imparfaite, je souffrirai immensément, je l'avoue, mais je ne me découragerai point. Je m'enfermerai de nouveau, un an, dix ans, s'il est nécessaire; et, au bout de ce temps, vous me reverrez encore, et je vous tiendrai le même langage. Je vous dirai comme aujourd'hui : Venez, venez chez le pauvre artiste inspiré ou abusé; prononcez son arrêt; donnez-lui sa couronne de laurier ou sa couronne d'épines; car son génie ou sa folie, sa gloire ou sa misère viennent de vous, c'est vous qui en êtes responsable devant Dieu.

Guermann s'était animé en parlant ainsi, et sa parole chaleureuse avait un accent de vérité entraînante. Nélida était très-émue. Elle entendait pour la première fois l'expression d'un enthousiasme poétique, qui n'était ni le langage de l'amour ni celui de la religion, mais qui s'inspirait de tous deux. Elle découvrait tout d'un coup, de la manière la plus inattendue, et sans qu'il fût possible de s'en offenser, que depuis sept années elle régnait sur un cœur plein de courage, sur un noble esprit, sur un grand génie peut-être! Elle se voyait l'arbitre d'une destinée, ayant charge d'âme, revêtue soudain de ce caractère de Béatrix, qui a été le rêve de toutes les femmes capables de concevoir l'idéal; et disons-le, elle sentait naître au plus profond de son âme un immense orgueil. Ce sentiment n'était peut-être pas aussi chrétien qu'on eût pu le souhaiter dans une élève docile du père Aimery ; mais, nous le demandons, quelle est la femme, si humble qu'on la suppose, qui repousse avec bonne foi un culte désintéressé et qu'une consente en secret à résider sur l'autel pour y respirer, muette et voilée, le pur encens du sacrifice ?

— Nous montrerez-vous ce portrait demain ? dit Nélida, après un moment de silence et en continuant de marcher.

Une faible brise jouait au-dessus de leurs têtes avec les festons pendants du lierre et de la vigne vierge, qui s'entrechoquaient contre le treillis de fer et formaient un bruissement continu, doux et plaintif.

— A vous, quand vous l'ordonnerez, répondit Guermann ; mais il faudra que nous soyons seuls. Jamais, excepté le bon docteur qui le découvrit par surprise, personne n'a vu ce dessin ; jamais personne ne le verra ; ce serait une profanation. Ce portrait est mon seul culte, ma seule idole. Toute ma vie passée, tout mon avenir sont là dans ces quelques lignes tracées d'une main enfantine, sous la domination d'une puissance invisible. Toute mon ambition, tout mon orgueil, ajouta-t-il après quelque hésitation, sont dans ce nom que je n'ose plus prononcer...

— Nélida ! s'écriait en ce moment madame d'Hespel à l'autre extrémité du berceau. Les deux jeunes gens s'arrêtèrent comme frappés d'un coup électrique.

— Nélida, dit Guermann à voix basse et se parlant à

lui-même. Ce n'est pas moi qui l'ai dit, ajouta-t-il en levant les yeux sur la jeune fille.

Elle pressa le p. et se mit à courir pour rejoindre sa tante. Il s'agissait d'un habit de cheval à essayer. Elle rentra en toute hâte, sans se retourner pour dire adieu à Guermann qui venait à quelques pas derrière elle.

L'artiste prit aussitôt congé de madame d'Hespel. La vicomtesse lui promit encore de venir le lendemain à son atelier.

VIII

Une heure après, la vicomtesse faisait appeler Nélida.

— Mon enfant, lui dit-elle, apprêtez-vous pour sortir ; j'ai demandé mes chevaux, et nous irons surprendre Guermann à son atelier. En lui promettant d'y aller demain, j'avais oublié les courses ; après-demain j'ai la matinée musicale de madame de Blonay ; jeudi la lecture de Charles V ; notre visite serait ajournée indéfiniment, et j'en aurais du regret. Je m'intéresse beaucoup à ce jeune homme, beaucoup, beaucoup, et je veux écrire à sa mère comment j'aurai trouvé ses peintures. Allons-y tout de suite, ce sera bien plus aimable.

Nélida n'avait pas d'objection ; elle monta en voiture avec sa tante, et, dix minutes après, elles entraient toutes deux dans une étroite allée de la rue de Beaune, et montaient un escalier obscur, précédées d'un laquais fort surpris d'avoir à conduire sa maîtresse dans un pareil lieu.

— Ouf! disait la vicomtesse en s'arrêtant un peu à chaque étage et riant aux éclats; et de trois; et de quatre; encore un peu de vertu, et nous sommes au ciel.

Nélida ne riait pas. L'aspect de cette maison misérable, de cet escalier sale et tortueux, lui serrait le cœur. Quel contraste avec les degrés couverts de tapis de l'hôtel d'Hespel et de toutes les somptueuses demeures qu'habitaient ses amies! Ainsi que toutes les femmes de son rang, élevées dans le monde et pour le monde, mademoiselle de la Thieullaye savait, à la vérité, qu'il y avait des pauvres; elle l'avait entendu dire en chaire; elle en avait aperçu de loin, dans les rues, et faisait à toutes les quêtes de larges offrandes; mais jamais une réalité brutale n'avait frappé ses yeux; jamais elle n'avait été provoquée à la réflexion sur cette loi inexorable de travail et de misère qui pèse si rudement sur le plus grand nombre des hommes. Elle ne se faisait aucune idée de la condition amère de ceux que des talents supérieurs, des instincts élevés, des mœurs délicates, ne mettent pas à l'abri du besoin, et qui, loin de pouvoir s'abandonner aux ambitions nobles qui les sollicitent, se voient forcés de se courber sous un labeur grossier qui leur assure à peine l'existence. Ces pensées lui venaient pour la première fois en entrant dans la demeure de Guermann, de cet homme dont elle se savait adorée, et

4.

à qu son cœur décernait en secret la palme du génie. Elle se rappelait ses paroles : « Il a fallu que je devinsse artiste en restant artisan ; » et des larmes s'amassaient au bord de sa paupière, quand le domestique, arrivé au sixième palier, sonna avec force à une petite porte basse sur laquelle était clouée une carte de visite portant le nom de Guermann Régnier. Quelques minutes se passèrent sans que personne vînt ouvrir. Le valet irrité allait ressaisir la sonnette, lorsqu'on entendit le bruit d'une porte intérieure; des pas légers approchèrent et une voix de femme, hésitant un peu, dit : Est-ce toi, Virginie ?

— C'est moi, répondit madame d'Hespel en déguisant sa voix et s'applaudissant de son stratagème. En effet, la clé tourna dans la serrure, et la vicomtesse entrant brusquement se trouva dans une pièce à peine éclairée, face à face avec une ravissante créature qui, les bras nus, les cheveux tombant sur ses épaules, poussa un cri et s'enfuit par une porte vis-à-vis la porte d'entrée; madame d'Hespel l'entendit qui disait :

— Guermann, ce sont des dames ; où vais-je me cacher ?

— C'est un modèle apparemment, dit la vicomtesse à Nélida surprise d'une si étrange apparition; on est exposé à cela chez les peintres. Par bonheur, c'est une femme, et nous pouvons entrer.

Guermann parut à la porte de l'atelier. Il était vêtu d'une blouse et d'un pantalon de toile grise; il tenait sa palette et son appuie-main.

— Mon Dieu, madame, s'écria-t-il en apercevant la vicomtesse; vous me voyez couvert de confusion. Excusez-moi de vous recevoir dans un accoutrement pareil, mais je ne m'attendais pas.....

— Bah, bah, cela ne fait rien du tout, mon enfant, interrompit la vicomtesse en entrant résolûment dans l'atelier; l'impatience de voir toutes vos belles choses nous a fait devancer le jour et l'heure. Nous vous gênons peut-être, ajouta-t-elle en jetant un regard inquisitif autour d'elle; vous faisiez poser un modèle?

La jeune fille qui lui avait ouvert et qui s'était blottie derrière le poêle après avoir pris à la hâte et jeté sur ses épaules un morceau de rideau pourpre qui drapait un mannequin de cardinal, rougit jusqu'au front. Les deux bras croisés sur sa poitrine, les yeux baissés, retenant son haleine, elle était dans un état de contrainte et de souffrance visible.

— Mademoiselle a l'obligeance de poser pour la chevelure, dit Guermann avec gravité; je n'en connais pas de plus belle, et elle a bien voulu consentir...

La jeune fille leva les yeux, deux yeux pétillants de jeunesse, et regarda l'artiste d'un air qui voulait dire : Merci.

— Je ne suis pas assez riche pour payer des modèles, reprit Guermann à demi-voix, en conduisant la vicomtesse et mademoiselle de la Thieullaye devant le chevalet qui portait sa composition d'après la ballade de Gœthe.

— Quel drôle de sujet! dit madame d'Hespel; il faut savoir l'allemand sans doute pour comprendre cela?

— Ce qui m'a déterminé dans le choix de ce sujet, dit Guermann, en s'adressant à Nélida qui contemplait avec émotion ce tableau d'une pureté de lignes et d'une harmonie de ton qui devait frapper les yeux les moins exercés, c'est un enfantillage et une présomption. Un enfantillage, parce que depuis ma première jeunesse j'ai conçu un goût passionné, absurde, ridicule pour les nénuphars, et que cette scène me donnait occasion d'en faire.

Nélida s'approcha de la toile comme pour examiner un détail, mais en réalité pour cacher une vive rougeur.

— Une présomption, parce que je savais que Gœthe jugeait ce sujet impossible, et qu'il avait blâmé beaucoup un peintre de l'avoir choisi. Vous ne sauriez croire, mademoiselle, combien ce mot *impossible* soulève dans le cœur d'un artiste de bouillonnements audacieux, comme il provoque à la lutte, comme il excite à la témérité. Cette parole de Gœthe retentit pendant six mois à mes oreilles, jour et nuit, sans me laisser de trêve. Je ne trouvai un peu de repos que lorsque ayant, pour ainsi dire, accepté le défi, j'ébauchai le tableau que vous voyez là; il vous paraît, à coup sûr, une pauvre victoire remportée sur l'opinion du grand poète; mais aux premiers jours d'un puéril enivrement, il me parut un chef-d'œuvre tel, que je croyais à chaque instant voir se dresser devant moi l'ombre de Gœthe, sorti tout exprès de la tombe pour venir m'applaudir et se reconnaître vaincu.

Pendant que Guermann parlait ainsi, la vicomtesse jetait les yeux çà et là dans tous les recoins de l'atelier; mais Nélida, curieuse, étonnée, pénétrant pour la première fois par ces quelques mots dans les mystères de l'art, Nélida à qui s'ouvraient en ce moment des horizons tout nouveaux de poésie, écoutait avidement les discours du jeune artiste et ne songeait point à l'interrompre.

— Savez-vous, Nélida, que cette Naïade vous ressemble? dit enfin madame d'Hespel.

— Voici le portrait de ma mère, dit Guermann, pour détourner l'attention de la vicomtesse. Et, passant auprès de Nélida en approchant son chevalet, il lui jeta ces mots qui entrèrent dans le cœur de la jeune fille comme un fer brûlant :

— Je ne puis vivre pour vous; mais rien ni personne au monde ne saurait m'empêcher de vivre par vous.

— Ah! pour le coup, voilà qui est merveilleux, s'écria la vicomtesse. Cela est frappant, cela parle. C'est comme si on la voyait, cette bonne madame Régnier, avec son beau fichu des dimanches et sa broche d'améthyste. Voilà bien ces petites boucles *à la neige*, dont elle n'a jamais voulu se départir, quoi que j'aie pu dire et faire. Ah! mon Dieu, cela donne envie de rire, tant c'est ressemblant. Et son vieux fauteuil à ramages... rien n'y manque ; on dirait qu'elle va vous dire bonjour. Franchement, mon ami, j'aime mieux cela que votre Naïade; elle n'est pas trop naturelle cette Naïade ; elle a bien un faux air de Nélida, mais pourtant je n'ai jamais vu de femme comme cela.

— Je doute, en effet, madame, reprit Guermann, qui commençait à perdre patience, que vous ayez vu beaucoup de Naïades.

— Ah çà! mon enfant, continua madame d'Hespel, sans faire attention à cette réponse, nous ne voulons pas vous déranger plus longtemps, nous reviendrons. Il faut que mademoiselle achève de poser, ajouta-t-elle, en se rapprochant de la jeune fille qu'elle examina curieusement. Celle-ci, qui avait repris contenance, et qui n'était peut-être pas fâchée d'un examen qu'elle savait ne pas devoir lui être défavorable, regarda madame d'Hespel avec gaîté et malice; un charmant sourire ouvrit sa lèvre vermeille et appétissante comme une cerise que vient de fendre un rayon de soleil.

— Vous viendrez nous voir bientôt, n'est-ce pas? reprit la vicomtesse en se tournant vers Guermann qui la reconduisait. Il faut vous dire que je suis peintre aussi, moi. Par exemple, je suis très-coloriste; l'éclat de la couleur me séduit, et, peut-être, j'en conviens, est-ce un peu aux dépens de l'exactitude rigoureuse du trait.

Guermann sourit et promit de venir dès le lendemain; il accompagna la vicomtesse jusqu'au bas de ses six étages, et, donnant la main à Nélida pour l'aider à monter en voiture : « Je vais rentrer dans le temple, dit-il; l'esprit y est venu; mon travail est béni, ma destinée consacrée. »

Nélida rentra chez elle en proie à une grande agitation. Depuis le bal chez sa tante, depuis cette valse éperdue où le secret de sa jeunesse, échappé dans le trouble de ses sens, avait été recueilli par un homme qui allait devenir son époux, elle croyait avoir conçu pour cet homme un amour passionné, éternel. Tout ce qu'elle éprouvait à l'approche de Timoléon, le léger embarras d'une pudeur délicate, une reconnaissance naïve de ses soins, une admiration complaisante pour la supériorité de son esprit et les agréments de sa personne ; toutes ces sensations confuses étaient si nouvelles, si délicieuses, que Nélida ne doutait pas que ce ne fussent là les émotions profondes d'une âme pénétrée d'amour. Le charme des confidences et les discours artificieux de mademoiselle Langin entretenaient son erreur. Elle songeait aussi, avec ravissement, à la vie poétique qu'elle allait mener. Elle se représentait l'antique château en Bretagne, que Timoléon décrivait si bien ; les vastes landes de bruyères roses, les roches druidiques, les courses à cheval à travers la contrée sauvage, le long des falaises retentissantes, sous l'escorte d'un noble cavalier qui lui parlait le langage sérieux et doux de la foi jurée et du légitime amour. Se sentant attachée déjà par les liens d'une sympathie réciproque, elle était charmée, confiante, calme, et n'imaginait pas qu'il pût exister sur la terre de tendresse plus vive et de félicité plus grande que la sienne.

Et tout à coup, c'est une autre pensée qui se lève dans son âme ; c'est une autre préoccupation qui l'absorbe, une autre destinée qui l'intéresse. C'est l'atelier du peintre, et non plus le château du grand seigneur, qui attire son imagination et la retient captive ; c'est Guermann et non plus Timoléon, dont elle voit l'image à ses côtés !

Ô passion, passion, force impitoyable qui nous entraîne et nous brise ! souffle embrasé qui nous pousse à travers la vie dans un tourbillon de douleurs et de joies inconnues au reste des hommes ! amour, désir, ambition, génie, quel que soit le nom qu'on te donne, aigle ou vautour jamais rassasié ! heureux les mortels dont tu n'as pas daigné faire ta proie ! heureux les pacifiques qui n'ont point senti ton approche ! Heureuse, entre toutes, la femme qui n'a jamais ouï le frémissement de tes ailes menaçantes agiter l'air au-dessus de sa tête !

IX

Le lendemain, vers la chute du jour, Guermann entrait dans le petit salon que madame d'Hespel appelait son atelier. C'était une pièce tendue de satin vert, éclairée par le haut, encombrée de prétendus objets d'art et d'une multitude d'ustensiles, aussi élégants qu'incommodes, qui servaient à la vicomtesse dans l'exercice de son talent de peinture.

— Vous me prenez en flagrant délit, s'écria-t-elle en voyant Guermann, et dans mon costume d'artiste.

C'était une façon détournée de lui faire remarquer ses bras nus encore bien conservés, sa taille bien prise dans une robe juste en cachemire feuille morte, et son tablier de dentelle noire coquettement relevé comme celui d'une soubrette de théâtre.

— Vous allez dédaigner mes œuvres, continua-t-elle, car vous autres peintres *d'histoire*, comme on dit, vous faites fi du genre. J'avais commencé l'huile il y a trois ans ; mais franchement, cela sent trop mauvais, c'est trop sale. J'ai préféré l'aquarelle, et je crois avoir été à peu près aussi loin que possible dans l'arrangement des intérieurs. Or, mieux vaut la perfection dans un petit genre que la médiocrité dans un grand, n'est-il pas vrai?

— Sans aucune espèce de doute, dit Guermann qui souriait imperceptiblement.

— Tenez, mais soyez sincère, reprit la vicomtesse ; je puis tout entendre ; je n'ai pas l'ombre de vanité. Voici d'abord *le Chien de la famille*; c'est entièrement de mon invention ; ce chien a une préférence pour le petit garçon que vous voyez là, et les autres enfants sont jaloux. N'est-ce pas que j'ai bien rendu ma pensée? Quel regard a la petite fille, surtout ! Oh ! ce n'est pas grand'chose, reprit-elle avec un peu d'humeur, voyant que Guermann n'ouvrait pas la bouche ; il ne faut pas chercher là une scène épique ; mais c'est naïf, c'est simple. Puis, voici *le Retour du marin*. J'ai fait cela à Dieppe ; un peintre anglais a retouché la vague du premier plan qu'il trouvait trop bleue ; mais il m'a assuré que les autres étaient excellentes, quoique ce fût mon début.

— Permettez-moi de vous dire que vous êtes une femme adorable, dit Guermann en lui baisant la main.

La vicomtesse fut touchée.

— Oh ! dit-elle avec un certaine émotion, c'est que je suis vraiment artiste, moi ; j'ai souffert la persécution pour l'art. Mes amies trouvaient mauvais que je me livrasse autant à mon goût de peinture ; elles prétendaient que cela m'entraînait à des relations peu convenables ; elles m'ont même menacé de déserter mon salon. Mais j'ai fait tête à l'orage, et je suis parvenue à tout concilier. J'ai un jour spécial pour les artistes : le lundi. Je leur donne à dîner ; le soir on chante, on dessine dans mes albums ; quelquefois nous jouons des charades ; c'est fort intéressant, et nous nous amusons beaucoup. Ceci, continua-t-elle, sans se douter le moins du monde qu'elle fût en ce moment plus impertinente que toutes ses amies, c'est la fille de mon jardinier qui m'apporte des roses dans une corbeille. Veuillez remarquer cette petite chenille verte ; est-ce nature, cela ? Mais il faut que vous m'aidiez à terminer la chèvre que j'ai mise pour remplir ce vide, à gauche ; je n'ai jamais pu parvenir à faire son poil assez luisant.

Guermann s'assit de la meilleure grâce du monde et prit le pinceau de la vicomtesse.

— Venez voir, dit madame d'Hespel à Nélida qui entra au bout de quelques minutes, comme ce bon Guermann est obligeant. Le voilà qui fait merveille dans mon tableau. C'est admirable comme cette chèvre ressort à présent ; il faut en convenir, je l'avais tout à fait manquée.

— Un peu de patience, madame la vicomtesse, dit Guermann sans se déranger de son travail ; vous avez une telle finesse de pinceau qu'il m'est très-difficile de ne pas faire tache. J'en ai pour une heure, au moins. Me permettez-vous de m'établir là ?

— Bien, bien, mon enfant, vous m'enchantez. Malheureusement je suis forcée de sortir, mais Nélida vous tiendra compagnie et je vous trouverai en rentrant. Vous dînez avec nous.

La vicomtesse, toujours affairée, sortit avec pétulance, laissant, de la meilleure foi du monde, mademoiselle de la Thieullaye et le jeune artiste dans un dangereux tête-à-tête.

— Trouvez-vous réellement ces compositions jolies? dit Nélida en s'asseyant sur un grand fauteuil en velours où la vicomtesse faisait poser son chien.

— Je trouve votre tante la personne la mieux intentionnée qu'il y ait au monde, répondit Guermann, et tout ce qui me rapproche de vous me semble l'œuvre des dieux.. Nous sommes des parias, continua-t-il comme en se parlant à lui-même et suivant le cours intérieur des réflexions que le babil inconsidéré de madame d'Hespel avait provoquées; je le sais. La société, dans son dédain superbe, nous traite comme de vils artisans qui trafiquent d'un morceau de marbre ou de quelques aunes de toile recouverte de couleur; elle se persuade que notre ambition suprême doit être d'obtenir les louanges des grands seigneurs blasés et d'amuser l'ennui des femmes nerveuses. Je n'ignore pas que, lorsqu'on a marchandé et payé le travail de nos mains (car lequel d'entre ces gens sans cœur imaginerait qu'il y a là une inspiration de l'âme?), lorsqu'on nous a jeté notre salaire, on se détourne de nous comme de gens sans aveu...

— Vous êtes injuste, dit Nélida, qui voyait les doigts du jeune artiste se crisper et son visage s'enflammer de colère.

— O Nélida! reprit-il en se levant et en jetant loin de lui le pinceau de madame d'Hespel, ils nous dédaignent, ils nous méprisent; mais qu'importe! L'art est grand, il est saint, l'art est immortel. L'artiste est le premier, le plus noble entre les hommes, parce qu'il lui a été donné de sentir avec plus d'intensité et d'exprimer avec plus de puissance que nul autre, la présence invisible de Dieu dans

la création. Il exerce ici-bas un sacerdoce outragé, mais
auguste. C'est à lui seul que la Divinité sourit dans l'harmonie des mondes ; lui seul a le secret de l'infinie beauté.
Les transports de son âme ravie sont le plus pur encens
que le Créateur voie monter de la terre vers le ciel.

Guermann marchait à grands pas dans la chambre. Nélida le suivait des yeux, alarmée de l'état violent où il
semblait être, mais dominée, fascinée, en quelque sorte,
par sa parole enthousiaste qu'elle ne comprenait qu'à
demi. Le jeune artiste déclama encore longtemps sur ce
ton. Il avait une sorte d'irritabilité nerveuse et une verve
de colère qui, par moments, touchaient à l'éloquence.
Prompt à saisir tout ce qui caressait l'orgueil qui faisait
le fond de sa nature, il avait accueilli avec ardeur, en ces
dernières années, les théories qu'une école célèbre prêchait à la jeunesse. Les opinions saint-simoniennes avaient
trouvé en lui un fervent adepte. Tout le temps que lui
laissait l'exercice de son art, il le consacrait à suivre les
prédications et à se pénétrer des doctrines du nouvel
évangile. Cette glorification de la beauté et de l'intelligence, cet appel à la femme inconnue que chacun espérait
en secret rencontrer, cette *réhabilitation de la chair*, pour
me servir de l'expression consacrée, tout cela était bien
fait pour séduire de jeunes hommes dans la première fougue des ambitions et des voluptés. Guermann surtout,
dont aucune étude solide ne prémunissait l'esprit et qu'aucune influence modératrice n'avertissait dans ses écarts,
se jeta avec ivresse dans le torrent d'idées fausses et
vraies, rationnelles et insensées, qui, à cette époque,
faisaient irruption dans la société. Il lut, il écouta,

il accepta tout au hasard, pêle-mêle, sans choix, sans contrôle, parce que tout flattait ses penchants désordonnés ; et il arriva en peu de temps, non à une conviction sérieuse et sincère, mais au sentiment âpre et maladif des inégalités sociales et des préjugés iniques qui se dressaient contre lui.

Se voyant écouté avec un mélange de crainte et de surprise bien fait pour charmer sa vanité, Guermann, dans les fréquents tête-à-tête qui se succédèrent, rappela souvent le sujet favori de ses improvisations, et développa à Nélida, en voilant ce qui aurait pu inquiéter ses croyances et surtout ses chastes instincts, l'ensemble de la doctrine saint-simonienne : jetant ainsi dans l'esprit de la jeune fille une perturbation qui favorisait le trouble chaque jour croissant de son cœur.

Madame d'Hespel, incapable de s'amuser longtemps d'une même chose, avait laissé là les pinceaux pour une œuvre de charité dont elle se faisait fondatrice. Elle était tout le jour hors de chez elle et ne s'occupait plus de Guermann, ni même de Nélida, à qui sa position d'*accordée* interdisait les visites et les réunions du soir. Ainsi les deux jeunes gens, par un hasard étrange, se trouvaient livrés à eux-mêmes, et se voyaient dans une intimité constante avec la liberté la plus entière, sans que personne au monde pût songer à le trouver mauvais. Guermann prenait un plaisir extrême à initier Nélida aux mystères de l'art et aux premiers éléments des théories sociales. L'exquise organisation de la jeune fille la rendait aussi apte au sentiment de la beauté dans la forme qu'à la perception des vérités abstraites. Comme nous l'avons dit, c'était un monde nouveau qui se découvrait à ses yeux, un temple dont les portes d'ivoire s'ouvraient, comme par magie, à la parole du jeune lévite. Elle n'avait aucune défiance, et comment en aurait-elle eu ? Guermann parlait et appliquait à son art le langage mystique des croyants. Le beau, selon lui, c'était Dieu ; l'art était son culte ; l'artiste son prêtre ; la femme aimée, c'était la resplendissante Béatrix, pure et sans tache, qui guide le poëte à travers les régions célestes.

Le profond respect qu'il gardait dans ses libres tête-à-tête avec Nélida, l'intérêt en apparence étranger qui les animait, aveuglaient la jeune fille et la rassuraient de plus en plus sur la nature d'un sentiment qu'elle n'avait pas vu naître sans effroi ; ou plutôt elle ne pensait plus à s'en rendre compte ; elle ne sentait pas le progrès envahissant que Guermann faisait dans son cœur. Le voyant chaque jour, elle n'avait pas le temps de s'apercevoir combien sa présence lui était devenue nécessaire. En acceptant tacitement le rôle de Béatrix dont il l'avait revêtue, elle ne songeait pas qu'elle s'engageait et liait en quelque sorte sa destinée à celle d'un homme dont ne la rapprochaient ni les liens du sang, ni même les rapports sociaux. Elle oubliait tout doucement Timoléon en croyant ne faire que l'attendre. Le langage de Guermann était d'ailleurs à tel point différent, elle était entrée avec lui dans un ordre d'idées si supérieur, qu'aucune comparaison ne pouvait se présenter à son esprit ; aucun rapprochement n'était possible. Elle ignorait même si Guermann était instruit de son prochain mariage ; jamais leur entretien ne se rapportait à la vie réelle. Le jeune artiste, enthousiaste et inspiré, l'avait ravie avec lui dans les sphères idéales, et semblait craindre d'en redescendre. Mais le jour n'était pas loin où ils allaient tous deux en être précipités.

X

Un jour Guermann était seul avec Nélida dans l'atelier de madame d'Hespel. Il lui montrait une série de dessins d'après les stances du Vatican, et la jeune fille écoutait, attentive et charmée, ce qu'il lui racontait de l'existence pleine, féconde, épanouie et glorieuse de Raphaël Sanzio, de ce *fils d'un ange et d'une Muse*, comme on l'a si bien nommé. Elle s'étonnait avec candeur de l'amour du sublime artiste pour une femme sans talent et sans vertu, pour une fille du peuple à l'esprit inculte, pour une *Fornarina*, et ne trouvait pas que Guermann en parût assez surpris. Il se gardait bien pourtant de lui dire toute sa pensée. Il ne lui disait pas surtout ce qu'il y avait d'assez semblable peut-être dans sa propre vie ; tant il est impossible qu'un peu de duplicité ne se mêle pas toujours aux rapports les plus purs entre l'homme, cet être fort et avide qui convoite et saisit hardiment toute joie dans toute fange, et la femme, belle aveugle aux yeux ouverts, qui passe à travers les réalités du monde en croisant sur sa poitrine les plis de son voile. Comme ils étaient là tous deux, elle penchée sur ces nobles fantaisies, sur ces créations quasi divines du *maître* par excellence, lui, assis à ses côtés, tournant lentement les feuillets, on apporta à Nélida une lettre que lui envoyait sa tante. Elle reconnut l'écriture et pâlit. Destin bizarre! et pourtant c'était son jeune fiancé, c'était l'époux de son choix qui lui écrivait! Elle brisa le cachet d'une main tremblante, et, pendant que Guermann suivait sur son visage les traces d'une émotion visible, elle lut ce qui suit :

« Madame votre tante veut bien me permettre, made-
» moiselle, de vous annoncer, sans son intermédiaire, une
» nouvelle qui me rend le plus fortuné des hommes :
» l'absurde procès qui menaçait de me retenir ici vient de
» se terminer par une transaction. Je pars après-demain ;
» j'accours me prosterner à vos pieds et vous demander
» de hâter le jour où vous daignerez quitter votre nom
» pour le mien, votre demeure pour la mienne, et où il
» me sera permis de dire à la face du ciel l'amour tendre,
» respectueux et dévoué qui m'attache à vous. »

Nélida n'acheva pas. Ses paupières se couvrirent d'un nuage ; sa main laissa échapper la lettre. Guermann s'en empara et la dévora d'un regard. Hors de lui, emporté par la passion, par le désespoir, il saisit la jeune fille demi-morte, et imprima sur ses lèvres un baiser ardent. Elle voulut s'arracher à ses bras, il la retint :

— Tu m'aimes, s'écria-t-il; je le sais, je le vois, je le sens au plus profond de mon cœur, tu m'aimes. Les insensés! ils t'arrachent à moi, au seul homme qui sache te comprendre! Pauvre enfant! Eh bien! va; obéis à leur loi brutale. Donne à ton mari, donne au monde, tes jours et tes nuits, ta volonté contrainte et ta parole glacée. Tu ne saurais leur donner ton âme; elle m'appartient; j'y régnerai malgré les hommes, malgré toi-même. Je ne te verrai plus, mais tu es à moi pour l'éternité. Adieu, Nélida, adieu!

Et il disparut, laissant la jeune fille éperdue, immobile, frappée de stupeur.

— Guermann! Guermann! s'écria-t-elle enfin, en revenant à elle.

Et ce nom, ainsi prononcé, lui révéla le mystère de son propre cœur. Plus de doute, elle aimait; elle aimait passionnément, profondément. Il le savait; il l'avait dit; elle lui appartenait. Le baiser qu'elle sentait encore à ses lèvres y laisserait une trace ineffaçable; c'était le sceau d'une union que personne ne pouvait plus rompre. Elle le croyait, elle le sentait ainsi, la candide enfant. Les droits de Guermann lui paraissaient absolus désormais. Elle n'imaginait pas qu'elle pût sans crime se donner à un autre.

Tout le reste du jour et une partie de la nuit, elle les passa dans une agitation et un trouble qui ressemblaient à la folie. Puis, ainsi qu'il arrive dans les crises de la jeunesse, l'excès de l'émotion produisit l'accablement; la nature reprit ses droits; Nélida s'assoupit et reposa pendant plusieurs heures. A son réveil, sa tête était rafraîchie, ses idées étaient lucides; elle éprouvait le sentiment d'un captif qui voit tomber ses chaînes à ses pieds; elle était résolue, quoi qu'il dût en advenir, de retirer sa promesse, de rompre son mariage, malgré les prières, les reproches, l'éclat, le scandale.

— Ne suis-je donc pas libre? se dit-elle. Qui pourrait me forcer à un mariage devenu contraire à l'honneur?

J'aime un homme digne de tout mon amour, un homme qui n'est pas mon égal suivant le monde, mais qui est mon supérieur devant Dieu ; car son âme est plus noble, sa vertu plus grande, son intelligence plus vaste que la mienne. J'aime un homme de génie, je suis aimée de lui, et je pourrais hésiter un instant? O Jésus ! ô fils de Marie ! s'écria-t-elle en se jetant à genoux la face dans ses mains, je saurai suivre votre divin exemple. Vous n'avez point recherché les grands de la terre pour en faire vos amis et vos disciples ; vous n'avez chéri que les pauvres et les opprimés. Vous nous avez enseigné qu'à vos yeux il n'y avait d'autre rang, d'autre privilége que ceux d'une conscience plus pure et d'une charité plus ardente. Quelle gloire, d'ailleurs, et quelle félicité comparables à celle de pouvoir tout donner, tout sacrifier, tout fouler aux pieds, pour un grand cœur en butte aux traverses et aux épreuves d'un injuste sort !

Et alors la jeune enthousiaste se figurait ses luttes avec la famille et le monde sous des couleurs héroïques ; elle se voyait condamnée par l'opinion, délaissée par ses amis, allant à la solitude avec son époux, ne vivant que pour lui, l'encourageant d'une parole, le récompensant d'un sourire, priant, travaillant à ses côtés. Elle subissait sans le savoir la séduction la plus irrésistible pour les grandes âmes : la séduction du malheur. Quand le tentateur s'adresse à de nobles filles d'Ève, ce n'est ni la curiosité, ni l'orgueil, ni la volupté qu'il excite en elles et qu'il flatte de promesses décevantes ; il ne leur montre ni les royaumes de la terre, ni la science des enfers, ni les trônes du ciel ; mais au loin, sous un sombre horizon, un exil désolé où gémit, seul et triste, un malheureux, un coupable peut-être. Et la fille d'Ève, généreuse imprudente, quitte aussitôt les bosquets parfumés et la conversation des anges ; elle sort du paradis terrestre, sans regret, sans effort ; elle va trouver celui dont la lèvre maudit l'existence et dont le cœur ne connaît point la joie, pour souffrir avec lui, pour le plaindre ou pour le consoler.

Entre une résolution énergique et son exécution, il y a tout un monde d'incertitudes et de défaillances. Lorsque Nélida, calme, forte, décidée à tout braver, mit son chapeau et sa mantille sous prétexte d'aller, comme elle le faisait souvent, chez mademoiselle Langin, dont la demeure touchait la sienne, elle se sentit frissonner des pieds à la tête. Ce qui lui était apparu quelques minutes auparavant comme un acte héroïque prenait maintenant à ses yeux l'aspect d'une faute honteuse. Cette sortie furtive, pour aller où ? trouver un jeune homme chez lui, lui dire, elle, la fière, la réservée Nélida, qu'elle l'aimait et qu'elle voulait devenir son épouse... Il y avait là de quoi ébranler l'audace la plus intrépide. Après une demi-heure passée dans une inertie douloureuse, elle défaisait machinalement les attaches de son chapeau et résolvait d'attendre encore, de remettre au lendemain..... quand le bruit d'une voiture de poste qui entrait dans la cour la fit tressaillir. Pensant que c'était peut-être M. de Kervaëns, et ne pouvant soutenir l'idée d'affronter sa présence, elle cou t mettre le verrou à la porte qui communiquait avec l'appartement de madame d'Hespel, et se précipita dans un petit escalier de service qui aboutissait sous la voûte. Le visage caché sous un voile épais, la taille dissimulée dans les plis de sa longue mantille, elle franchit le seuil de la porte cochère encore ouverte, et marcha d'un pas rapide sur le trottoir boueux et glissant de la rue. Sans lever les yeux, sans regarder autour d'elle, elle traversa la place et entra dans les Tuileries. Cinq heures sonnaient à l'horloge du château. Une brume blafarde enveloppait le jardin; les marronniers étendaient dans l'espace leurs rameaux noirs et rugueux; de distance en distance, une statue morne marquait sa rude silhouette dans les vapeurs de l'atmosphère, que teignaient d'une lueur rougeâtre les obliques rayons d'un soleil mourant. La pâle et tremblante jeune fille glissait comme un fantôme à travers le brouillard humide, sous les arbres immobiles et dépouillés. Son sang bouillant dans ses veines la rendait insensible au froid de la brume qui perçait lentement sa mantille de soie. Son cerveau troublé ne lui laissait plus voir les objets que dans un vague fantastique. Elle arriva ainsi, obéissant à une impulsion instinctive plutôt qu'à une volonté dont elle eût conscience, jusqu'à l'étroite allée de la rue de Beaune. Elle s'y jeta brusquement, et, de peur d'avoir à répondre au concierge, monta rapidement l'escalier. Mais bientôt, par un de ces retours subits, connus seulement de ceux qui ont été le jouet des passions, elle s'arrêta; la force impétueuse qui l'avait poussée fléchit encore; une affreuse lueur de raison lui vint; renonçant aussitôt à son dessein, elle saisit la rampe et s'y cramponna avec force. Déjà elle posait le pied sur la première marche pour redescendre, lorsqu'elle entendit à l'étage inférieur un bruit de pas. Se figurant, dans le désordre de son esprit, qu'elle allait se trouver face à face avec quelqu'un qui l'avait suivie, avec

M. de Kervaëns peut-être, une terreur panique s'empara d'elle. Elle reprit sa course insensée, monta encore deux étages, et, se jetant contre une porte qu'elle crut reconnaître, elle tira avec violence le cordon de sonnette.

— Qui demandez-vous, madame? dit une voix très-douce qui ne lui était pas étrangère.

— L'atelier de M. Régnier, dit Nélida.

— Vous vous êtes trompée d'un étage, reprit la jeune fille qui ouvrait et dont Nélida aperçut avec une vague épouvante, à la faible lueur du jour tombant, la riche chevelure noire et le visage vermeil. L'atelier est au-dessus; mais c'est ici que nous demeurons, ajouta-t-elle, et si vous désirez voir M. Régnier, il ne va sans doute pas tarder, car nous dînons à cinq heures.

Puis, sans attendre de réponse, la jeune fille fit entrer mademoiselle de la Thieullaye dans une petite chambre à coucher.

— Ah! c'est vous, mademoiselle, s'écria-t-elle en avançant à Nélida une chaise de maroquin qu'elle débarrassa de son ouvrage; pardon, je ne vous avais pas reconnue tout d'abord. Mais seriez-vous malade? continua-t-elle, voyant que Nélida oppressée ne pouvait articuler une parole. Vous vous serez essoufflée à monter trop vite. Voulez-vous un peu de fleur d'oranger?

Mademoiselle de la Thieullaye fit signe qu'elle n'avait besoin de rien ; mais la bonne créature n'en alla pas moins à sa commode, prit dans le tiroir un morceau de sucre, et, tout en le faisant fondre dans un grand verre de cristal rouge qui, exposé sur la cheminée avec sa carafe, formait l'ornement principal de cette modeste demeure :

— Si vous vouliez, je déferais vos agrafes : vous ne respirez pas bien à l'aise, reprit-elle.

Nélida la regarda longtemps d'un air égaré.

— Vous habitez avec M. Guermann? lui dit-elle enfin.

— Oui, mademoiselle.

— Vous êtes sa parente?

La jeune fille sourit.

— Sa parente?... si l'on veut. Je suis sa femme.

— Je ne savais pas qu'il fût marié, dit Nélida d'une voix mourante.

— Marié? Entendons-nous, dit la grisette en offrant à mademoiselle de la Thieullaye le verre d'eau sucrée. Je peux bien vous dire cela, à vous ; ni M. le maire ni M. le curé ne nous ont rien fait promettre ; mais nous ne nous en aimons pas moins. J'ai bien soin de notre petit ménage ; je suis très-fidèle et pas du tout jalouse, par exemple. Je ne le tourmente pas pour ses modèles, quoique souvent... mais avec les artistes il ne faut pas y regarder de si près. Vous sentez-vous mieux? dit-elle, d'un ton caressant, à Nélida qui avait avalé machinalement le verre d'eau tout entier.

— Je suis très-bien, répondit mademoiselle de la Thieullaye, d'une voix si creuse et si éteinte qu'elle semblait sortir de la poitrine d'un agonisant ; je reviendrai ; c'était pour un portrait.

Puis, se levant d'un mouvement nerveux, elle sortit malgré les instances de la grisette, et descendit l'escalier avec une telle vitesse, que la jeune fille effrayée lui criait : Prenez garde, prenez garde ; vous allez vous heurter ; on n'y voit pas clair ; il y a une fausse marche là-bas en tournant...

Arrivée au dernier étage, Nélida entendit, distinctement cette fois, des pas qui montaient. Elle se jeta tout effarée dans un renfoncement de porte où l'obscurité était complète, et s'y blottit en retenant son haleine. Une figure d'homme, enveloppée d'un manteau, passa près d'elle et l'effleura. Elle demeurait immobile, terrifiée autant que morte, lorsque le retentissement de la sonnette à l'étage supérieur la fit bondir. Sans plus rien comprendre à ce qu'elle faisait, elle descendit encore, traversa l'allée, s'élança dans la rue, tourna l'angle du quai, puis se mit à courir dans la direction opposée au pont Royal. Mais bientôt, avec cette faculté de logique puérile que conservent certains fous dans leurs accès même, elle s'arrêta en se disant qu'il n'était pas convenable à une personne comme elle d'attirer les regards des passants, et que, se trouvant seule, à une pareille heure, dans la rue, elle devait marcher avec tranquillité, pour ne pas donner lieu à de grossières méprises. En raisonnant de cette façon étrange, elle suivait le parapet et jetait sur l'eau sombre, éclairée de loin à loin par le reflet des réverbères, de sinistres regards. Le brouillard s'épaississait de minute en minute.

Elle arriva à l'un de ces talus qui descendent à la Seine, et après avoir regardé autour d'elle pour s'assurer qu'elle n'était pas suivie, elle se mit à rire d'un rire convulsif et prit le chemin de la rivière. Tout à coup un bras musculeux saisit le sien avec force, et une voix d'homme lui dit d'un ton ferme :

— Arrêtez, madame ; ce que vous allez faire là n'est pas bien.

Nélida se retourna et vit près d'elle un homme du peuple vêtu de la blouse des ouvriers.

— Excusez-moi, madame, continua-t-il, si je vous contrarie; je vous suis depuis quelques instants, et j'ai deviné à votre mise, à votre air agité, que vous n'étiez pas ainsi seule, près de la rivière, sans quelque mauvais dessein. Laissez-moi vous ramener chez vous, madame. Laissez-moi vous mettre dans une voiture. Il ne faut pas faire un mauvais coup.

Tout en parlant ainsi, l'ouvrier faisait remonter la berge à Nélida, docile comme une enfant à l'impulsion de cette main robuste qui ne la lâchait pas.

— Je vous remercie, dit-elle enfin.

Elle ne put rien ajouter. Un torrent de larmes s'échappa de ses yeux.

— Pleurez, madame, pleurez, dit l'ouvrier; cela soulage. Je sais cela, moi. Je connais bien le chagrin, allez, madame. Et si ce n'était ma pauvre famille, j'aurais peut-être fait depuis longtemps ce que vous alliez faire. Je vous demande pardon, reprit-il, après un moment de silence, de vous conduire ainsi, mais je n'ose pas vous laisser seule; d'ailleurs il fait tant de brouillard et vous êtes si cachée sous votre voile que personne ne peut vous reconnaître; et puis nous allons trouver un fiacre.

Ils marchèrent assez vite jusqu'à l'endroit où se tiennent les voitures de place; il n'y en avait pas une seule. L'ouvrier envoya aux cochers absents une imprécation énergique.

— Demeurez-vous loin d'ici?

Nélida hésitait à répondre.

— Ne croyez pas que ce soit par curiosité, madame, que je vous demande cela; je voulais seulement savoir si vous auriez longtemps à marcher, car vos pauvres jambes ne sont guère vaillantes en ce moment, et vous ne voudriez pas vous laisser porter.

— Je demeure rue du faubourg Saint-Honoré, dit Nélida, honteuse de sa méfiance; je puis très-bien aller jusque-là. Mais vous, cela vous dérange sans doute?

— Non, madame, ma journée est finie, et le souper qui m'attend ne refroidit pas, dit l'ouvrier avec un singulier sourire. Du pain et un morceau de fromage, c'est toujours bon, toujours appétissant, après dix heures de travail.

Il se tut.

Nélida s'appuyait sur son bras avec un sentiment de respect involontaire. Elle faisait un sévère retour sur elle-même.

— Que puis-je pour vous? dit-elle enfin en approchant de l'hôtel d'Hespel. Elle avait la main sur sa bourse, mais elle n'osait pas l'offrir à l'homme du peuple.

— Me faire une promesse, lui répondit-il avec une grande simplicité; mettre votre main, mignonne comme je n'en ai jamais vu, dans la mienne, et me jurer, mais bien sérieusement, devant Dieu, que jamais vous ne recommencerez.

— Je vous le jure, dit Nélida émue, et elle lui tendit la main.

— Adieu, madame, dit l'ouvrier à quelques pas de l'hôtel; il ne faut pas qu'on vous voie rentrer avec moi.

— Dites-moi votre nom et votre adresse, dit Nélida.

— Je m'appelle François, et je loge rue Saint-Étienne-du-Mont, n° 8, reprit l'ouvrier.

Nélida quitta son bras. Il resta à la même place et la suivit des yeux jusqu'à ce qu'il eût vu la grande porte cochère se refermer sur elle.

La jeune fille passa sans être reconnue devant la loge du concierge qui la prit pour une des femmes de service, ne pouvant imaginer que mademoiselle de la Thieullaye rentrât ainsi à pied, seule, à de semblables heures. Sa femme de chambre, la voyant pâle, les traits bouleversés, s'épouvanta et voulut envoyer quérir le docteur et la vicomtesse qui dînait en ville; Nélida le lui défendit, lui donna une explication plausible de son malaise, et se mit au lit, en affirmant qu'elle se sentait entièrement remise. Dans le cours de la soirée, la femme de chambre entra plusieurs fois sur la pointe des pieds, et n'entendant aucun bruit, voyant que Nélida reposait tranquille, elle en conclut qu'elle dormait profondément, et ne jugea pas à propos d'inquiéter madame d'Hespel. Le lendemain, lorsqu'on vint chez mademoiselle de la Thieullaye à l'heure accoutumée, on la trouva immobile, les yeux sans regard, les mains jointes et serrées; on la crut morte. Le médecin, appelé à la hâte, reconnut un épanchement au cerveau, et déclara l'état si grave, qu'il ne pouvait assumer sur lui la responsabilité du traitement. Trois de ses plus célèbres confrères furent appelés en consultation. Leur avis fut unanime; c'était une fièvre cérébrale très-violente. Pendant deux jours, on employa les moyens les plus énergiques sans obtenir d'autre résultat qu'un léger mouvement des lèvres et des paupières. Madame d'Hespel et

M. de Kervaëns, arrivé à Paris le jour même où Nélida tombait malade, veillaient tour à tour à son chevet. Tous deux la pleuraient déjà comme morte, lorsque le troisième jour, Timoléon, en s'approchant du lit, crut remarquer sur les joues de la malade une teinte un peu moins cadavérique. Il prit sa main; ô bonheur! pour la première fois depuis quarante-huit heures elle n'était pas glacée. Il se pencha sur elle et pensa rêver en voyant les yeux de la jeune fille qui semblaient suivre ses mouvements et chercher à le reconnaître. Il fit une exclamation de joie; elle l'entendit, car ses lèvres s'ouvrirent comme pour répondre. « Nélida, s'écria-t-il, m'entendez-vous, me reconnaissez-vous? » Elle serra sa main. Puis, fatiguée de cet effort, elle referma les yeux et rentra dans son assoupissement. Le médecin arriva. Il trouva un mieux sensible dans le pouls et une bonne moiteur à la peau. Pour favoriser ce premier symptôme de réaction, il ordonna un redoublement d'applications révulsives. Par deux fois, dans la même journée, Nélida donna encore des signes de connaissance, qui firent concevoir l'espoir de la rendre à la vie. En effet, la vie revint au cœur et au cerveau de la jeune fille, et la première image qu'elle entrevit fut celle d'un ami qui veillait avec tendresse à ses côtés; le premier son qui frappa son oreille fut une parole d'amour. Elle crut sortir d'un horrible cauchemar. Une vision confuse lui montrait, comme dans un miroir terni, des figures hideuses. Elle avait été dupe de la plus insigne fourberie. Son âme n'était pas faite pour la haine; la vengeance ne pouvait y avoir accès; mais le mépris, elle le crut du moins, avait tué d'un seul coup son amour. Elle se considéra comme une pauvre malade heureusement guérie d'un accès de délire. Pressée de fuir Paris, elle hâta par l'énergie de sa volonté, les progrès de la convalescence, et fixa elle-même le jour de la bénédiction nuptiale.

Le 3 décembre, une foule immense remplissait l'église de Saint-Philippe. Une longue file de carrosses encombrait les abords du parvis. La société la plus élégante était rassemblée dans le lieu saint. Les amis de M. de Kervaëns venaient assister, le dépit dans l'âme, à son bonheur. Hortense Langin essayait, mais en vain, de faire bonne contenance sous sa capote de satin rose, et d'affronter les regards malicieux qui se portaient sur elle, car on n'avait pas ignoré dans le monde ses projets sur Timoléon.

Au coup de midi, les portes de la sacristie s'ouvrirent : « La voici ! murmura-t-on de toutes parts. Qu'elle est belle ! qu'elle est pâle ! »

Mademoiselle de la Thieullaye s'avançait d'un pas ferme, quoique bien faible encore, donnant le bras à un oncle de M. de Kervaëns, en grand uniforme de lieutenant général. Elle avait l'air calme, profond, majestueux et triste. On eût dit quelque royale victime du destin antique, une jeune Niobé qui sent déjà dans son sein toutes ses espérances mortes.

Le père Aimery fit un discours obséquieux où il exalta les vertus chevaleresques héréditaires dans la famille de l'époux, et les grâces chrétiennes qui, de mère en fille, avaient orné la maison de l'épouse.

— Sont-ils heureux, ces gens riches ! dit une femme du peuple à son voisin en voyant mademoiselle de la Thieullaye monter en voiture.

— Pas tant que nous le croyons souvent, répondit un homme en blouse.

Nélida se retourna vivement et chercha d'où partait cette voix qu'elle crut reconnaître. Le soir même, l'honnête François recevait par la poste, dans sa mansarde de la rue Saint-Etienne-du-Mont, un coupon de 200 fr. de rente avec ces mots tracés d'une écriture fine et agitée :

« Une personne que vous avez sauvée d'un coupable égarement vous demande de ne pas refuser cette petite somme qui vous aidera à soutenir votre famille. Dites à votre mère de bénir la nouvelle épouse ; recommandez à vos enfants de prier pour elle. »

TROISIÈME PARTIE

XI

Le château de Kervaëns était situé sur le sommet d'un plateau d'où la vue embrassait un horizon sans limites. D'un côté, ce plateau s'abaissait insensiblement, durant l'espace de deux lieues, jusqu'aux portes de Dol ; de l'autre, il descendait par une pente assez brusque jusqu'à la mer, dont l'on entendait, par les gros temps, le flot courroucé mugir contre la falaise.

Cette antique résidence des sires de Kervaëns avait un aspect imposant, plutôt par la solidité et le ton sévère du granit grisâtre et du schiste noir dont elle était bâtie que par la beauté du style. Soit que sa masse énorme fût le résultat de constructions successives, soit qu'elle appartînt à cette époque de transition où les caractères des deux architectures romane et gothique se mêlaient encore et semblaient ne pouvoir se dégager dans la pensée de l'artiste, il n'y avait point d'unité dans les détails de ce grand ensemble. C'était un carré épais, flanqué çà et là de tours rondes ou donjons, couronné de mâchicoulis et percé de jours réguliers, dont les uns conservaient encore le cintre un peu surbaissé, tandis que d'autres s'ouvraient déjà en ogives hardies. De larges douves sèches, où paissaient des daims et des chevreuils, entouraient la cour principale ; l'avant-cour était plantée d'ifs séculaires, arrivés, dans un terrain qui leur était particulièrement favorable, à un développement prodigieux. L'attitude immobile et grave de ces arbres, rangés avec symétrie sur deux lignes comme une garde d'honneur, tranchait fièrement les abords du château d'avec le reste du paysage, et semblait commander le respect à quiconque approchait de la demeure féodale. Cette première enceinte était fermée par une grille à l'écusson de Kervaëns, d'où partait une longue avenue droite qui suivait le tracé d'une ancienne voie romaine, et conduisait, à travers des champs de blé noir, jusqu'à la route de Dol.

De l'autre côté du château, un bois de chênes traversé par un ravin profond, non loin duquel gisaient plusieurs de ces roches gigantesques que l'on croit avoir servi au culte des druides, formait, à l'aide d'espaces habilement ménagés, de perspectives bien ouvertes, d'allées sablées et de petites habitations jetées avec art sur des pentes gazonneuses, un parc d'une beauté rare et de proportions grandioses. Timoléon avait dépensé des sommes considérables pour rendre à la demeure de ses ancêtres un peu de sa splendeur d'autrefois. L'orgueil de son nom lui tenait fortement à cœur ; et le seul intérêt sérieux, le seul désir persévérant qui lui restât, au lendemain d'une jeunesse saturée de plaisirs, c'était de reprendre, autant que les circonstances le permettraient, la grande existence de ses pères, et de ressaisir, à force d'argent et d'habileté, la domination presque souveraine qu'ils avaient exercée jadis sur toute la contrée. L'année qui suivit son mariage avec mademoiselle de la Thieullaye fut uniquement employée à meubler avec magnificence, en suivant les traditions du pays et de la famille, les vastes salles de Kervaëns, dont les voussures à rinceaux, les piliers massifs, les balustrades découpées à jour, les boiseries sculptées et les hautes cheminées à manteaux en pointe, se prêtaient merveilleusement à un système de décoration noble et riche. Chaque jour on voyait arriver des tableaux restaurés, des meubles rares, des caisses remplies d'antiquités celtiques ou romaines, que Timoléon faisait rechercher de tous côtés. Il allait lui-même fréquemment à Paris et à Londres, soit pour presser les ouvriers, soit pour s'assurer la possession de quelque précieux débris historique qui lui avait été signalé. Un architecte et deux tapissiers surveillaient les travaux, mais rien ne se faisait sans l'ordre du maître. Les plus minutieux détails le préoccupaient ; il s'était passionné pour son œuvre, et voulait à chaque chose toute la perfection dont elle était susceptible.

De son côté, Nélida ne restait pas oisive. Laissée maîtresse de l'emploi de ses revenus par Timoléon, qui avait en tout des façons de grand seigneur, elle s'était enquise des misères à soulager, et s'était rapprochée, avec une intelligente sollicitude, de cette population rude et sauvage, mais belle et honnête, qui l'entourait. Ainsi éloignée du monde, dans ce beau lieu d'une mélancolie fière s. ɔı. forme à la disposition de son âme, charmée de voir son mari toujours actif, toujours satisfait, elle venait de passer dix-huit mois sans un nuage. Le nom de Guermann n'avait jamais été prononcé à Kervaëns. Nélida commençait là une existence nouvelle sur laquelle ses chagrins passés jetaient à peine une ombre légère. Les journées s'écoulaient vite, remplies par de bonnes œuvres et des promenades variées. Les rapports des ouvriers, de nouveaux projets d'embellissement soumis à son approbation, des légendes bretonnes et des anecdotes de famille, que Timoléon contait avec verve et plaisir, abrégeaient les soirées. Elle ne doutait pas que son mari et elle n'eussent absolument les même goûts, les mêmes besoins; et, certaine que les mêmes choses les rendraient toujours heureux, elle se félicitait d'avoir échappé, comme par miracle, à l'empire d'une passion funeste, pour trouver dans l'union la mieux assortie un bonheur facile et inaltérable.

Au moment où nous reprenons cette histoire, l'aspect de Kervaëns avait changé. Timoléon, qui s'était refusé à voir personne tant que ses écuries, ses équipages de chasse et sa livrée, n'avaient pas été au grand complet, venait de conduire Nélida dans le voisinage. Des lettres étaient parties dans toutes les directions pour inviter ses amis à passer la belle saison en Bretagne. La vicomtesse d'Hespel, mademoiselle Langin, devenue baronne de Sognencourt, et une foule d'autres amis plus ou moins intimes, étaient accourus. C'était, dans le château et dans le parc, un retentissement perpétuel de fanfares, de sérénades; on ne voyait que troupes bruyantes se rassemblant pour la chasse, pour la pêche, pour des repas transportés à grands frais dans des sites pittoresques. On s'apprêtait à jouer la comédie. Timoléon était radieux. Nélida essaya de partager sa joie; mais bientôt elle ne se sentit pas à sa

place dans ces divertissements qui se succédaient sans
relâche; elle se prit à regretter sa solitude, et peu à peu,
sans qu'il y parût, sous un prétexte ou sous un autre, elle
s'exempta des parties soi-disant champêtres, et ne se fit
plus voir qu'aux heures où sa présence était indispensable.
Timoléon ne s'en aperçut pas autant qu'elle l'aurait cru; il
professait d'ailleurs pour la liberté de chacun un respect qui n'était autre chose qu'une indifférence courtoise;
et quand il avait baisé la main de sa femme, en lui demandant si elle serait de la chasse ou de la promenade, et qu'elle
avait dit non, il n'insistait pas, et la quittait sans même
savoir la cause de son refus.

A Kervaëns comme à Paris, la belle Hortense était reine
des fêtes. Cinq fois par jour, elle changeait de toilette. On
la rencontrait le matin, dans les allées du bois, en peignoir blanc, répétant un rôle; à déjeuner, on la voyait paraître dans le plus savant négligé. Plus tard, elle serrait sa
taille de guêpe dans une amazone à queue traînante et s'élançait, cravache levée, sur une jument intrépide, défiant
les plus hardis cavaliers à des témérités périlleuses. Le
soir, parée, décolletée, elle valsait, chantait des romances,
ou même, sans se faire trop prier, des chansons quelque peu
égrillardes; faisait-il clair de lune, elle jetait sur ses blanches épaules une mantille espagnole, et proposait des promenades dans le parc, pour lesquelles on briguait l'honneur de lui donner le bras. Ainsi, toujours coquette, toujours
sous les armes, elle tenait les hommes qui se disputaient
ses bonnes grâces dans une rivalité active et une piquante
incertitude, affublait son mari de mille ridicules, se moquait à outrance de toutes les provinciales qui osaient pa-

raître à Kervaëns et savait toujours garder avec Timoléon une nuance de flatterie déférente qui contrastait avec les airs mutins qu'elle prenait pour se faire obéir des autres, et à laquelle M. de Kervaëns n'était point insensible.

Plus d'une fois Nélida ressentit un grand malaise dans ces conversations légères où sa présence apportait toujours un peu de gêne. Plus d'une fois, en voyant Timoléon prendre un plaisir très-vif aux saillies impertinentes et aux équivoques peu voilées de madame de Sognencourt, elle sortit du salon les larmes aux yeux. M. de Kervaëns ne trouvait plus, ne cherchait plus l'occasion de causer seul avec sa femme. Il prodiguait ces soins et ces attentions qu'elle avait reçus comme des marques d'amour, non-seulement à la baronne, mais encore à toutes les femmes invitées aux fêtes de Kervaëns. De vives atteintes de tristesse révélèrent à Nélida un changement qu'elle ne définissait pas bien ; aucun soupçon pourtant n'entra dans son cœur ; mais, commençant à craindre que le sérieux de son esprit ne fût beaucoup moins du goût de Timoléon que les grâces sémillantes de la baronne, elle se prit à envier la futilité et la verve railleuse d'Hortense comme des dons qui l'eussent rendue plus aimable aux yeux de son mari.

Trop fière et trop vraiment bonne pour vouloir troubler aucune joie par une présence chagrine, elle redoublait d'efforts pour cacher la mélancolie qui pénétrait de jour en jour plus avant dans son cœur : vains efforts dont elle se soulageait quand arrivait la fin de la soirée, et que, seule dans sa chambre, elle pouvait pleurer en liberté et s'abandonner sans contrainte à sa tristesse.

La vicomtesse d'Hespel, dont l'affection pour sa nièce

était, sinon bien éclairée, du moins très-sincère, s'aperçut de l'altération de son humeur, et, l'attribuant avec sa perspicacité habituelle à l'ennui d'un trop long séjour en province, elle vint un matin annoncer à Nélida qu'elle partait sous deux jours pour Paris et voulait l'emmener avec elle.

— M'emmener? dit madame de Kervaëns avec une profonde surprise.

— Oui, mon enfant, reprit la vicomtesse, tu dois en avoir bien assez de ta Bretagne bretonnante, depuis dix-huit mois que tu y végètes. Il faut revenir à Paris. Je te servirai de chaperon pendant quelques mois encore, et nous nous amuserons autrement qu'ici, malgré ce train de prince que vous y menez. On a beau faire, la campagne est toujours la campagne.

— Je vous assure, ma tante, que je ne m'ennuie pas du tout.

— Petite hypocrite! Ton mari est de meilleure foi. Je lui ai confié mon projet, et il m'a remerciée en me disant qu'en effet, puisque tu n'aimais ni la chasse, ni la comédie, ni aucun des plaisirs de la vie de château, il serait tyrannique à lui de te retenir ici. C'est la perle des maris que Timoléon.

— Mais ma tante, je ne veux pas me séparer de lui, et je sais qu'il ne peut pas quitter Kervaëns avant l'hiver.

— La belle séparation vraiment, quatre mois! Je ne te croyais pas si tourterelle. D'ailleurs, entre nous, si tu es amoureuse de ton mari, quitte-le un peu, par coquetterie; dix-huit mois de tête-à-tête, c'est absurde, et je ne conçois pas que Timoléon n'ait pas déjà fait mille folies à un tel régime. Si tu veux prolonger cette lune de miel

6.

déjà si prolongée, il faut te renouveler, devenir une autre femme. Quand ton mari te retrouvera à Paris, entourée, à la mode, il sera flatté, peut-être un peu inquiet; il voudra te disputer aux autres, cela stimulera son amour-propre....

— De grâce, ma tante, ne parlez pas ainsi, interrompit Nélida, vous me faites mal. Je vous remercie de votre intérêt, mais je reste.

— Soit, reprit la vicomtesse un peu piquée; seulement je te prédis que tu t'en repentiras.

Cette conversation laissa à madame de Kervaëns une impression pénible. Bien qu'habituée à l'étourdi babil de sa tante, elle demeura cette fois sous le coup d'une appréhension singulière. Le ton d'assurance avec lequel la vicomtesse lui avait dit : « Tu t'en repentiras, » lui faisait froid au cœur. C'était la première fois qu'elle entrevoyait, dans une possibilité lointaine, que Timoléon pourrait cesser de l'aimer. Il avait approuvé la proposition de madame d'Hespel; il partageait donc les idées de la vicomtesse. Mais aussitôt Nélida se rappela que sa tante la croyait ennuyée, et que son mari avait dit : Il serait tyrannique à moi de la retenir. C'était par bonté, par sollicitude, que Timoléon consentait à la voir s'éloigner. Se reprochant d'en avoir douté un instant, elle reprit pendant quelques jours sa sérénité passée.

XII

Une après-midi, tout le monde était allé à une chasse à courre dans les environs de Dol. Nélida, après avoir vu partir les chasseurs, était rentrée au salon. Sans aucun nouveau motif de chagrin, elle était préoccupée, distraite, et ne songeait point à remonter dans ses appartements. Depuis quelque temps, elle négligeait de visiter l'hospice et l'école qu'elle avait fondés à son arrivée dans le pays. La tristesse comprime les élans de l'âme, et, si elle n'y éteint pas la bonté, du moins elle lui ôte sa vigueur et son rayonnement. Madame de Kervaëns passa la matinée un livre à la main, sans lire, assise à une fenêtre ouverte, d'où son regard plongeait dans la longue avenue que Timoléon, resté le dernier, avait prise pour rejoindre la chasse. Les murs de Kervaëns n'avaient pas moins de huit pieds d'épaisseur, et Nélida avait adopté l'une des croisées du salon pour s'y faire une petite retraite où, à la faveur d'un paravent en bambou garni de plantes grimpantes, elle était tout à la fois présente et isolée au milieu de la compagnie. Le bruit d'un cheval au galop la tira de sa rêverie. M. de Verneuil entrait dans la cour. C'était un cousin de Timoléon, vieux garçon, d'humeur philosophique, d'excellent cœur, d'esprit insouciant, de manières courtoises et de parole inconsidérée, pour qui Nélida avait assez d'amitié, et qui lui témoignait le plus grand respect.

— J'accours par ordre marital, ma belle cousine, dit-il en sautant à bas de son cheval avec la souplesse d'un jeune homme de vingt ans ; mais ne vous alarmez pas, ce n'est rien de grave. Je viens seulement vous prier de mettre vos plus beaux atours pour le dîner et de commander à Carlier qu'il prépare la chambre Dauphine. Nous avons grande réception : la marquise Zepponi, rien que cela!

M. de Verneuil s'était approché de la fenêtre, et, s'appuyant sur le jasmin d'Espagne qui la tapissait, il prit la main de Nélida qu'il porta à ses lèvres.

— Vous êtes belle comme un ange aujourd'hui, chère cousine, reprit-il, tant mieux. Comme elles vont toutes enrager, ces prétendues jolies femmes! Vous mettrez une robe blanche, n'est-ce pas ? et ce petit voile de dentelle qui vous donne l'air d'une madone... Il faut que ma cousine me fasse honneur, ajouta-t-il en regardant Nélida avec tendresse; d'ailleurs il s'agit de livrer bataille. Il faut que votre amie Hortense et votre ennemie la marquise Zepponi restent sur le carreau.

— De qui parlez-vous? dit Nélida qui sortait d'une longue distraction. Madame Zepponi? Voici la première fois que j'entends ce nom.

— Vraiment? dit M. de Verneuil d'un air incrédule; mais c'est impossible.

— Je vous assure que je n'ai jamais entendu parler d'une marquise Zepponi.

— Alors, je ferais aussi bien de me taire; mais non;

vous êtes une femme raisonnable, il est bon que vous soyez prévenue ; n'allez pas me trahir, au moins. Puisque Timoléon ne vous a rien dit, c'est qu'il avait ses motifs, apparemment.

Nélida gardait le silence. M. de Verneuil, tout en jouant avec une branche de jasmin qui s'avançait au-dedans de la croisée, et en la faisant passer et repasser doucement sur les doigts de madame de Kervaëns, reprit ainsi :

— La marquise, ou, pour parler comme ces Italiens, *la* Zepponi, est une Sicilienne célèbre par sa beauté et par ses amours. Plusieurs imbéciles se sont fait tuer pour ses beaux yeux, ce qui lui a donné un fameux relief, comme vous pouvez croire. Lors de son dernier voyage en Italie, Timoléon a eu avec elle une aventure dont j'ignore les détails, mais qui a fait un bruit de tous les diables. Cette aventure n'a pas tourné à la satisfaction de mon cousin. La marquise, après lui avoir fait des avances monstrueuses, dit-on, l'a planté là sans couronner sa flamme (style de l'empire), pour un petit prince régnant sur dix pieds carrés en Allemagne. La belle et le souverain voyagent depuis deux ans dans toute l'Europe ; mais les voici qui se brouillent à Londres. La marquise retourne seule en Italie, et, je ne sais par quel hasard ou plutôt par quel infernal stratagème elle débarque à Cherbourg et vient passer une semaine chez son amie, madame Lecouvreur, à trois lieues d'ici. Il est évident pour moi qu'elle y arrive avec l'espoir de reprendre Kervaëns dans ses filets. Elle aura entendu parler de vous. Vous lui paraissez valoir la peine qu'on vous supplante. La rusée comédienne voudrait bien se divertir à vos dépens. La voilà déjà en pleine manœuvre avec Timoléon qu'elle a rencontré à la chasse, toujours par hasard. Mais tenons ferme, cousine, nous n'avons rien à craindre de personne..

En apercevant une grosse larme qui roulait le long de la joue pâle de Nélida, M. de Verneuil s'interrompit...

— Ah! je vous demande pardon, ma chère cousine, lui dit-il, en lui serrant la main; je vous fais de la peine. Ce n'était pas mon intention, assurément. Comment pouvais-je imaginer que vous alliez prendre cela au sérieux?

— Vous ne me faites aucune peine, dit Nélida, en retenant ses larmes; je sais que c'est une plaisanterie.

— D'ailleurs, vous n'êtes pas jalouse; vous avez bien trop d'esprit pour cela, reprit M. de Verneuil. Nous vous avons tous admirée sous ce rapport; car enfin vous auriez pu fort bien vous dispenser de recevoir à domicile une ancienne maîtresse de votre mari et de la traiter en amie intime. Mais c'est très-fier, très-dédaigneux; j'aime cela, moi!

— Que voulez-vous dire? reprit Nélida en relevant la tête et en fixant sur M. de Verneuil ses beaux yeux humides.

— Ah çà! vous êtes donc innocente comme ce jasmin, ou bien vous vous moquez de moi? Mais non, parole d'honneur, je crois que vous êtes de bonne foi. Eh bien, votre amie Hortense, fille du notaire, épouse de M. Jaquet, qu'elle a drapé, moyennant la somme de six mille francs, de la ridicule baronnie de Sognencourt, était la maîtresse de Timoléon avant votre mariage. Vous ne saviez pas cela?...

— C'est impossible ! s'écria Nélida. Hortense est coquette, mais elle est honnête, elle est pure ; et Timoléon m'aime trop...

— Timoléon vous aime, je le crois pardieu bien, le beau mérite! qui ne vous aimerait pas? Mais, premièrement, il ne vous devait rien avant le mariage. Depuis..... écoutez, voici dix-huit mois qu'il vous est fidèle ; dix-huit mois, c'est une éternité pour un homme comme lui. Quant à votre chère amie, c'est bien la plus méchante pécore que j'aie jamais rencontrée sur mon chemin, et Dieu sait que les comparaisons ne m'ont pas manqué... Mais je bavarde comme un vieux garçon que je suis, reprit M. de Verneuil ; il faut vous laisser à votre toilette. Encore une fois, cousine, défendons le terrain et ne baissons pas pavillon devant cette maudite engeance italienne.

M. de Verneuil s'éloigna sans se douter du trait empoisonné qu'il laissait dans l'âme de Nélida. Heureusement elle n'eut pas le loisir de creuser ses tristes pensées. Le maître-d'hôtel vint presque aussitôt lui demander ses ordres ; le temps pressait. Les derniers mots de M. de Verneuil avaient d'ailleurs réveillé en elle l'instinct de la femme. Madame de Kervaëns se para avec un soin inaccoutumé, en songeant qu'une étrangère, belle et audacieuse, allait venir lui disputer l'amour de son époux. Son cœur battait de colère, mais aussi d'un secret espoir de triomphe ; et lorsqu'on vint la prévenir r 'on apercevait des voitures dans l'avenue, elle jeta sur son miroir un coup d'œil où se peignait la radieuse certitude d'une beauté souveraine.

Ce ne fut pas sans un vif sentiment de **vanité satisfaite** que Timoléon offrit la main à la marquise Zepponi pour descendre de calèche, et qu'il l'introduisit dans le vestibule de sa royale demeure. Cette pièce avait un air de grandeur véritable. La voûte était supportée par d'énormes piliers à chapiteaux composites ; des fragments de sculptures et d'autres objets d'art, qui témoignaient à la fois du goût et de l'opulence de leur possesseur, garnissaient le pourtour. Une porte en chêne, magnifiquement sculptée, s'ouvrit à deux battants, et Timoléon, donnant le bras à la marquise, entra avec elle dans une longue galerie éclairée par le haut et ornée de portraits de famille. Au même moment, la portière en tapisserie de haute lisse, qui fermait l'extrémité opposée, glissa sur son bâton doré, et madame de Kervaëns, parut, venant lentement au-devant d'eux, suivie de M. de Verneuil, de M. de Sognencourt et de plusieurs voisins. (Hortense s'était fait excuser sous prétexte d'une migraine.) Timoléon rougit d'orgueil en voyant Nélida si belle. C'était, en effet, une rencontre unique que celle de ces deux femmes. Jamais, peut-être, le génie de la peinture ou de la statuaire n'imagina une plus complète antithèse dans la jeunesse et la beauté. Toutes deux n'avaient pas vingt ans. Élisa Zepponi était un type accompli de cette beauté réelle qui, sans parler à l'âme, exerce sur les sens un empire d'autant plus irrésistible. L'ovale plein et coloré de son visage rappelait les têtes de Giorgione ou de la troisième manière de Raphaël ; son front bas était encadré par deux bandeaux de cheveux d'un noir luisant et bleuâtre. Sa prunelle brillante nageait dans le fluide, pareille à une étoile réfléchie dans une source ; ses lèvres, habituellement entr'ouvertes, laissaient voir deux rangées de dents d'une blancheur de perle ; son nez, dont les narines mobiles se gonflaient à la moindre émotion, les riches contours de ses bras et de ses épaules, sa démarche nonchalante, et jusqu'à son organe un peu voilé, tout en elle respirait la mollesse, promettait le plaisir et trahissait l'ardeur des voluptés. Nélida, depuis son mariage, avait pris plus de force, quelque chose de plus assuré dans le maintien. Une teinte cendrée s'était répandue sur l'or de sa chevelure, mais sa peau transparente était toujours aussi pâle, et son regard n'avait rien perdu de sa virginale pureté. Lorsqu'elle s'avança à la rencontre de la marquise, on eût dit la Muse calme et pensive du Nord, en présence d'une riante courtisane athénienne. L'échange de politesses entre ces deux femmes fut aussi exquis que si rien ne se passait en elles de tumultueux. Elles se regardèrent de l'air le plus bienveillant, en se parlant du ton le plus affable. Toutes les convenances furent gardées de part et d'autre avec le tact de la meilleure compagnie.

La marquise loua tout ce qu'elle voyait, naturellement, simplement, en personne accoutumée à posséder des splendeurs pareilles ; elle parla avec aplomb de son amitié pour M. de Kervaëns, et invita Nélida à venir bientôt voir l'Italie.

Madame de Kervaëns à son tour, encouragée par les regards admiratifs des hommes qui lui faisaient cortége, de M. de Verneuil surtout, qui jouissait visiblement de sa supériorité, madame de Kervaëns, qui se sentait belle et voyait sur le visage de son mari une approbation non équivoque, soutint cette épreuve, la première de ce genre à laquelle elle fût soumise, avec une aisance parfaite. Elle se montra prévenante sans affectation, aimable avec dignité, presque gaie. Il serait difficile de dire ce qui se passait dans le cœur de Timoléon. En retrouvant la marquise d'une manière si inattendue, en la revoyant jolie, provocante, il s'était senti repris d'un désir violent de se venger d'elle, de la punir de ses caprices. Les coquetteries redoublées d'Élisa durant la confusion et le bruit de la chasse l'avaient excité ; il s'était oublié jusqu'à lui faire une nouvelle déclaration. Sa vanité était compromise, la lutte engagée ; il fallait qu'il en sortît vainqueur, ne fût-ce que pour le triomphe d'un jour. D'un autre côté, il était ravi de faire voir à cette femme dédaigneuse combien il lui avait été facile de l'oublier auprès d'une épouse jeune et belle. Comme il était, avant tout, homme du monde et fier du nom qu'il portait, il savait un gré infini à Nélida de se montrer si grande dame. Ce jour fut un des plus glorieux de sa vie. Lui, si mesuré, si impassible d'ordinaire, animé par la chasse, par les excellents vins qu'il avait fait servir à profusion, par une conversation semée de sous-entendus, d'allusions cachées, de piquants quiproquos, il ne se possédait pas. Plus d'une fois, pendant la soirée, il serra la main de Nélida avec transport, tout en cherchant des yeux la marquise ; une fois même, il prit une des longues boucles blondes de sa femme et la porta tendrement à ses lèvres. M. de Verneuil était ravi ; la marquise commençait à douter de sa victoire et perdait contenance. Bientôt, se plaignant d'une grande fatigue, elle demanda à se retirer, et Nélida rentrée chez elle s'abandonna en silence à la joie de son cœur. Pendant que ses femmes défaisaient sa robe et son voile, elle revenait avec un bonheur infini sur les mille petits incidents de la soirée. Elle se rappelait chaque regard, commentait chaque parole, se croyant certaine d'avoir reconquis le cœur, un moment distrait, de son mari. Deux heures s'écoulèrent sans qu'elle songeât à se mettre au lit. Se sentant les nerfs malades, elle ouvrit sa fenêtre pour respirer l'air pur de la nuit. Le temps était très-doux; les étoiles scintillaient au firmament; tout était silencieux, tout dormait. Nélida eut envie de descendre dans le parc. S'enveloppant la tête et les épaules d'un grand châle, elle se glissa sans bruit par un escalier dérobé, et sortit du château par une petite porte qu'elle s'étonna de ne pas trouver fermée. Comme son premier mouvement, dans ses joies et dans ses peines, étaient toujours d'invoquer Dieu, elle prit le chemin de la chapelle bâtie, au bord du ravin, à saint Cornely, patron de l'Armorique, dans le lieu même où, suivant la légende, s'était accompli un de ses plus surprenants miracles. Elle ouvrit, non sans quelque peine, la porte massive du sanctuaire, où brûlait nuit et jour une lampe consacrée, et, s'agenouillant sur les marches de l'autel, se mit à prier comme elle ne l'avait pas fait depuis un temps considérable. Toute sa ferveur de jeune fille lui revenait en ce moment; son âme, allégée d'un pesant fardeau, se dilatait et s'élevait joyeuse vers le ciel.

Tout à coup il lui sembla entendre sur le gravier des pas furtifs qui se rapprochaient de la chapelle. Elle eut peur et demeura immobile; les pas s'étaient arrêtés près de la porte. Au bout de quelques minutes, n'entendant plus rien, elle crut s'être trompée et se disposait à sortir, lorsque de nouveaux pas plus accusés firent crier le sable, et une voix bien connue dit très-bas : — Êtes-vous là ?

— Me voici sur le banc, répondit-on.

Nélida, tremblante, s'appuya contre le bénitier. C'était son mari et Hortense qui venaient là. Que pouvaient-ils avoir à se dire de si mystérieux ? Quel affreux secret allait-elle surprendre encore ? Elle écouta.

— D'où provient cet incommode caprice de vouloir me parler en plein air et en pleines ténèbres ? dit Timoléon avec brusquerie. Que me voulez-vous ?

Hortense répondit en paroles entrecoupées que Nélida ne put saisir.

— Il est vraiment trop ridicule, reprit M. de Kervaëns, que ce soit vous qui me fassiez une scène, tandis que celle qui aurait droit d'être jalouse se montre pleine de savoir-vivre et de convenance.

— Si votre femme est aveugle, tant mieux pour vous ; mais, d'ailleurs, qui donc a plus que moi le droit d'être jalouse, Timoléon ?

Et la voix d'Hortense prit un accent de tendresse qui perça le cœur de Nélida.

— Ne vous ai-je pas tout sacrifié ? N'ai-je pas manqué pour vous les plus beaux mariages ?

— Qui vous en priait ? interrompit M. de Kervaëns.

— Oubliant tous vos torts, n'est-ce pas moi qui ai décidé Nélida à vous épouser ? Aussitôt que vous l'avez désiré, ne suis-je pas accourue dans ce pays perdu, pour animer ce château et le rendre aussi gai que Nélida le rendait triste ? Ne me suis-je pas une seconde fois compromise, et n'ai-je pas fait jouer à mon mari le plus sot personnage, rien que pour vous divertir ? Et vous, ingrat, quand à force d'abnégation je crois vous avoir ramené, le premier caprice vous entraîne...

— Il fait bien humide ici, dit Timoléon ; nous reprendrons cela demain. Vous n'aviez rien autre à m'apprendre ?

Hortense éclata en sanglots ; mais, comme ils s'éloignaient, madame de Kervaëns n'entendit pas la fin du colloque.

Que de mouvements confus et tumultueux cet entretien surpris souleva dans l'âme de Nélida ! que de turpitudes dévoilées ! combien d'expériences douloureuses se pressaient dans sa vie si pure ! Partout, dans tous les cœurs qu'elle avait vu s'ouvrir à elle, le mensonge et la trahison ! partout la perfidie répondant à la sincérité de ses dévouements ! Une chose pourtant lui donnait presque de la joie, dans ces angoisses cruelles : rien de nouveau ne lui était révélé sur les relations de Timoléon avec la marquise. Hortense même, ne les ayant vus ensemble que le matin, à la chasse, s'exagérait beaucoup leur intimité, sans doute. Elle n'avait pas été témoin de ce qui s'était passé le soir ; elle ne savait pas que tout était changé, que ce caprice était évanoui.

Nélida sortit de la chapelle en commentant cette idée rassurante. Elle était trop femme aussi pour n'avoir pas fait une comparaison qui la ranimait. Timoléon, si déférent, si plein d'égards avec elle, ne parlait à madame de Sognencourt que d'un ton railleur et méprisant. Il rendait donc justice à toutes deux ; il serait donc facile de rallumer dans son cœur l'amour conjugal. Elle regagna sa chambre, l'âme rouverte à l'espérance et décidée à redoubler envers ses deux rivales de procédés et de politesses, puisque Timoléon paraissait si sensible à ces bienséances extérieures.

Quelle ne fut pas sa surprise lorsque, le lendemain matin, au moment où elle allait, châtelaine attentive, s'informer en personne des nouvelles de son hôtesse, elle vit Hortense pâle, défaite, le sein palpitant, se précipiter dans sa chambre, et, lui tendant une lettre ouverte, lui crier d'une voix étouffée :

— Nélida, on vous trahit. Empêchez votre mari de partir, ou vous êtes perdue.

Nélida, qui avait reconnu l'écriture de Timoléon, lut d'un coup d'œil ces deux lignes : « Vous l'exigez, belle
» despote, je vous suivrai. A midi, je pars avec vous et
» vous conduirai jusqu'à Paris. »

Hortense, les yeux fixés sur Nélida, les lèvres blêmes, attendait sa réponse.

— Ce que vous faites-là n'est digne ni de vous ni de moi, dit enfin madame de Kervaëns, qui avait surmonté un premier saisissement douloureux. D'où vous vient ce billet ?

— Son valet de chambre le portait à la marquise Zepponi. Me doutant de quelque trahison, je le lui arrachai des mains, en disant que j'allais le remettre moi-même. C'est mon dévouement pour vous, Nélida, qui m'a fait faire ce mensonge. Cela est mal, continua-t-elle, troublée par le regard calme et froid que madame de Kervaëns attachait sur elle. Cela est très-mal ; mais je voulais vous sauver.

— Hortense, dit Nélida en mettant la main sur l'épaule de sa perfide amie, vous me faites pitié. Je sais tout; je sais ce que vous avez été et ce que vous êtes pour moi. Le hasard m'a fait entendre votre entretien d'hier soir près de la chapelle.

Hortense fit un mouvement d'effroi ; son visage se couvrit de pourpre.

— Ne craignez rien, continua Nélida ; je ne vous perdrai point. Vous déterminerez vous-même ce qui sera possible et convenable dans nos relations futures. Quant à M. de Kervaëns, il est parfaitement libre de ses actions, et la lettre qui vous offusque n'a rien que de très-simple.

Puis, sans laisser à Hortense le temps de répondre, Nélida sortit, fit un long détour dans les corridors pour qu'on ne vît pas où elle allait, et vint frapper à la porte de son mari. Elle avait pris une résolution désespérée.

— Entrez, dit Timoléon. Ah ! c'est vous, Nélida, ajouta-t-il en lui prenant la main avec une grâce empressée ; n'êtes-vous pas bien fatiguée de la soirée d'hier ? Vous avez été charmante, en vérité. Mais asseyez-vous, je vous prie.

Et il lui avançait un fauteuil, de l'air le plus respectueux, comme il l'eût fait pour la reine.

— Timoléon, dit Nélida d'un ton grave et fixant sur lui ses grands yeux dont l'azur était voilé de larmes, je viens vous faire une prière.

— Dites plutôt me donner un ordre, reprit M. de Kervaëns avec une galanterie marquée.

— Ce que j'ai à vous dire est sérieux, Timoléon ; il y va de notre repos, de notre bonheur.

M. de Kervaëns la regarda avec une indicible expression de surprise.

— Timoléon, ne partez pas.

— Comment, reprit-il un peu troublé et cherchant à garder son aplomb. Qui vous dit que je pars?

— Vous partez à midi avec la marquise Zepponi.

— Eh mais! sans doute, mon enfant, reprit-il en souriant avec une indifférence jouée. Je vais la conduire à Dol. C'est mon devoir de châtelain; vous ne voudriez pas m'y faire manquer.

— Vous allez à Paris, dit Nélida d'une voix ferme.

— A Paris? mais je vous jure que je n'y ai pas songé, balbutia M. de Kervaëns, qui, pour la première fois de sa vie peut-être, se sentait interdit et perdait contenance. D'ailleurs, n'ai-je pas été bien souvent à Paris? En quoi cela peut-il vous déplaire?

— Il ne m'appartient pas de vous faire de reproches, mais quelque chose me dit que vous jouez votre vie et la mienne pour un caprice. Au nom de votre père, au nom de l'honneur, au nom de tout ce qui vous est sacré, Timoléon, je vous en conjure, ne partez pas!

Et Nélida, la fière Nélida, se laissa tomber aux genoux de son mari et les embrassa d'une étreinte suppliante. En cet instant, on entendit le fouet du postillon et les grelots des chevaux de poste dans la cour. Quelqu'un frappa à la porte.

— Relevez-vous, s'écria Timoléon, ravi de cette délilivrance inespérée. Croyez à mon amour et comptez sur moi.

C'était M. de Verneuil.

— Où êtes-vous donc? s'écria-t-il. On vous appelle, on vous cherche partout. La marquise est en bas, en costume de voyage ; elle veut dire adieu à ma cousine. Mais je ne m'étonne pas que vous soyez distrait, ajouta-t-il en jetant un regard malicieux sur Nélida dont la robe et la chevelure étaient en désordre ; de jeunes mariés, cela ne voit ni n'entend rien.

Nélida s'échappa, et, rassemblant tout son courage, elle descendit au salon où l'attendait madame Zepponi, qui, n'ayant pas reçu la réponse de Timoléon, était hors d'elle-même et se croyait jouée. Nélida la conduisit jusqu'à sa voiture, excusant M. de Kervaëns, qu'on cherchait de tous côtés, disait-elle. Élisa s'arrangeait avec colère dans ses coussins et murmurait quelques paroles sans suite ; le postillon à cheval donnait le coup de fouet du départ ; la grille était toute grande ouverte...

— Arrêtez ! cria une voix impérieuse. Adieu, Nélida, dit M. de Kervaëns en passant rapidement devant sa femme ; je vais à Dol, je serai de retour ce soir. Madame la marquise, vous m'avez permis de vous accompagner...

Et il s'élança dans la calèche. Les yeux de la marquise s'illuminèrent de joie ; elle jeta sur le château un regard triomphant. La voiture disparut. Nélida courut s'enfermer dans sa chambre et tomba, la face contre terre, en implorant la mort.

XIII

Le silence régnait dans cette féodale demeure qui, huit jours auparavant, résonnait de fanfares, de concerts, de bals, de gais propos. Hortense était partie subitement sans oser reparaître devant Nélida. Curieux de voir de ce qui adviendrait de Timoléon et de la marquise, M. de Verneuil avait pris la poste pour Paris ; les voisins étaient rentrés chez eux. Nélida, seule, sans nouvelles de son mari, demeurait en proie à la plus amère tristesse. Une fièvre lente la consumait ; sa pensée ne se fixait plus sur aucun objet distinct ; toute occupation lui était devenue impossible ; elle n'avait plus d'autre sentiment que celui d'un abandon complet. Pauvre femme ! elle voyait devant elle, au printemps de sa vie, une longue suite de jours où pas une joie ne pourrait plus naître ; une infortune causée par l'homme auquel elle avait juré un respect et une tendresse éternels. Cette pensée l'accablait ; les heures s'écoulaient lentes et mornes ; la nuit ne lui apportait pas le sommeil ; elle attendait chaque matin une lettre qui n'arrivait pas. Cette anxiété toujours renouvelée, cette espérance toujours plus cruellement déçue, lui faisaient un mal affreux. Enfin, quinze jours après le départ de son mari, elle reçut la lettre qu'on va lire :

« Vous me pardonnerez, n'est-il pas vrai, mon cher ange, de n'avoir pas cédé à un caprice enfantin, le premier que je vous aie vu, et sans doute aussi le dernier. Des gens bien nés, tels que nous, se doivent l'un à l'autre une liberté entière, car il est bien certain qu'ils n'en sauraient abuser. Je pars pour Milan avec madame Zepponi. Elle n'a pas trouvé à Paris la personne qui devait l'accompagner, et je ne puis lui laisser faire seule un si long trajet. Quoi qu'on puisse vous dire de ce voyage de pure courtoisie, n'écoutez pas les méchants propos. Ne donnez pas à nos envieux la joie de vous savoir inquiète. Allez à Paris; préparez-vous à ouvrir votre maison à l'entrée de l'hiver. Je serai ravi d'apprendre que vous vous amusez et que vous avez tous les succès qui vous sont dus.

» Tout à vous,

» TIMOLÉON

» P. S. J'oubliais de vous dire que je prendrai peut-être le plus long pour revenir, c'est-à-dire l'Algérie et l'Espagne. Le démon des voyages me parle à l'oreille; je lui sacrifie volontiers; il m'a toujours été propice. »

Cette lettre mit le comble au découragement de Nélida. Sans se l'être avoué, elle avait pensé quelquefois, dans sa candeur angélique, que son mari, loin d'elle, serait tourmenté de remords insupportables. Elle avait attendu un cri de sa conscience, un élan, un retour, et, rêvant le plus magnanime pardon, elle s'était juré de lui faire oublier sa faute en redoublant de tendresse et d'égards. Elle lut et relut vingt fois cette lettre si étrange, si polie, si glaciale, si peu soucieuse de ce qu'elle devait souffrir. Tout ce qu'elle avait entrevu avec effroi du monde et de ses habitudes, était donc bien véritable. Les hommes les meilleurs y pratiquaient ouvertement le plus abominable égoïsme; les nœuds du mariage n'étaient qu'un simulacre qui n'engageait à rien qu'à des politesses mutuelles, et la foi jurée ne pesait pas un atome dans la balance des fantaisies. Timoléon n'était ni troublé ni ému; il n'hésitait pas; on eût dit qu'il faisait la chose la plus simple du monde; il paraissait même croire que Nélida n'en ressentirait aucun chagrin, puisqu'il l'engageait à chercher la dissipation et lui parlait de succès et de plaisir.

A plusieurs reprises, Nélida essaya de répondre. Elle commença, déchira et recommença plus de vingt lettres. Aucune ne disait exactement ce qu'elle aurait voulu dire. Tantôt elle en trouvait l'expression trop indifférente, tantôt elle croyait avoir trop laissé percer sa douleur; elle craignait presque également d'irriter Timoléon par des reproches, ou de le trop rassurer par une résignation feinte. Et toujours les sanglots venaient l'interrompre; ses larmes coulaient sur le papier, et cette œuvre de désolation était à refaire. Toute une semaine se passa ainsi. Ses forces s'épuisaient; elle ne quittait plus sa chambre; ses yeux n'avaient plus de rayons; son haleine était à peine sensible; la vie se retirait doucement et comme à regret, de ce beau corps dans toute la fleur de la jeunesse et de la beauté.

—Il y a en bas un jeune homme qui vient de la part de M. le comte, dit le valet de chambre, en entrant, une après-midi, chez sa maîtresse ; il apporte un tableau pour la chapelle.

— Faites-le monter, dit madame de Kervaëns, dont le cœur battit à l'idée qu'elle allait voir quelqu'un avec qui Timoléon avait causé sans doute, qui lui apportait un message peut-être ; et, comme si elle avait dû paraître devant son mari, elle passa à la hâte dans son cabinet de toilette et jeta sur sa chevelure négligée le voile de dentelle blanche qui plaisait à Timoléon. Que devint-elle, en rentrant dans sa chambre, lorsqu'elle aperçut, debout, appuyée contre le marbre de la cheminée, la figure pâle, grave et sombre de Guermann ? Elle crut voir un fantôme, demeura un instant immobile, puis, saisie d'une puérile frayeur, elle poussa un cri et courut vers la porte.

— De grâce, madame, dit Guermann en lui barrant le passage et la ramenant presque de force vers son fauteuil où elle se laissa tomber, de grâce, écoutez-moi ! Quoi que vous puissiez croire, c'est un ami qui vient à vous ; un ami dévoué, désintéressé, prêt à vous servir en toute chose.

Et, s'agenouillant près du fauteuil, il continua de parler pendant que Nélida, sans mouvement et sans force, le regardait d'un œil hagard.

— Vous devez me haïr, madame ; vous devez me mépriser. Vous avez dû voir dans ma conduite une duplicité horrible...

Nélida, qui ne pouvait articuler un mot tant elle était atterrée, fit un geste qui commandait le silence.

— Par pitié, daignez m'entendre, dit-il, je repars dans une heure. Soyez miséricordieuse, j'ai tant souffert ! J'ai droit à votre pitié. Ma pauvre mère, je l'ai perdue; elle est morte dans mes bras, il y a un mois à peine; maintenant je n'ai plus personne au monde qui m'aime et me plaigne, madame!

— Votre mère! dit Nélida. Et ses pleurs commencèrent à couler.

— Plus personne, madame, continua Guermann; car cette femme que vous avez vue, cette femme qui vous a dit qu'elle était la mienne, elle n'est rien, elle n'a jamais été rien pour moi. Oh! si j'avais pu vous ouvrir mon cœur, alors! Vous m'auriez pardonné, vous m'auriez estimé davantage, peut-être, en connaissant le martyre volontaire que je subissais, et l'effort désespéré de mon amour pour rester digne de vous. Mais je ne le devais pas. Un respect profond scellait ma bouche. Vous alliez épouser un homme riche et noble. Je me persuadai qu'il saurait vous rendre la vie, sinon heureuse, du moins douce et facile. Moi, je n'avais ni gloire, ni rang, ni fortune. Malheureux! j'ai manqué de courage. Combien j'en suis puni! Je vous dirai plus tard comment, par d'inouïs stratagèmes, je suis parvenu à savoir, presque jour par jour, ce que vous faisiez. Pendant un an, je vous crus satisfaite, et j'étais résigné; mais, depuis deux mois, je vois l'abîme ouvert sous vos pas; je vous vois trahie par tous ceux que vous aimiez, seule comme moi, plus que moi encore; car enfin j'ai ma Muse, ma sainte Muse, qui m'encourage et me sauve; mais vous, qui vous sauvera? Le monde va vous attirer, vous séduire....

— Jamais! s'écria Nélida qui ne songeait déjà plus à

tout ce qu'il y avait d'étrange dans la présence de Guermann à Kervaëns, et qui éprouvait cet apaisement inexplicable qu'apporte, dans les plus grands désespoirs, la voix d'un être humain qui compatit à nos maux.

— Vous le pensez aujourd'hui, dit Guermann ; mais demain, mais dans un mois, mais dans un an ?...... La solitude vous dévore, ajouta-t-il en se relevant et en s'asseyant auprès d'elle ; pauvre femme ! vous êtes bien abattue, bien minée déjà par la souffrance.

— Mon mari reviendra, dit madame de Kervaëns...

— Il ne reviendra pas, interrompit Guermann ; et s'il revient, votre sort n'en sera pas meilleur. Il n'a jamais pu comprendre, il ne soupçonnera jamais ce qu'une âme comme la vôtre recèle de trésors divins. C'est un homme à qui toutes les joies de la terre ont été données ; les joies du ciel lui sont interdites...

— Ne parlons pas de lui, dit Nélida. Parlons de votre pauvre mère...

— Avec elle sont mortes toutes mes joies d'enfant, reprit Guermann ; toutes les indulgences qui planaient sur mes fautes, toutes les paroles simples et pieuses dont l'accent me rendait meilleur... Oh ! une mère ! une mère ! continuat-il en se levant et marchant par la chambre avec une agitation qu'il n'essayait plus de maîtriser, nul de nous ne sait qu'en la perdant tout ce qu'il possédait en elle. Premier amour qui nous précède et nous attend dans la vie ! premier rayon qui dissipe la nuit de notre entendement ! premier sourire qui épie et qui fixe notre premier regard ! premier baiser qui boit notre première larme ! première parole qui appelle sur nos lèvres notre premier sourire !

O ma mère! ma mère! depuis que je vous ai perdue, je me sens seul sur la terre!...

Nélida, qui avait causé par sa naissance la mort de sa mère, Nélida, qui n'avait pas de fils, sentit, en écoutant la parole émue du jeune artiste, la première atteinte d'une tristesse indéfinie, qui l'emporta, comme un flot puissant, bien au delà du sentiment exclusif de sa propre douleur. Elle entendit, pour la première fois, en elle, l'écho de cette grande voix du malheur qui s'élève comme un chœur sinistre du sein de l'humanité tout entière, et qui, une fois ouïe, laisse dans l'âme une impression d'épouvante qui tarit à jamais la source des consolations égoïstes et des puériles espérances. Elle entrevit confusément la triste parité des souffrances humaines ; elle sentit que Guermann était son frère en douleur, et lui tendant la main :

— Que le passé soit oublié, dit-elle. N'en parlons jamais. Tous deux nous souffrons beaucoup. Ayons courage. Si mon amitié vous est douce, sachez que vous la retrouverez tout entière.

— Ange de miséricorde! s'écria le jeune artiste en saisissant cette main avec transport, parlez, ordonnez, que puis-je pour vous? Voulez-vous être affranchie du joug, voulez-vous être vengée?

— Vengée? dit Nélida avec un sourire où se peignait la plus pure expression de la mansuétude chrétienne, et de qui! O Guermann! que Dieu me pardonne mes fautes comme je pardonne à...

Elle ne put prononcer ce nom. Cherchant à dominer son émotion, elle se leva, alla à la fenêtre et revint au bout de quelques minutes, l'œil en pleurs, se rasseoir auprès de Guermann qui n'avait pas osé la suivre et se tenait debout, les yeux fixés sur son fauteuil vide.

— Avez-vous beaucoup travaillé en ces dix-huit mois? reprit-elle d'une voix attendrie.

Il la regarda longtemps comme un homme qui ne comprend pas bien la question qu'on lui adresse et cherche à rassembler des souvenirs lointains.

— Travaillé? répondit-il enfin. Oh! oui, j'ai beaucoup travaillé. Est-ce que cela vous intéresse encore? Ma chère Naïade! elle a eu un succès inouï. On m'en a donné une somme considérable; car je l'ai vendue, Nélida; j'ai vendu une création que vous aviez inspirée, vendu une partie de mon âme et de mon sang à un marchand, vendu pour acheter un coin de terre bénite. O pauvreté! la dépouille mortelle de ma mère ne pouvait être honorée que par le déshonneur de ma Muse!

Et à son tour, l'artiste, douloureusement affecté, se prit à pleurer comme un enfant. L'entretien, ainsi plusieurs fois brisé et renoué, se prolongea pendant quelques heures. Guermann et Nélida étaient, dans leur tristesse, sous le charme de la présence : charme qui se fait sentir aux cœurs jeunes et sympathiques jusque dans les plus cruels déchirements. La cloche du château, qui avertissait pour les repas, les tira de cette rêverie à deux. Madame de Kervaëns regarda Guermann avec une indicible expression d'incertitude.

— C'est le signal de mon départ, n'est-il pas vrai? lui dit-il. La noble châtelaine de Kervaëns ne voudrait pas donner l'hospitalité au pauvre artiste..... Mais j'oubliais, continua-t-il en tirant de sa poche un portefeuille, excusez-moi ; j'ai là une lettre de votre tante, et je n'ai pas songé encore à vous la remettre.

Nélida lui prit des mains un petit billet satiné, tout parfumé d'ambre, et lut ce qui suit :

« Ma chère nièce, notre ami Guermann, qui, par parenthèse, a eu le plus beau succès du monde à l'exposition, va faire une tournée artistique en Bretagne. Je lui ai dit d'aller te voir et de dessiner pour moi ton beau profil ; je le veux placer dans la chambre que tu habitais avant ton mariage. J'ai pensé que tu ne serais pas fâchée de cette distraction, et je charge notre cher Guermann de te décider à revenir plus tôt que plus tard. Adieu, mon enfant, etc. »

— Savez-vous ce que contient cette lettre? dit Nélida en regardant Guermann d'un air de reproche.

— Je crois qu'il s'agit d'un portrait. Mais vous ne voulez pas que je reste, je vais partir. Et pourtant je ne vous aurais pas gêné beaucoup, ce me semble. Je ne vous serais pas à charge ; je ne paraîtrais devant vous que lorsque vous l'ordonneriez. Seulement vous sauriez qu'il y a là, sous le même toit, un ami qui vous plaint, qui vous comprend, qui souffre avec vous... C'est la plus humble des consolations à offrir ; mais que vous me rendrez fier si vous daigniez l'accepter !

Le maître-d'hôtel vint avertir que la comtesse était servie. Nélida, sans répondre à Guermann, passa son bras dans le sien. Ils descendirent, muets et rêveurs, l'escalier à double rampe au bas duquel un sphinx en marbre noir étendait ses ailes immobiles et souriait d'un affreux sourire.

Plusieurs jours se passèrent sans que Guermann reprît avec Nélida aucun entretien intime. Il ne sortait de la chambre qu'elle lui avait fait préparer dans une des tourelles, d'où l'on avait la vue la plus étendue et le meilleur jour pour la peinture, qu'à l'heure de la promenade. Madame de Kervaëns s'était fait un devoir de reprendre ses visites à l'hospice, à l'école et chez ses pauvres privilégiés. Guermann l'y conduisait, car elle était encore trop faible pour marcher seule. Comme tous les artistes éminents, il possédait ce don d'attraction qui séduit et captive même les natures les plus rudes. Les enfants du village le suivaient, et l'ayant vu quelquefois prendre un crayon pour retracer une physionomie ou un costume pittoresques, ils lui demandaient des *images*. Les vieilles femmes lui contaient avec prolixité, sans se préoccuper de ce qu'il n'entendait pas leur langue, l'histoire de toutes les récoltes manquées et de tous les bestiaux crevés avant l'âge depuis un demi-siècle. Il était généreux; il savait donner avec grâce. Nélida retrouva avec lui les joies de la charité, oubliées longtemps.

Pendant le repas, en présence de la domesticité, la conversation roulait sur des questions d'intérêt général; le plus souvent sur l'art; quelquefois aussi sur les publications récentes des réformateurs sociaux et sur les progrès des idées saint-simoniennes, fouriéristes, *humanitaires*, comme on disait alors, dont la confusion se faisait d'une façon bizarre dans l'esprit de Guermann, plus dithyrambique que logicien. Le soir, quand Nélida était trop accablée pour causer, il allait prendre à la bibliothèque des livres qu'elle n'avait jamais ouverts. Rousseau faisait les principaux frais de ces lectures. Madame de Kervaëns restée, même après son mariage, sous l'empire des instructions reçues au couvent, n'avait osé céder à la tentation de lire aucun livre philosophique. Le père Aimery, comme tous ceux de son ordre, se montrait plein d'indulgence pour les faiblesses de la chair, mais impitoyable pour les hardiesses de l'esprit. Il damnait sans merci la philosophie tout entière, et ne parlait qu'en se signant de ces *athées*, dénomination sous laquelle il flétrissait indistinctement tous les penseurs qui avaient interrogé la nature, la science et la raison, pour y trouver le mot de l'énigme humaine.

Madame de Kervaëns fut très-naïvement surprise à la rencontre d'un si grand nombre d'idées qui, jusque-là, lui étaient demeurées étrangères. L'intérêt de ces hautes questions, sondées par un esprit aussi religieux que Rousseau, ne pouvait manquer de saisir Nélida et de vaincre l'alanguissement de ses facultés. L'éloquence de l'auteur d'*Émile* lui causait des frissonnements d'admiration et de sympathie. Trop peu rompue encore aux subtilités du langage métaphysique pour apercevoir l'abîme qui sépare le dogme catholique de la profession de foi du vicaire savoyard, elle écoutait sans scrupule, et se laissait aller avec candeur sur cette pente insensible qui la conduisait pas à pas, sans secousse, hors de l'enseignement révélé et des croyances orthodoxes. Les jours se succédaient ainsi, tristes, étranges et doux; et Nélida, sous la salutaire influence de la charité qui ranimait son pauvre cœur et de l'étude qui élevait son intelligence, en arrivait presque à l'acceptation de sa sévère destinée.

XIV

Guermann Régnier aimait passionnément Nélida. Il l'aimait de toute son imagination et de tout son orgueil, les deux puissances qui régissaient sa vie. En lui peignant l'empire qu'elle exerçait sur lui, il ne l'avait pas trompée. Cette anecdote de son enfance qu'il lui avait contée était vraie de tous points; l'image de Nélida et le premier éveil de son génie se confondaient dans son esprit; le premier battement de son cœur avait été pour l'art et pour elle; conquérir la gloire et conquérir Nélida, c'était pour lui un seul et même désir.

Guermann était doué de facultés rares. Il avait, à s'y méprendre, toutes les apparences du génie : une perception vive, un enthousiasme communicatif, une facilité merveilleuse, de la flamme dans la parole et sous le pinceau, une volonté opiniâtre, une fierté indomptable, la soif du beau sous toutes les formes. Mais il y avait dans son organisation une lacune énorme qui paralysait tous ses dons et devait les rendre funestes à lui et aux autres. Il ne possédait que la force d'expansion. La force de concentration, celle qui fait les philosophes, les grands caractères et les véritables artistes, lui manquait. Il allait obéissant à tous ses instincts, à des impulsions contradictoires que rien ne réglait ni ne refrénait. Guermann était incapable de concevoir un ordre général et de s'y assigner sa place. Pour tout dire en un mot, il manquait de conscience, et ne connaissait de bien et de mal que le succès ou l'échec de ses âpres désirs. Aussi, quoique doué d'une grande générosité de nature, était-il, par le fait, d'un épouvantable égoïsme. Les circonstances n'avaient pas peu contribué à fortifier cette personnalité démesurée. Aucun contre-poids n'avait été donné à ses penchants. Son éducation première, dans un village, sous les yeux d'une mère subjuguée, avait été à peu près nulle, et, du jour où sa vocation se déclara, presque tout son temps fut consacré à l'exercice matériel de son art. Ainsi livré à lui-même, il lut beaucoup, parce qu'il était avide de connaître, mais il lut, sans méthode et sans choix, toute espèce de livres, bons et mauvais, sublimes et détestables. Le désordre se fit dans son esprit; la soif de l'impossible dévora son cœur.

L'amour de mademoiselle de la Thieullaye, dès qu'il l'entrevit, faillit le rendre fou. A force de songer à elle, au hasard qui les avait rapprochés dès leur enfance, à la conformité qu'il crut reconnaître entre eux, il se persuada de très-bonne foi que Nélida lui était destinée. Il ne se dit pas un instant qu'il la perdrait; non, rendons-lui cette justice, Guermann eût reculé, hésité du moins, s'il avait pu envisager son dessein sous un jour pareil; mais il se croyait réservé à de telles grandeurs, qu'il félicitait en secret la belle patricienne d'être échue en partage au plébéien illustre. Certain de la conduire à la gloire, il voyait dans son union avec elle l'union de ce qu'il y a de plus sublime au monde, et rien ne l'eût étonné davantage que de s'entendre dire qu'il commettrait une action mauvaise, en provoquant et acceptant des sacrifices dont il ne sentait nullement l'étendue.

On peut imaginer ce qu'il éprouva en apprenant par la grisette avec laquelle, suivant l'usage des étudiants parisiens, il faisait un ménage extra-légal, que mademoiselle de la Thieullaye était venue chez lui. Il se fit répéter vingt fois toutes les circonstances de cette visite; il devina tout; il se sentit maître de cette destinée. Mais, jugeant aussi que le jour n'était pas venu, il résolut de ne pas risquer l'audacieux défi qu'il voulait jeter à la société, avant de s'être fait un nom qui le revêtît d'une force suffisante pour engager la lutte à armes égales, et laissa passer dix-huit mois avec la patience que donne la certitude.

L'exposition fut pour lui un triomphe. La foule se porta spontanément à son tableau, et son nom, nouveau dans l'art, fut répété de bouche en bouche. Avec l'exagération naturelle à un premier enthousiasme, la presse parisienne le représenta à l'Europe comme le restaurateur de la peinture moderne, comme un jeune Raphaël dont la gloire éclipsait tous ses devanciers.

Ce fut au plus fort de ce bruit enivrant qu'il apprit, par des intelligences qu'il s'était ménagées dans la maison de la vicomtesse, les incidents que nous avons racontés plus haut. Il ne balança pas, son heure avait sonné. Nélida était malheureuse, délaissée; à lui appartenait la tâche de la délivrer, de la venger. Il pourrait donc enfin faire jour à toutes ses haines, à tous les ressentiments qui couvaient dans son cœur depuis le jour où il avait eu pour la première fois conscience des inégalités sociales. Il allait terrasser le préjugé, montrer au monde ébloui et vaincu la toute-puissance du génie effaçant toutes les distinctions inventées par les hommes, brisant l'orgueil de l'aristocratie, et soumettant à son empire la beauté, la vertu et l'honneur de la première entre les femmes! Rien ne lui semblait plus facile que d'ébranler jusque dans ses fondements cette vieille société décrépite qui ne lui avait pas fait une place selon son gré. Il croyait fermement que, dans la satisfaction de sa passion égoïste, il allait ouvrir l'ère attendue de la liberté et de l'égalité nouvelles.

Ce rêve a été fait à différents degrés de fièvre, cette chimère est apparue sous bien des formes à plus d'un jeune plébéien de notre triste époque. Plus d'un, en lisant cette histoire, s'il est de bonne foi avec lui-même, se souviendra qu'entre le jour où finit pour lui l'étude imposée et le jour où la pauvreté le contraignit d'appliquer ses facultés à quelque travail modeste et productif, bien des nuits se sont écoulées dans la poursuite haletante de ces visions d'un impuissant orgueil; il sourira peut-être en se rappelant qu'il a étreint en songe bien des fantômes, essayé sur sa tête bien des couronnes dont le poids l'aurait écrasé, si le destin eût écouté ces puériles ambitions d'une vanité en délire.

Dès l'instant où Guermann vit madame de Kervaëns, il eut la certitude de n'avoir rien perdu de son ascendant sur elle. Il reconnut qu'il avait autant que jamais la faculté d'émouvoir son âme, d'intéresser son esprit, de séduire son imagination. Mais il vit bientôt aussi qu'il échouerait devant un seul obstacle, pour lui incompréhensible, devant la simple notion du devoir, que tous ses paradoxes ne parvenaient point à ébranler. Nélida seule, loin de tous les yeux, sans autre surveillant qu'elle-même, autorisée en quelque sorte par l'indigne abandon de son mari, n'en gardait pas moins la plus stricte réserve et le sentiment inaltérable de l'honneur conjugal. L'amour de Guermann creusait en dedans, mais elle conservait à l'extérieur une dignité si grande, une hauteur de pureté telle, que l'artiste bouillant et audacieux n'osait rien risquer et rongeait son frein en silence.

Si Nélida avait eu plus d'expérience, si elle eût été moins essentiellement honnête, si l'idée du mal, en un mot, avait pu l'approcher, elle aurait craint le péril auquel elle s'exposait en recevant sous son toit, dans une profonde solitude, un homme qu'elle avait passionnément aimé. Un degré très-faible d'attention sur elle-même lui eût fait découvrir que cette résignation subite à une existence désolée, ces joies de la charité senties avec plus de plénitude que jamais, l'attrait de ces lectures émouvantes, et enfin la force et la santé qui lui revenaient d'une manière visible, tout cela n'avait et ne pouvait avoir qu'une cause : l'amour. Elle aurait compris qu'il lui eût été impossible, dans la situation désespérée où Guermann l'avait trouvée, d'accepter les soins ou même la présence de tout autre; elle se serait demandé si son bras aurait pu s'appuyer avec autant d'abandon sur celui de M. de Verneuil, si une lecture faite par l d Sognencourt eût ainsi touché la fibre la plus secrète de son cœur. Mais Nélida était trop honnête pour ne pas être imprudente; elle ne savait pas plus se défier d'elle-même qu'elle n'avait su se défier des autres.

Un mois s'écoula de la sorte. Chaque jour Guermann se sentait plus certain d'être aimé et plus certain aussi de n'être pas écouté ; son orgueil était blessé à mort ; toutes ses passions mauvaises se livraient dans son âme un combat furieux. Nélida, plus calme en apparence, était envahie sourdement par un poison perfide, qui, de proche en proche, pénétrait jusqu'au plus profond de son être, sans se déceler encore par de visibles symptômes ; mais le premier hasard allait détruire cette sécurité funeste.

Un soir, c'était dans les derniers jours de juillet, les deux jeunes solitaires de Kervaëns étaient, comme de coutume, assis l'un près de l'autre dans le salon du rez-de-chaussée. Tout le jour avait été orageux ; en ce moment le tonnerre grondait au-dessus du château ; des éclairs multipliés perçaient les rideaux de damas hermétiquement fermés et jetaient dans la pièce très-sombre des lueurs rapides. Une seule lampe éclairait la table et le livre où Guermann lisait, avec une agitation fébrile et d'une voix saccadée, les aveux de Saint-Preux à Julie dans les premières lettres de la *Nouvelle Héloïse*. Nélida, qui depuis plusieurs nuits avait de nouveau perdu le sommeil et qui ressentait en ce moment l'influence énervante de l'atmosphère chargée d'électricité, quitta le siége qu'elle occupait pour aller reposer sur un divan un peu éloigné. Guermann en ressentit un dépit puéril. Sans oser suspendre sa lecture, il lançait de loin à loin sur madame de Kervaëns un regard avide, espérant toujours surprendre à son visage une émotion qui répondît à la sienne ; mais ce grand front pâle, cette lèvre sérieuse, ce corps de madone couché dans son vêtement blanc, ne trahissaient aucun mouvement tumultueux.

Guermann, irrité par ce calme qui lui semblait presque une insulte, élevait sa voix et lui donnait un accent de plus en plus vibrant. Il en vint à déclamer certains passages avec une puissance d'organe et de geste qui ne pouvait laisser aucun doute sur l'application directe qu'il en faisait à Nélida; mais en vain. Madame de Kervaëns demeurait immobile, ne l'interrompait pas, ne levait pas les yeux; pas un pli de sa robe ne froissait la soie du divan. On n'entendait que le bruit régulier et de plus en plus affaibli de son haleine. Indigné, à bout de patience, exalté par le retentissement de sa parole dans l'espace sonore, Guermann, ne se contenant plus, jeta le livre loin de lui et s'approcha, résolu à dire enfin à cette femme hautaine qui ne voulait rien comprendre, tout ce qu'il ressentait pour elle d'ardeurs brûlantes et de violents désirs. Mais il s'arrêta tout à coup en la voyant endormie ou évanouie, c'est ce qu'il ne pouvait discerner. Les yeux de Nélida étaient clos, sa bouche était décolorée, son bras alangui avait glissé hors des coussins.

« Nélida! » dit Guermann, effrayé malgré lui de cette immobilité.

Elle ne répondit pas.

« Nélida! » dit-il encore.

Elle ne fit aucun mouvement.

Épouvanté, il posa la main sur son cœur, et, soit hasard soit dessein, il écarta les plis de sa robe entr'ouverte, et vit avec éblouissement les plus belles formes que son œil d'artiste eût jamais contemplées. Cette vue lui donna le vertige.

« O Galatée, s'écria-t-il en la saisissant d'une étreinte passionnée, marbre divin, éveille-toi dans les bras de ton amant; éveille-toi à la vie, éveille-toi à l'amour... »

Nélida rouvrit les yeux, et, recouvrant tout à coup ses esprits, elle s'arracha des bras de Guermann qui n'essaya pas de la retenir, tant le regard qu'elle lui jeta commandait le respect. Elle alla lentement, en silence, à la fenêtre, et, l'ouvrant malgré l'orage, elle s'appuya sur le balcon que commençaient à mouiller de larges gouttes de pluie. Guermann se laissa tomber à la place qu'elle venait de quitter, et fondit en larmes.

XV

Rentrée dans son appartement, madame de Kervaëns passa le reste de la nuit en proie à l'une de ces crises que les plus étonnants contrastes de notre nature, la lutte des tentations les plus violentes, des mouvements les plus opposés, des résolutions les plus inconciliables, peuvent seuls faire naître et faire comprendre.

Sous la double action de l'orage qui embrasait l'atmosphère, et de cette fièvre de jeunesse qui, longtemps comprimée, venait enfin d'éclater dans toute sa force, Nélida se voyait, comme à la lueur d'un éclair, face à face avec une vérité terrible. Ses yeux étaient dessillés. Pour la seconde fois son existence, qu'elle avait cru fixée à jamais, était ébranlée jusqu'en ses fondements ; Guermann, en reparaissant dans sa vie, pour la seconde fois en ressaisissait l'empire. Lui qu'elle avait fui, qu'elle avait pu haïr, qu'elle avait cru mépriser, ramené près d'elle par une volonté indomptable, était encore une fois le maître souverain de toutes ses pensées.

Dans une situation pareille, un caractère moins énergique eût trouvé au sein de son indécision une force illusoire. La plupart des femmes, pusillanimes et chimériques tout à la fois, incapables de sonder leur conscience d'une main ferme, nient le danger pour éviter le combat et s'exagèrent la toute-puissance de leur vertu dans l'intérêt même de leur faiblesse. De telles ruses n'étaient pas compatibles avec cette sincérité de nature qui chez Nélida n'avait pu un seul instant être altérée ni par les maximes, ni par les exemples du monde. Ce n'était pas une telle femme qui pouvait, à demi consentante, se laisser glisser sur une pente insensible et se rendre coupable de fautes chaque jour regrettées, chaque jour aggravées. Non ; elle sut voir d'un œil sévère toute l'étendue de son mal. Elle osa se dire qu'encore un jour, encore une heure semblable, et elle était perdue. Elle comprit, en frémissant, qu'il n'y avait plus de salut pour elle que dans une détermination instantanée, plus de vertu que dans un parti extrême. Il fallait fuir, s'éloigner de Guermann ; élever entre elle et lui d'infranchissables barrières; ne plus le revoir jamais....
Fuir ! mais où aller ? où chercher un refuge ? A qui de-

mander un refuge? A qui demander un appui et cette force contre soi-même, dont les âmes les plus éprouvées avouent le besoin aux heures de la tourmente?.... Timoléon?... A cette pensée, l'indignation la faisait pâlir; le juste orgueil des nobles cœurs offensés se soulevait en elle. Une voix intérieure lui criait qu'une telle faiblesse serait une faute irréparable. Cet être si peu digne d'estime, qui avait exercé sur son inexpérience la facile séduction d'un premier attrait, n'était pas capable, elle le sentait bien, de comprendre ni de soutenir l'héroïsme d'un grand sacrifice. Il l'entraînerait de nouveau, il la retiendrait avec lui dans une sphère puérile et vaine où s'éteindraient bientôt les éléments de grandeur et de force que la passion venait de lui révéler dans son propre cœur. Ce qui l'attendait auprès de Timoléon, en supposant qu'il se laissât ramener par des velléités de devoir et de tendresse, c'était une solitude morale pire que la mort, ou une communauté de plaisirs qu'elle ne pouvait plus envisager sans dégoût.

Lorsqu'un grand amour a fait battre un grand cœur, quand le sentiment de la vérité éternelle est entré par lui dans une âme puissante, toutes les conventions éphémères, toutes les proportions mesquines de la vie sociale s'amoindrissent et s'effacent de telle sorte, qu'on les prend en pitié et qu'on cesse bientôt de croire à leur existence. Ainsi, pour Nélida, il n'y avait de choix possible qu'entre vivre et mourir : vivre d'un amour immense, sans entrave et sans fin; mourir si la fidélité à des serments téméraires, violés déjà par celui qui les avait reçus, lui commandait d'étouffer son amour.

Nulle transaction ne se présentait dans son esprit entre la liberté illimitée et le rigide devoir. O saint orgueil des chastetés délicates, tu ne fus pas insulté un moment dans le cœur de cette noble femme. Abriter sous le toit conjugal un sentiment parjure, céder à un amant en continuant d'appartenir à un époux, marcher environnée des hommages que le monde prodigue aux apparences hypocrites, jouir enfin, à l'ombre d'un mensonge, de lâches et furtifs plaisirs, ce sont là les vulgaires sagesses de ces femmes que la nature a faites également impuissantes pour le bien qu'elles reconnaissent et pour le mal qui les séduit ; également incapables de soumission ou de révolte ; aussi dépourvues du courage qui se résigne à porter des chaînes, que de la hardiesse qui s'efforce à les briser !

Nélida, on l'a vu, n'était pas faite ainsi.

...... Le tonnerre avait cessé de gronder ; un vent du nord s'était levé et balayait l'orage ; l'horloge de la chapelle venait de sonner quatre heures. Aux lueurs incertaines de l'aube, les passereaux endormis sur les toits s'éveillaient un à un et s'entr'appelaient, à de longs intervalles, d'une note mélancolique. Saisie par le froid pénétrant de ces heures qui précèdent le lever du soleil, à peine vêtue, assise immobile dans un grand fauteuil de bois noir adossé à la cheminée où le vent engouffré poussait des mugissements lamentables, madame de Kervaëns, seule en présence de Dieu, luttait contre l'angoisse oppressante d'une agonie qui allait tracer à son beau front un premier pli ineffaçable. Tout à coup elle crut entendre, dans le corridor qui conduisait à sa chambre, un bruit de pas ; sa respiration demeura suspendue... Plus de doute, les pas se rapprochaient, s'arrêtaient à sa porte, la clef tournait dans la serrure... Qui pouvait-ce être à une telle heure de la nuit, après une telle soirée? Quel autre que celui auquel elle n'avait cessé de songer? En effet, c'était Guermann.

Elle n'éprouva, en le voyant, ni surprise, ni effroi, ni colère. Elle savait que leur heure à tous deux était venue et que les paroles qu'ils allaient échanger seraient l'arrêt suprême. Plusieurs minutes s'écoulèrent dans une attente solennelle.

— Vous faites bien de garder le silence, dit Guermann en s'approchant, je ne supporterais pas de vous en ce moment une parole amère, et je sais que vos lèvres désormais n'en prononceront plus d'autres. Je pars. J'ai voulu vous voir une dernière fois avant de quitter ces lieux que vous m'avez tant fait aimer et que vous me faites tant haïr. J'ai voulu vous dire un adieu éternel, par cette nuit de tempête si semblable à mon cœur, avant que les ténèbres ne fussent entièrement dissipées; car vous êtes si belle, ajouta-t-il d'un accent plus ému, que si je vous voyais encore à la pleine clarté du jour, tout mon orgueil s'évanouirait, je tomberais sans force à vos pieds, vous ne verriez en moi que votre esclave. Il ne faut pas qu'il en soit ainsi; je ne le veux pas; vous n'aurez pas ce triomphe. Vous êtes un cœur sans amour; nul ne sera jamais conduit par vous aux sphères radieuses; vous n'avez de Béatrix que la beauté. C'en est fait, je le sens bien, il n'y aura plus pour moi, ici-bas, ni amour, ni félicité, ni gloire, car tout cela était en vous, était vous. Vous, telle que vous auriez pu être, si j'avais su allumer dans votre âme une étincelle du feu qui consume la mienne, mais non pas vous telle que vous êtes : vous insensible et froidement prudente ; vous qui fermez vos yeux à l'évidence d'un amour impérissable, pour demeurer, languissante et énervée, dans les vulgaires liens d'une égoïste sagesse.....

Adieu, pauvre femme sans courage, dit-il en posant lentement sa main sur la tête courbée de Nélida frémissante. Adieu, ma sainte chimère, ma noble espérance, adieu, ma part d'immortalité... Puissent tous les pardons du ciel descendre sur votre front pâli! Puisse la connaissance du mal que vous faites vous être à jamais épargnée!... Adieu.

— Vous ne partirez pas seul! s'écria Nélida en se levant et saisissant le bras de Guermann... Vous ne partirez pas seul, car je vous aime!

Un éclair de bonheur et d'orgueil illumina les yeux de l'artiste ; les battements de son cœur s'arrêtèrent, un tremblement convulsif courut dans tous ses membres ; il faillit tomber à la renverse.

— Vous auriez ce courage insensé? s'écria-t-il enfin, sans oser lever les yeux sur Nélida, tant il craignait de s'abuser encore ; vous seriez capable d'un dévouement si sublime?

Et sa bouche, en parlant ainsi, se contractait malgré lui avec ironie.

— Je me sens tous les courages, hors celui du mensonge, dit-elle.

Pour toute réponse, Guermann l'attira sur son cœur

ivre d'amour... Il n'est donné à aucune parole d'exprimer de tels transports succédant à un tel martyre. Le rêve de son âme ardente s'accomplissait au moment où il croyait le voir s'évanouir; l'impossible était réalisé; Nélida lui appartenait; le ciel et la terre n'étaient plus assez vastes pour son bonheur.

QUATRIÈME PARTIE

XVI

Il est peu de contrées où les forces de la nature revêtent un caractère plus imposant que dans les Alpes suisses ; il n'en est point peut-être qui parlent à la passion un langage aussi conforme à ses instincts. Les traces de l'homme civilisé disparaissent dans ces solitudes de granit et de neige ; la voix du monde y est étouffée par le grondement des cataractes ; le souvenir même des entraves qu'apportent les lois et les coutumes sociales à la satisfaction des penchants, s'efface au fond de ces vallées ombreuses où la vie pastorale se montre dans sa grâce tranquille et fière, où tout rappelle à l'âme les joies perdues de la simplicité primitive, lui suggère le dédain des vanités et la con la paisible possession d'un bonheur non disputé.

Nélida, triste, morne, concentrée en elle-même durant la longue route qu'elle venait de faire, Nélida, à peine sensible à la tendresse passionnée, à la sollicitude constante avec lesquelles Guermann tentait de vaincre son douloureux silence, se sentit allégée d'un poids écrasant lorsqu'elle eut franchit la frontière. Les tableaux aux proportions gigantesques qui se déroulèrent devant ses yeux surpris, l'arrachèrent malgré elle à son accablement. Les exhalaisons vivifiantes des forêts de pins, l'air salubre de la montagne, la senteur aromatique des riches pâturages, entrèrent par tous ses pores et firent circuler son sang que la tristesse avait comme figé dans ses veines; le bien-être physique réagit vigoureusement contre la douleur morale.

Guermann épiait avec anxiété ces premiers symptômes d'un retour à la vie. Voyant sur le visage de Nélida l'heureux effet de ces horizons nouveaux et de ces grandioses solitudes, il se hâta de quitter les routes frayées et s'enfonça avec elle dans les parties les moins fréquentées des Alpes. Sous la conduite d'un guide sûr, il osa risquer des ascensions difficiles, affronter des gîtes inhospitaliers, braver la fatigue, la faim, le danger même. Il voyait avec une joie infinie, vers la tombée du jour, sa compagne lassée presser le pas du mulet pour gagner l'agreste hôtellerie, s'asseoir, avec un appétit d'enfant, à la table sans nappe où on leur servait un repas plus que frugal, et se jeter épuisée sur un rude grabat où le sommeil venait aussitôt fermer sa paupière. Toute communication entre eux et le monde extérieur était momentanément suspendue; aucune lettre, aucun journal ne pouvait les atteindre dans ces courses capricieuses à travers la montagne. Guermann n'entretenait Nélida que de l'avenir qui s'ouvrait à eux; il lui peignait en traits de flamme le bonheur à la solitude, dans la sévérité du travail et dans la sainte ardeur d'une inaltérable affection. Ses discours n'étaient qu'un perpétuel cantique, qu'un hymne enthousiaste à l'amour. Tout ce qu'il voyait, tout ce qu'il entendait lui servait à colorer ses tableaux émouvants ; il prenait à témoin la nature entière, il l'invoquait, la conviait à partager sa félicité ; la magie de sa parole transformait les réalités en visions splendides.

Un soir, ils étaient arrivés sur un des plateaux supérieurs du Faulhorn, au-dessus de la région des sapins, à cette élévation où l'on ne rencontre plus que quelques mousses chétives et cette pâle fleur des neiges que l'on nomme la renoncule glaciale. Un petit lac, d'une eau sombre, les retint quelques instants sur ses bords. Aucun poisson n'y pouvait vivre, leur dit le guide ; jamais aucun chamois n'y était venu boire ; jamais l'aile d'un oiseau n'avait rasé son onde.

En ce moment *Véga* se levait à l'horizon et jetait sur le lac endormi un long sillage lumineux et tremblant.

— O ma bien-aimée ! s'écria Guermann en enlaçant Nélida de son bras magnétique et lui montrant du doigt la voûte éthérée, vois cet astre doux et pur, comme il a pitié du maudit, comme il le console ! c'est ainsi, étoile du salut, que tu t'es levée sur ma vie...

Nélida se pencha sur l'épaule du jeune artiste, et deux larmes de joie glissèrent sur sa joue.

La passion de Nélida pour Guermann était de celles qui font vivre ou mourir. La nature courageuse et enthousiaste de la jeune femme ne pouvait, d'ailleurs, demeurer longtemps dans cet état d'inertie où l'avait plongée un premier remords. Bientôt elle se reprocha ce remords comme une faiblesse ; et, dans son admiration excessive pour son amant, elle se dit qu'une grandeur pareille était supérieure à toutes les lois humaines. La vie étrange et solitaire qu'elle menait avec Guermann entretenait cette exaltation ; elle en arriva à se persuader que tous les sacrifices, même celui de la conscience, étaient encore trop peu de chose pour reconnaître un tel amour ; et, s'abandonnant sans réserve à l'âpre sentiment de son bonheur, elle accepta, sans plus hésiter, toutes les conséquences de sa faute involontaire.

Un mois se passa ainsi, mois d'enchantements toujours renouvelés et de perpétuelle magie. Nul ne saurait concevoir, s'il ne l'a ressenti, quelle immense puissance de félicité recèle le cœur de l'homme, quand il a rejeté courageusement tout ce qui fait obstacle, et que, loin des haines jalouses, loin des soucis de la vie vulgaire, loin du monde et de son influence flétrissante, il s'abandonne avec sincérité à l'ardeur de dévouement et d'amour que Dieu a mise en lui. O vous, qui avez bu à la coupe d'ivresse, vous vous plaignez qu'elle se soit brisée dans vos mains, et que les éclats de son pur cristal vous aient fait des blessures inguérissables ! Ames lâches ! cœurs pusillanimes ! n'insultez pas à votre infortune, elle est sacrée. Vous êtes les élus du destin ; vous avez approché Dieu autant qu'il est donné à la faiblesse humaine ; vous avez sondé, dans vos joies et dans vos douleurs, dans vos désespoirs et dans vos extases, tout le mystère de la vie.

XVII.

Un matin, en s'éveillant, Nélida sentit un froid assez vif et aperçut, par l'étroite fenêtre du chalet où elle venait de passer une semaine, la cime de la montagne qu'elle avait gravie la veille, couverte d'un manteau blanc, dont l'éclat éblouit ses yeux. C'était la première neige tombée, c'était le vent du nord qui surprenait le vallon et annonçait l'hiver. Il fallait songer à un abri plus sûr; la vie nomade allait devenir impraticable. Guermann proposa de passer la mauvaise saison à Genève. Il y avait un ami, un ancien camarade, qui avait quitté la peinture pour succéder à ses parents dans un honnête négoce dont les bénéfices lui assuraient une existence aisée.

— Il m'aidera à vous établir commodément, dit Guermann à Nélida, qui ne voyait pas sans chagrin la nécessité de quitter le chalet solitaire; et puis, pardonnez-moi de vous entretenir de mes soucis, il me facilitera le moyen d'ouvrir un atelier, de donner des leçons, de faire peut-être quelques portraits; car mon petit pécule ne saurait durer toujours; et, vous savez nos conventions, vous vez que vous êtes devenue la compagne d'un bohémien, d'un artiste sans fortune, qui ne touchera jamais une obole de vos richesses; vous savez que vous avez consenti à partager sa misère...

— Quand partons-nous? dit Nélida en mettant sa belle main blanche sur la bouche de Guermann, pour lui imposer silence.

Ils firent lentement les préparatifs du départ. Nélida avait tout un trésor précieux à garantir des accidents du voyage : des plantes cueillies dans les sentiers alpestres, des cristallisations trouvées sur le bord des glaciers, des morceaux de jaspe et d'agate, des plumes de grèbe, et de ces jolis ouvrages découpés et sculptés par les pâtres de la montagne, dans le bois tendre de l'if et dans les cornes du chamois. Les joies naïves de la contemplation se perpétuent dans les cœurs purs à travers les rudes épreuves de la vie.

Trois jours de route les conduisirent à Genève.

Ils descendirent à l'auberge. Guermann sortit aussitôt pour aller à la recherche de son ami ; ce fut la première fois, depuis sa fuite, que Nélida se trouva seule. Son premier mouvement, en se sentant libre pour plusieurs heures, car Guermann devait s'occuper de leur établissement et ne rentrerait pas, selon toute apparence, avant la fin du jour, ce fut d'ouvrir son portefeuille de voyage et de prendre ce qui était nécessaire pour écrire des lettres. Elle éprouvait, depuis quelque temps, un besoin insurmontable qu'elle avait réprimé jusqu'ici, de peur de déplaire à Guermann : elle voulait écrire à sa tante et même à son infidèle amie, non pour s'excuser à leurs yeux, ni pour implorer un humiliant pardon, mais pour leur dire à toutes deux une parole affectueuse, pour les assurer encore une fois de sa tendresse. Elle prit la plume et traça d'une main ferme les lettres qu'on va lire.

A LA VICOMTESSE D'HESPEL.

« Ma chère, ma bien-aimée tante, que vais-je vous écrire? hélas! que puis-je vous écrire? Je ne saurais me justifier, moins encore accuser personne. Je connais ma faute, je la déplore; j'en souffre et j'en souffrirai jusqu'à ma dernière heure. Mais du moins qu'il me soit permis de repousser de toutes mes forces le reproche d'ingratitude, d'indifférence ou d'oubli que vous me faites peut-être. Non, ma chère tante, rien n'est effacé dans mon cœur ; vos bontés maternelles, vos indulgences infinies, tout s'y grave chaque jour en traits plus profonds. Je n'ose me flatter de vous revoir ; ma destinée me condamne à l'isolement ; mais laissez-moi espérer que, si nous ne devons plus nous retrouver en ce monde, nos prières du moins se rencontreront aux pieds du Seigneur. Je m'estimerai bien heureuse d'avoir parfois de vos nouvelles, et vous me combleriez de reconnaissance si vous ne me les faisiez point trop attendre. »

A MADAME LA BARONNE DE SOGNENCOURT.

« Hortense, Hortense! vous m'avez fait bien du mal ; mais vous en gémissez sans doute au fond du cœur, car vous êtes bonne, Hortense, et vous m'aimez, j'en suis certaine. Je ne vous ferai pas l'injure de vous offrir mon pardon ; à Dieu ne plaise. Ne sais-je pas aujourd'hui combien certaines passions sont plus fortes que notre volonté, et comment, avec la plus grande droiture d'intention, on peut être entraînée !

» Je n'ose écrire à mon mari, mais, je vous en supplie, parlez-moi de Timoléon, dites-moi où il est, ce qu'il fait, s'il paraît heureux. Vous aurez peine à le comprendre, mais je ne cesse de penser à lui. Hélas ! s'il eût consenti à me faire un bien léger sacrifice, il m'eût enchaînée à jamais par les liens d'une reconnaisance passionnée.

» Je suis à Genève pour longtemps. Je ne verrai personne. Toute ma vie désormais est consacrée à un seul être, un être si noble et si grand, que je ne devrais lui parler qu'à genoux. Je ne vous dirai point que je suis heureuse ; je ne saurais m'abuser, je ne le suis pas, je ne le serai jamais. Le souvenir de mon passé est un hôte sinistre qui ne me quittera plus. Mais je vis dans une abnégation complète de moi-même, absorbée, perdue dans la vie d'un autre, dans la contemplation d'un génie immortel.

» Hortense, écrivez-moi. Tendons-nous la main à travers nos tristesses, à travers nos fautes. Hortense, je sens que je vous aime toujours. Et vous ?... »

A peine madame de Kervaëns eut-elle achevée ces deux lettres, que Guermann rentra. Il ne s'aperçut pas qu'elle avait les yeux gonflés de larmes.

— J'ai trouvé Anatole, dit-il d'un ton joyeux ; nous avons du bonheur. Il m'a conduit tout au haut de la ville, dans une charmante maison qu'il habite seul, et où il va nous louer un petit logement dont la vue sur le Jura est délicieuse. C'est une mansarde, à la vérité, ma pauvre Nélida. Vous ne savez guère que par ouï-dire, je suppose, ce que c'est qu'une mansarde ; mais, je vous l'ai dit, il y va de mon honneur de fuir la plus lointaine apparence de luxe. Il faut même que j'affiche ma pauvreté. Vous serez courageuse, je le sais, et vous monterez de vos deux pieds d'ange les cinq étages de votre humble demeure... de mon paradis, ajouta-t-il en s'agenouillant devant elle et baisant l'un après l'autre ses pieds mignons. J'ai loué aussi un atelier dans la même rue ; j'ai fait marché avec un tapissier qui va nous fournir, à très-bas prix, un mobilier fort simple, mais qui n'a jamais servi à personne. Anatole veut vous faire hommage d'un piano d'Erard, toujours fermé chez lui, dit-il. Demain il viendra avec ses chevaux vous chercher et vous installer dans son palais. Êtes-vous contente de votre majordome, Nélida ?

— Est-il bien nécessaire que je voie M. Anatole ? dit madame de Kervaëns, effrayée à l'idée de se trouver en présence d'un étranger. (Jusque-là elle avait échappé à tous les regards.) J'aimerais mieux m'en dispenser.

— C'est impossible, reprit Guermann. Vous aurez à chaque instant besoin de lui.

— Moi, Guermann ? Puis-je donc avoir besoin de quelqu'un au monde, hormis vous !

Il lui prit la main et la baisa avec effusion.

— Faites-moi ce petit sacrifice, Nélida, reprit-il. Anatole est plein de savoir-vivre, il n'abusera pas de la permission que vous lui donnerez. Une solitude absolue ne vous vaudrait rien ; croyez-moi, vous serez bien aise d'avoir quelquefois une autre conversation que la mienne pour vous délasser.

Nélida sourit d'un air incrédule et consentit comme elle faisait toujours. Le lendemain, à midi, Guermann lui présentait son ami Anatole, qui, malgré la réserve discrète qu'il s'était imposée, ne put s'empêcher de jeter à plusieurs reprises sur madame de Kervaëns de longs regards surpris dont elle se sentit blessée.

La vue de sa nouvelle demeure fit diversion. C'était une mansarde propre et riante. Le salon avait deux fenêtres d'où la vue s'étendait sur le cours du Rhône et la ceinture bleue du Jura. Le piano tenait un des côtés; un large sofa, un fauteuil à ressorts et une corbeille remplie de fleurs, donnaient à cette pièce modeste un aspect agréable.

— Il va sans dire, madame, dit Anatole en faisant asseoir Nélida, que mon jardin est entièrement à votre disposition. Ordonnez-y comme chez vous ; vous n'y verrez jamais personne, pas même le propriétaire, ajouta-t-il en souriant, que ses affaires retiennent tout le jour à un maussade comptoir. Mais j'oubliais une chose, dit-il en se tournant vers Guermann: nous avons en ce moment à Genève une excellente troupe italienne; on donne ce soir la *Gazza ladra*; j'ai une loge d'avant-scène; si madame me permettait de la lui offrir...

— Je vous suis obligée, monsieur, interrompit madame de Kervaëns, je ne sortirai pas, je suis très-fatiguée.

— Une heure passée à entendre de la musique vous reposera, dit Guermann; nous partirons après le premier acte si vous désirez rentrer de bonne heure.

Madame de Kervaëns fit un signe d'assentiment contraint. Il lui répugnait de s'exposer ainsi à tous les yeux dans un théâtre. Toutes ses délicatesses de femme et d'amante étaient froissées à l'idée d'aller étaler devant la foule le secret de sa destinée; mais une délicatesse plus exquise encore lui fit taire son déplaisir. Elle aurait voulu que Guermann le comprît et le partageât ; il ne paraissait pas y songer. Il prit un soin charmant à sortir de la caisse de voyage les plus belles robes de Nélida, l'aidant avec grâce à faire les apprêts de sa toilette, dont il voulut choisir et ordonner les plus petits détails. En le voyant si joyeux Nélida oublia ses scrupules, et, quand vint l'heure du spectacle, elle était presque réconciliée avec la pensée de paraître en public.

Mais son courage faillit l'abanbonner lorsqu'en entrant dans la loge d'Anatole elle vit tous les regards se porter sur elle, toutes les lorgnettes braquées de son côté, toutes les femmes se pencher vers leurs voisins et la désigner avec effronterie ! Genève est, comme on sait, une ville de négociants et de méthodistes, c'est-à-dire une ville où, par esprit d'économie et de dévotion, on se refuse les amusements les plus légitimes, en se réservant le plaisir hypocrite et bon marché de la médisance. Par tous pays, d'ailleurs, deux individus jeunes, beaux, qu'on suppose heureux l'un par l'autre, soulèvent l'indignation et la fureur de ce public hargneux qui se compose de toutes les femmes honnêtes fatiguées de l'être, de toutes les femmes galantes qui veulent donner le change sur la facilité de leurs mœurs par la sévérité de leurs jugements, de tous les vieux libertins qui haïssent par état la passion noble et pure de tous les maris qui comparent ; de ot ceux enfin, et le nombre en est considérable, qui portent avec dépit le poids d'une vertu forcée, les lourds ennuis du ménage, ou les cruels châtiments de la débauche.

Anatole s'était diverti, pendant une partie de la journée,

des propos recueillis sur madame de Kervaëns et Guermann, dans des visites faites à cette intention; il s'empressa d'aller de loge en loge pour entendre les observations nouvelles que leur présence au théâtre provoquerait sans doute, et revint au bout d'une demi-heure, l'air triomphant; Nélida, pour se soustraire à tous les yeux, s'était enfoncée dans un coin de la loge; elle avait levé l'écran de taffetas vert, et, la tête dans ses mains, écoutait la musique.

— Mon cher, dit Anatole à Guermann, sans qu'elle s'aperçût de son arrivée, nous faisons à nous trois un effet prodigieux; je vous exploite comme une mine d'or. Les questions ne tarissent pas. Je réponds à quelques-unes, je laisse les autres en suspens; je prends de grands airs de mystère; mais enfin personne n'ignore, à l'heure qu'il est, que tu es le premier peintre de France, c'est-à-dire du monde; que, par-dessus le marché, tu as de l'esprit comme un démon; et, ajouta-t-il en baissant un peu la voix, que la femme qui t'aime est une grande dame du faubourg Saint-Germain. Toutes les mères de famille sont en émoi; on ne parvient pas à écarter les demoiselles de la conversation. On vous déchire, mais on est impatient de te connaître. Nos élégantes veulent déjà que je les conduise à ton atelier... Tu comprends? Je fais le difficile; je dis que vous ne voulez voir personne, que vous êtes très-heureux dans votre intérieur; de là un accroissement de curiosité. Demain, à mon réveil, je suis certain de recevoir trente invitations qui ne me seront pas destinées, je te le jure; mais je suis bon diable, et je ferai semblant de ne pas voir le but de ces cajoleries; je me laisserai faire. C'est toujours agréable d'être cajolé, même quand on sait que c'est à l'intention d'un autre.

Guermann, en écoutant ce babil amical, sentait chatouiller de nouveau sa vanité longtemps endormie. Il vit dans ce que lui racontait Anatole bien autre chose que les commérages d'une petite ville ; il vit l'accomplissement de ses rêves, le monde soumis à son génie, la société subjuguée. Nélida découvrit avec surprise, en prenant son bras pour rentrer chez elle, qu'une joie inaccoutumée le possédait. Ce fut un premier désaccord dans leur pensée intime, car elle avait entendu la fin de la conversation d'Anatole, et regagnait sa demeure en proie à une profonde tristesse. Elle sentait sa solitude profanée par d'insolents regards, son amour insulté par des paroles méprisantes, son sanctuaire envahi bientôt peut-être par ce monde qu'elle avait fui, et en présence duquel la rejetait tout à coup une fatalité impitoyable.

XVIII

Le lendemain on apporta à Guermann une lettre d'Anatole, qu'il passa à Nélida après l'avoir lue : « Mon cher ami, écrivait le jeune négociant, je n'ai pas le temps d'aller te trouver. Je t'écris du comptoir pour te prévenir que j'ai accepté à dîner chez madame S... *avec toi*. Je l'ai fait sans te consulter, parce que tu aurais refusé peut-être, et tu aurais eu tort. Madame S... est une personne importante à Genève. Elle tient le haut bout de la société, et reçoit tous les étrangers de distinction. Comme tu ne serais pas fâché, m'as-tu dit, de faire quelques portraits, il est bon qu'on te connaisse ; or, tu ne saurais paraître nulle part avec plus de convenance que là. Je viendrai te prendre avant quatre heures. »

— M. Anatole a raison, dit Nélida à Guermann, en lui rendant ce billet dont l'écriture lui brûlait les yeux; il faut aller chez madame S... cela vous distraira.

— Voici la première parole dure que vous m'adressez, Nélida. Depuis quand a-t-on besoin de se *distraire* d'un bonheur tel que le mien? Mais, malheureusement, Anatole dit trop vrai, il faut que je travaille, que je gagne ma vie; il faut donc accepter ces tristes exigences d'une société dont j'ai besoin... Vous allez vous ennuyer, Nélida?

— Moi, mon ami? reprit-elle avec son angélique douceur, pas une minute. J'ai là de la musique que je n'ai pas encore ouverte ; ce piano est excellent. Et puis, n'ai-je pas à mettre en ordre pour mon herbier toutes les plantes que nous avons séchées à Wallenstadt ? Vous savez que je prétends faire la flore de Wallenstadt, ajouta-t-elle en essayant de sourire.

A quatre heures, Anatole vint prendre Guermann. Nélida resta seule. Fidèle à sa promesse, elle ouvrit son piano et essaya de chanter ; mais une saveur amère lui venait à la bouche ; son gosier se serrait... Elle alla chercher ses plantes et commença à les étaler sur la table... Alors les souvenirs du lac, de la montagne, de la solitude, de la passion heureuse, inondèrent son cœur, et de grosses larmes, longtemps contenues, coulèrent sur les tiges fanées et sur les pâles corolles de ces fleurs, cueillies naguère avec des ravissements de joie. L'épreuve était trop forte. Elle quitta brusquement la table, et, renonçant à se faire violence, elle se jeta dans son fauteuil, la tête dans ses mains, et se mit à penser à Guermann. Elle se le figura entrant chez madame S..., composa dix conversations probables entre lui et la maîtresse de la maison. Mais à mesure que le temps s'écoulait, son cerveau se toublait, épuisé par ce vain travail ; elle ne fut bientôt plus capable d'autre chose que de suivre avec une inquiétude toujours croissante le mouvement insensible de l'aiguille sur le cadran, et d'écouter d'une oreille anxieuse les horloges voisines qui se répondaient et sonnaient l une après l'autre, avec une lenteur lugubre, les heures de l'attente.

Guermann avait promis de rentrer à huit heures. A

huit heures moins cinq minutes il sonnait vivement à la porte. Nélida bondit sur son fauteuil, courut à lui, lui jeta ses bras autour du cou ; il la pressa mille fois sur son cœur, comme s'il arrivait d'un lointain voyage ; il revenait de loin, en effet, il revenait du *monde.*

Après un moment de silence, pendant lequel les deux amants se prodiguèrent les plus tendres caresses :

» Maintenant, contez-moi votre longue absence, dit Nélida en faisant asseoir Guermann sur le fauteuil et en s'asseyant sur ses genoux avec une grâce enfantine.

Pendant qu'elle passait et repassait ses doigts effilés dans les masses épaisses de la chevelure du jeune artiste, il lui conta la conversation sèche, pédante et guindée du cercle choisi dont il avait eu l'honneur de faire partie. Il lui traça la silhouette fine et caractéristique des hommes et des femmes auxquels il avait été présenté. Nélida finit par rire aux éclats de ce tableau piquant des ridicules d'une petite ville.

— N'y avait-il donc pas de jeunes femmes? demanda-t-elle.

— Il y en avait deux qui passent pour les beautés de l'endroit, répondit Guermann.

Et alors, prenant son crayon, il dessina sur une carte la taille, le visage, la cambrure et les airs de tête de ces dames allobroges, comme il les appelait. Il avait observé en peintre ; rien ne lui avait échappé. Nélida eût préféré moins d'exactitude, surtout lorsqu'il en vint à des rapprochements qui, bien que tous à son avantage, lui causèrent une impression désagréable. La comparer à d'autres femmes, c'était lui assigner un rang, une place parmi elles. Nélida n'aurait jamais imaginé de comparer Guermann à personne. Pour elle le genre humain était d'un côté, son amant de l'autre, seul et incomparable, comme tout homme aimé par une femme chaste et passionnée.

Plusieurs mois s'écoulèrent sans aucun changement notable dans la vie des deux amants. Madame de Kervaëns avait reçu les réponses de sa tante et de son amie; son cœur en avait été navré. C'était une cruelle et dernière déception qui acheva d'endurcir son courage et la fit se réfugier plus absolument, plus exclusivement que jamais, dans son amour. Voici ce que lui écrivait madame d'Hespel.

« Je vous réponds, puisque vous paraissez le désirer, quoique je ne puisse guère comprendre le prix que vous attachez à une lettre de moi. C'est la dernière fois que vous verrez mon écriture. Vous êtes l'opprobre de votre famille; vous la déshonorez par quelque chose de bien pis qu'un crime, par un ridicule. Votre mari se montre plein de tact. Au retour d'un voyage plus qu'autorisé par des antécédents que vous ignoriez sans doute, il a dit à ceux de ses amis qui auraient eu le droit de l'interroger, que vous aviez eu de tout temps des hallucinations qui ont dégénéré en folie. Du reste, il ne prononce plus votre nom, et m'a déclaré avoir donné ordre que vos revenus fussent régulièrement déposés chez mon notaire qui vous en tiendra compte. Il n'avait pas autre chose à faire ; il ne pouvait pas se couper la gorge avec un homme de rien, que nous avons tous vu dans un état voisin de la domesticité. Je ne vous dis pas de revenir à la raison. Tout est devenu impossible; le monde et votre famille vous sont à jamais fermés. Que Dieu vous prenne en pitié : c'est la seule espérance qui vous reste. »

La lettre d'Hortense était dictée par le même esprit et écrite du même ton.

« Vous vous abusez singulièrement, ma pauvre Nélida, disait-elle à son ancienne amie, en pensant qu'il me serait possible d'entretenir avec vous la moindre relation. J'en suis au désespoir, mais ce que je dois à mon mari, le soin de ma réputation, l'avenir même de ma petite fille, auquel je dois songer dès à présent, m'interdisent une correspondance qui pourrait sembler l'approbation tacite du scandale que vous donnez au monde. Croyez bien qu'il m'en coûte et que mes vœux les plus sincères vous accompagnent. Je souhaite que vous soyez heureuse, mais, hélas! sans oser l'espérer. Le bonheur ne se rencontre ici-bas que dans la stricte observance des lois sociales, et vous les avez trop follement bravées, chère et malheureuse amie, pour que vous puissiez jamais trouver même le repos. »

XIX

Guermann travaillait avec ardeur à un grand tableau représentant Jean Huss devant le concile. Dès qu'il faisait jour, il allait à son atelier. Plus tard, Nélida venait l'y joindre, et passait de longues heures sans presque lui parler, heureuse d'être auprès de lui et de suivre les progrès de son travail. Toutefois, madame de Kervaëns ne s'absorbait plus aussi complétement dans la vie de Guermann. L'oisiveté l'avait fatiguée vite. Les premières lectures philosophiques faites en Bretagne avec son amant avaient ouvert son esprit aux nobles curiosités. S'enhardissant peu à peu et dépouillant ses scrupules de jeune fille, elle finit par entrer résolûment dans la voie du libre examen. Quelques hommes distingués de Genève, que Guermann rencontra chez madame S....., et qu'il lui fit connaître, aidaient et encourageaient ses études. Comme elle avait un sincère amour de la vérité, elle acquit en peu de temps des notions beaucoup plus justes et plus ordonnées que celles de Guermann, qui n'avait jamais cherché dans les livres que des sophismes à l'usage de ses passions, ou de hardis paradoxes propres à le faire briller aux yeux des sots. L'intelligence de Nélida, procédant avec méthode, s'affermissait en s'élevant. Au bout de six mois, une transformation sensible s'était accomplie en elle, sa pensée était complétement sortie des langes. A la foi aveugle avait succédé le sentiment réfléchi ; à la pratique catholique, une religieuse conception de la destinée humaine.

Enfin, le *Jean Huss* fut achevé. La ville entière accourut pour le voir ; Guermann fut enivré de louanges. Les invitations devinrent de plus en plus pressantes ; tous les salons le réclamèrent. Il s'y laissa conduire ; et bientôt de proche en proche, de motif en motif, il finit par passer la majeure partie de ses soirées hors de la maison. Ce n'est pas qu'il trouvât un grand plaisir dans ce nouveau genre de vie ; il avait trop de goût pour ne pas préférer l'entretien naturel et plein d'idées de Nélida au babil arrogant des précieuses Genevoises ; mais il voyait avec satisfaction l'ascendant qu'il prenait dans cette société pleine de morgue, et se persuadait que, dans l'intérêt même de madame Kervaëns et du respect dont il la voulait entourée, il était nécessaire qu'il se fît une réputation brillante, non-seulement comme artiste, mais encore comme homme du monde. Nélida, de jour en jour plus sérieusement occupée, paraissait d'ailleurs ne point souffrir de ces absences et ne lui en témoignait pas le plus léger déplaisir.

Au plus fort de cette dissipation mondaine, Guermann reçut de Paris la lettre suivante, que lui écrivait l'ami auquel il avait adressé son tableau et confié le soin de ses intérêts :

« J'avais pensé que tu pourrais te contenter d'envoyer ton *Jean Huss*, sans venir toi-même. Ce serait une faute. Par un hasard étrange, qui, nous ne saurions nous le dissimuler, peut être ta gloire ou ta perte, D..... expose un *Savonarole*. Les comparaisons sont inévitables. Tous les élèves de D..... se mettent déjà en campagne et le portent aux nues, en te dépréciant. L'enlèvement de madame de Kervaëns et ta longue absence te font le plus grand tort. On dit et on répète que ton art ne te tient plus au cœur. J'ai sondé plusieurs critiques ; la presse en masse te sera hostile, si tu ne reviens au plus tôt essayer de regagner le terrain perdu, et reprendre l'ascendant que te donneront toujours ta parole sympathique et la supériorité de ton esprit. »

A la lecture de cette lettre, l'artiste frémit. L'idée d'un tel échec n'était plus supportable pour son amour-propre exalté. Il rentra chez lui, sombre et brusque, et déclara à madame de Kervaëns qu'il partait le soir même. Son air farouche, son accent bref, la trompèrent. Elle le crut au désespoir de quitter Genève, et affecta la plus complète indifférence, afin de ne pas ébranler une résolution sage, qui paraissait lui coûter tant d'efforts. Guermann ne s'attendait pas à la trouver ainsi. Il en éprouva un grand soulagement, et monta en voiture, sans chagrin, sans remords, le cœur ulcéré, ne rêvant que succès, triomphe, vengeance. L'artiste, menacé dans sa gloire, n'était plus sensible à d'autres douleurs; un instant avait suffi pour tarir dans cette âme orgueilleuse la source longtemps préservée de l'amour.

GUERMANN A NÉLIDA.

« Charme de ma vie, me voici loin de vous ! *Il le fallait!* c'était une nécessité pour tous deux, pour vous encore plus que pour moi. Sans cela aurais-je pu m'arracher à tes bras, ô ma bien-aimée ! Mais c'était un impérieux devoir. Il faut que le monde entier, Nélida, connaisse l'homme que vous avez choisi et sache quel il est. Il me tarde, ô ma Béatrix, que ton amour soit glorifié à la face de la terre, comme il l'est au plus profond de mon cœur.

» Il était temps que je revinsse à Paris. Mes rivaux avaient bien mis à profit mon absence ; les nouveaux ennemis que m'a fait mon bonheur les ont aidés. On a répandu mille bruits injurieux qui s'accréditaient : J'avais renoncé à la peinture ; je vivais, insipide Némorin, aux pieds de ma bergère ; mon talent était perdu, mon génie éteint... *Jean Huss* va leur répondre. Je sais de bonne source qu'il a été reçu par le jury avec acclamation. Les salons s'émeuvent de mon retour. On se demande en quelques lieux si l'on m'invitera ; mais je suis bien tranquille. Vous savez ce que c'est que le succès à Paris. Le succès y justifie tout. Le mien sera immense ; les journalistes m'entourent déjà et semblent comprendre enfin que j'ai plus d'avenir que les piètres talents qu'ils s'essoufflaient à prôner.

» Le salon ouvre dans quinze jours. Le *Savonarole* a, dit-on, un grand éclat de couleur, mais il est faible, très-faible de dessin et de composition. Cela ne pouvait pas être autrement, et mes amis, depuis mon retour, commencent à le dire avec assurance, tandis que, moi absent, ils baissaient humblement la tête. Oh ! les amis ! les amis ! Combien je sens davantage chaque jour ce que vaut ce courage noble et fier qui vous a fait me suivre à travers la flamme. Nélida ! soyez bénie, honorée, chérie entre toutes les femmes. Je ne suis que silence et prière devant vous. »

ANATOLE A GUERMANN.

« Tu m'as recommandé de te donner des nouvelles de madame de Kervaëns. Je ne saurais te cacher, mon ami, que, depuis ton départ, elle change à vue d'œil ; elle ne se plaint pas, ses lèvres essayent de sourire, mais il est évident qu'elle souffre. A l'heure de la poste, elle a un mouvement de fièvre visible. Je suis là souvent, et je la vois pâlir et rougir en lisant tes lettres. Quand il n'en vient point, elle tombe dans une rêverie que rien ne peut dissiper. Ce n'est qu'avec la plus grande peine que nous la décidons à sortir. Je dis *nous*, car R... et P... sont fort assidus. Le dernier surtout, qui n'a pas trouvé à Genève de femme qui lui semblât digne de ses soins, a pour madame de Kervaëns des attentions singulières. Il parle d'elle à tout propos, et, s'il n'était si fort de tes amis, je lui supposerais le dessein de la compromettre. Reviens le plus tôt possible. Madame de Kervaëns t'adore, et je la crois de ces femmes qui peuvent mourir d'amour. »

GUERMANN A ANATOLE.

« Personne ne meurt d'amour, mon très-cher; et je ne suis pas assez fat pour supposer madame de Kervaëns aussi malheureuse que tu le dis. Elle tousse parce qu'il fait froid à Genève; mon retour ne fera pas cesser la bise. Il est tout simple qu'on lui fasse la cour; elle est belle, spirituelle; elle s'est acquis, en se dévouant à moi, une sorte de célébrité qui attire; je ne suis pas jaloux, et jamais je ne ferai près d'elle le sot et odieux métier de geôlier. Je ne puis quitter Paris encore. Le salon ouvre demain, j'aurais l'air de fuir au moment de la bataille. Mais dans douze ou quinze jours, si rien de nouveau ne survient, je partirai pour Genève. Adieu. Je te remercie de tes bons soins, et t'embrasse cordialement. »

ANATOLE A GUERMANN.

« Je t'écris à la hâte, mon cher ami, et dans un grand trouble. Reviens au plus vite ; il s'est passé ici des choses graves. Madame de Kervaëns est au lit, fort malade à la suite d'une violente secousse qui peut avoir, si tu n'accours, les plus funestes effets. Viens, il y va de ton honneur. Voici ce qui est arrivé. Avant-hier, la voyant plus morne et plus souffrante, je fis tant d'instances qu'elle me promit de sortir un peu à pied. Je n'étais pas libre ; P... s'offrit à lui donner le bras. Tu sais combien il est impopulaire à Genève. Il a une jactance et une réputation de querelleur qui le font haïr. Probablement, fier de se montrer en public avec madame de Kervaëns, il aura affecté des airs encore plus intolérables que de coutume ; toujours est-il que, comme il passait auprès d'un groupe de jeunes gens de la ville, l'un d'eux proféra à très-haute voix un propos insultant pour lui et pour elle. Ne pouvant en ce moment la quitter, il se contenta de jeter sa carte au milieu du groupe, en faisant un geste significatif.

» Madame de Kervaëns avait tout entendu. Elle se fit reconduire chez elle dans un état que tu peux imaginer, en implorant de P... la promesse qu'il ne donnerait pas suite à cette affaire. Puis, me faisant appeler, elle me conjura d'user de tous les moyens pour empêcher l'éclat. Cela fut impossible. P... et le jeune S... ne cherchaient que le scandale. La rencontre a eu lieu ce matin. P... n'a reçu qu'une égratignure, mais un grand mal est fait à madame de Kervaëns. Elle est compromise par ce duel de la manière la plus désolante. Les bruits de salon sont stupides ;

on dit que tu l'abandonnes, qu'elle se console avec P..., etc., etc.

« Au nom du ciel, reviens sans perdre une minute. »

Cette lettre fut pour Guermann un coup de foudre. Il n'y avait pas à balancer, il fallait partir.... Partir au moment même de son triomphe, au moment où tout Paris avait les yeux fixés sur lui, et cela pour aller trouver une sotte affaire, une femme malade, des reproches au moins tacites, des commérages fastidieux. Pour la première fois, il sentit *l'entrave* dans sa vie. Cette femme, qui en avait été l'éclat, l'impulsion décisive, le point lumineux, devenait l'obstacle, *le devoir*. Or, le sentiment du devoir était en horreur à Guermann. Cette longue route fut affreuse; une irritation concentrée le rongeait. Il arriva à Genève, le cœur plus plein de rage que d'amour. Mais en revoyant Nélida, les joues creusées, les yeux éteints, les lèvres pâlies, belle encore d'une incomparable majesté dans la douleur, sa mauvaise nature fut vaincue. Il tomba à ses pieds, l'étreignit avec plus d'ardeur qu'au premier jour, et lui fit oublier, dans le délire de ses transports, tout ce qu'elle avait souffert durant cette cruelle absence.

Le médecin ordonna un climat plus doux. Guermann, lassé de Genève et se trouvant par la vente de son tableau en état de faire face aux dépenses d'un voyage, p‍‍ ‍‍‍ de passer le Simplon et d'aller s'établir à Milan. Nélida accepta, à la condition que là du moins elle ne verrait absolument personne et vivrait dans la retraite la plus entière. Guermann promit tout ce qu'elle voulut.

XX

Guermann avait pris une lettre de crédit sur un banquier de Milan, qui, dès son arrivée, l'invita à un bal, où il fut présenté à toute la ville. Malgré l'affectation qu'il avait mise jusque-là à s'enorgueillir de sa pauvreté, l'artiste plébéien était plus ébloui qu'il n'eût voulu se l'avouer à lui-même par les grandes apparences de la vie patricienne. Plusieurs fois, en faisant à madame de Kervaëns, qui n'avait pas consenti à le suivre dans le monde, le récit des fêtes où il allait sans elle, il s'anima et lui vanta avec une si puérile complaisance l'éclat et la somptuosité des palais italiens, la profusion des soupers, le luxe des duchesses, que Nélida surprise en vint à se demander tout bas si c'était là le même homme qu'elle avait entendu juger avec une rigidité si austère les joies des enfants du siècle, le même qui l'avait si simplement et si fièrement arrachée à des magnificences semblables, pour la conduire à la pauvreté et à la solitude. Elle ne fit point part à Guermann de ses réflexions intérieures, mais le peu d'intérêt qu'avaient pour elle ces conversations, pleines de choses auxquelles elle voulait demeurer étrangère, se trahit souvent par des réponses distraites. L'artiste vit dans cette distraction qu'il supposa plus volontaire qu'elle ne l'était, une protestation contre sa vie mondaine, et crut devoir réitérer ses prières pour déterminer Nélida à l'accompagner. Il s'étonna de trouver chez elle une fermeté de refus à laquelle il n'était pas accoutumé. Son amour-propre en souffrit ; il insista, et, dans la discussion assez vive qui suivit, il s'oublia jusqu'à dire à madame de Kervaëns qu'elle lui ferait le plus grand tort si elle se refusait ainsi à nouer des relations que les mœurs italiennes rendaient faciles, et qui les placeraient tous deux dans une situation infiniment plus avantageuse à ses intérêts et à sa renommée. Contre son attente, Nélida ne se laissa pas vaincre par ce raisonnement. Elle répondit avec la plus grande douceur, mais aussi avec le sérieux d'une personne qui a pris avec réflexion un parti irrévocable : « Je ne saurais croire, mon ami, lui dit-elle, que ma présence dans quelques salons, où l'on ne ferait que me tolérer, puisse ajouter beaucoup à votre considération personnelle. J'y serais pour vous un continuel sujet de préoccupation et d'anxiété. La moindre nuance de froideur dans l'accueil de quelque grande dame vous causerait une peine mortelle ou une irritation qui amènerait peut-être des scènes déplorables. A tout le moins, vous perdriez votre liberté d'esprit, et par conséquent les avantages que vous attendez de ce commerce avec les gens du monde. Et moi, Guermann, moi qui ai quitté de mon plein gré mon pays, ma famille, ma société naturelle, comment et pourquoi essayerai-je de me glisser timidement dans un monde qui m'est étranger et où je ne serais admise, vous l'avez dit vous-même, qu'à la faveur d'une tolérance telle, qu'elle m'y rendrait l'égale et, en quelque sorte, la compagne de femmes sans mœurs et sans honneur. Non, mon ami ; faites toujours, quant à vous, ce que vous jugerez convenable. Puisque vous pensez que votre gloire et l'essor de votre génie sont au prix de ces sacrifices, faites-les résolûment et sans vous inquiéter de moi. La solitude m'est bonne, elle m'est chère. Tant que je vous y verrai revenir avec amour, je ne me plaindrai point que vous ayez dû la quitter. »

Ce refus était trop raisonnable dans le fond, il était trop adouci dans la forme, pour que Guermann osât s'en montrer offensé. Mais il sentit avec dépit la supériorité morale que Nélida prenait sur lui en cette circonstance. Cette supériorité devint chaque jour plus évidente et lui devint aussi plus insupportable. Comme on l'a vu, madame de Kervaëns avait un goût sérieux pour l'étude; la profonde retraite où elle vécut à Milan, en favorisant son penchant à la méditation, acheva de donner à son esprit une solidité et une vigueur rares chez une femme, rares surtout chez les imaginations poétiques, qui se bercent si volontiers dans la région des nuages, et ne redescendent qu'avec des peines infinies dans le domaine de la réalité. Guermann, au contraire, qui avait pris insensiblement le train du monde, se levait tard, après des veilles fatigantes, l'esprit offusqué des mille puérilités qui font la vie de salon. Il n'avait pas encore pu songer à commencer un travail important. Il faut, pour composer une œuvre d'art, tel qu'il était capable de l'exécuter, un recueillement, auquel les préoccupations de son existence nouvelle étaient trop contraires. Son esprit, et surtout sa beauté, l'ayant mis bien vite à la mode parmi les merveilleuses Milanaises, les commandes de portraits se succédaient sans relâche.

Ce travail facile et lucratif convenait à la disposition présente de son humeur, et le mettait à même de soutenir avec éclat son personnage. Il trouva bientôt indispensable d'avoir une voiture et des chevaux, afin d'arriver dans une tenue soignée chez ses élégants modèles. Il voulut aussi ne pas rester en arrière de quelques jeunes fils de famille qui lui faisaient des avances, et donna des soupers dont toute la ville parla avec enthousiasme. Sa vanité se gonflait. A mesure que ses dépenses allaient croissant, le travail hâtif devenait plus nécessaire. Il ne sentait pas le besoin de l'étude depuis qu'il ne songeait plus à de sérieux travaux, depuis surtout que la conversation frivole de ses compagnons de plaisir lui fournissait des occasions faciles de briller et de dominer. Il arriva qu'un jour, dans une discussion qui s'engagea entre madame de Kervaëns et lui, à propos d'un livre qu'elle avait étudié à fond et dont il avait parcouru quelques chapitres, il fut battu et réduit au silence. A partir de ce moment, tout l'intérêt qu'il avait trouvé jadis à causer avec elle s'évanouit. Il vit que ses paradoxes avaient perdu leur prestige sur cet esprit nourri d'une substance plus solide; il vit qu'il ne faisait plus d'*effet*; dès lors, il évita soigneusement toute conversation grave, et le désaccord augmenta entre lui et elle.

— Devinez qui j'ai rencontré ce soir à la Scala, à qui j'ai été présenté, et qui m'a demandé de faire son portrait? dit Guermann à Nélida qui pâlit, frappée soudain d'un pressentiment étrange.... la marquise Zepponi.

A ce nom, madame de Kervaëns crut sentir un serpent se glisser dans son sein et s'enrouler autour de son cœur.

— Et bien jolie, en vérité, continua Guermann; si jolie, que votre mari serait excusable s'il avait quitté pour elle toute autre que vous, Nélida.

La légèreté de ce propos révolta madame de Kervaëns.

— Vous avez refusé, dit-elle d'une voix altérée.

— Refusé? Mais non. Pourquoi aurais-je refusé?

— Parce que je ne veux pas que vous alliez chez cette femme! s'écria Nélida en se levant d'un mouvement impétueux et en fixant sur Guermann des yeux qu'il vit pour la première fois brillants de colère; parce que j'ai bien le droit, peut-être, d'exiger à mon tour un sacrifice.

Et alors, sans attendre de réponse, madame de Kervaëns, en proie à une souffrance aiguë plus forte que sa volonté, jetant loin d'elle toute prudence et toute réserve, laissa déborder le flot d'amertume que son orgueil et sa vertu avaient contenu jusque-là. Elle fit à son amant un tableau pathétique des douleurs, des angoisses, des remords et des désespoirs auxquels sa vie était livrée, depuis le jour où cette étrangère lui avait enlevé son époux; depuis l'heure surtout où Guermann, abusant d'une confiance généreuse, l'avait entraînée dans une voie fatale.

On eût dit que le démon de la vengeance l'inspirait; une éloquence amère coulait de ses lèvres habituellement taciturnes. La résignation lassée abandonnait les rênes de son âme; la vérité y parlait seule enfin.

Elle était grande et belle ainsi, cette femme exaspérée.

L'indignation animait ses joues pâles d'un éclat sinistre ; l'éclair était dans ses yeux ; son accent vibrait, son geste avait pris tout à coup une autorité singulière. Guermann la regardait avec admiration. Moins ému du sens profond de ses paroles, que frappé en artiste de cette beauté nouvelle qui se révélait à lui, il demeura quelque temps silencieux, à la contempler. Puis, emporté à son tour par le seul enthousiasme dont il fût susceptible :

» Vous êtes sublime ainsi, Nélida, s'écria-t-il ; jamais la Malibran n'a été plus saisissante. »

Cette parole fit à madame de Kervaëns une de ces blessures dont on ne guérit pas. Elle s'arrêta soudain, jeta sur son amant un regard où se concentra toute sa puissance de douleur et de reproche, vint se rasseoir en silence, reprit une broderie qu'elle avait laissée sur la table, et suivit avec application les arabesques délicates sur la mousseline transparente. Guermann, ne trouvant aucun moyen de renouer la conversation d'une manière convenable, prit et rejeta tour à tour plusieurs cahiers de musique ouverts sur le piano, puis il s'achemina lentement vers la porte, espérant que madame de Kervaëns allait le rappeler. Elle ne leva pas la tête ; il sortit. Désormais il y avait entre eux, non plus seulement une mésintelligence non avouée, mais un principe d'hostilité reconnu par tous deux ; un germe de haine était semé dan leur amour.

Le lendemain Guermann alla chez la marquise. Nélida ne le questionna point ; le nom d'Élisa ne fut plus prononcé. D'un aveu tacite, ils évitaient tout ce qui, de près ou de loin, pouvait la rappeler dans le discours. Le portrait commencé, Guermann passa régulièrement trois ou quatre heures de la journée au palais Zepponi. Il se fit, à la vérité, une obligation rigoureuse de rester tous les soirs auprès de Nélida; mais ce devoir, quoiqu'il se l'imposât lui-même, pesait à son caractère impatient de tout frein. Comme madame de Kervaëns s'était refusée à voir personne, ces tête-à-tête n'étaient jamais interrompus; la conversation manquait d'aliments. Guermann sentait qu'il aurait mauvaise grâce à parler de sa vie mondaine. Il proposa des lectures; il les fit avec ennui; elle les écouta sans plaisir. De jour en jour il devenait plus soucieux, elle plus taciturne. Ils en étaient à cette triste période des amours impérieux qui ont voulu être exclusifs et solitaires, et contre lesquels la destinée, qui n'accorde rien d'absolu à l'homme, commence à retourner, avec ironie, la force même qui les a fait triompher un instant et qui semblait devoir les rendre invulnérables.

Un matin, on apporta à Nélida une lettre dont elle ne reconnut ni le cachet ni l'écriture. Son étonnement fut grand, car, depuis les réponses qu'elle avait reçues de sa tante et de son amie, elle n'avait plus écrit à personne. La tristesse rend défiant. Elle appréhenda quelque nouveau malheur, et demeura plusieurs minutes les yeux fixés sur les caractères très-fins de la lettre qu'elle avait ouverte, sans pouvoir se décider à les lire, ni même à en regarder la signature.

Cette lettre était ainsi conçue :

« Vous souvenez-vous de moi? Avez-vous gardé dans

votre mémoire le nom de la pauvre Claudine? Je n'ose l'espérer. Les nobles âmes comme la vôtre se souviennent éternellement du bienfait reçu, mais elles ne daignent pas se rappeler les grâces qu'elles répandent. Toutefois, je veux croire que ma présence ne vous sera pas importune, et que le spectacle d'un bonheur que vous avez fait, d'une vie paisible et douce qui vous appartient, ne vous causera point de déplaisir. Dans peu de jours, je serai près de vous. Nélida, l'enfant de votre adoption, de votre pitié, vous dira tout ce qu'elle a senti et refoulé d'amour pour vous en ces longues années d'absence..... Mais mon cœur m'emporte. Laissez-moi vous conter en peu de mots ce que je suis devenue depuis que nous nous sommes quittées, et comment il se fait que me voici en route pour aller vers vous.

» Aussitôt après votre sortie du couvent, je tombai dans une profonde tristesse. Tout me devint odieux dans ces murs où vous n'étiez plus. Je ne pensais qu'à vous, je ne parlais que de vous, je ne priais que pour vous. Mes parents, absents depuis trois mois, vinrent me voir. Ils furent surpris du progrès de mes études, et plus surpris encore de ma douleur, qui annonçait une vivacité de sentiment dont on ne me croyait pas susceptible. Je les conjurai de me reprendre chez eux; ils y consentirent avec joie. Je passai deux ans dans leur terre, en Touraine, douce, soumise, assidue à mes études. Ma mère crut avoir songer à me marier, mais cette illusion dura peu; ma réputation d'idiotisme m'avait précédée, rien ne put la détruire. La province est méchante parce qu'elle est désœuvrée. On m'y enviait ma fortune, et l'on établit vite en principe qu'il était impossible à un honnête homme de s'exposer au danger d'avoir des enfants imbéciles. Un mariage assez avancé fut rompu par la clameur publique. Ma mère se désespérait, lorsqu'un hasard providentiel conduisit à Tours un jeune négociant qui avait eu récemment occasion de rendre à mon père un important service. On l'engagea à s'établir chez nous. Mes parents lui confièrent leurs inquiétudes à mon sujet. Il déclara alors qu'en des circonstances ordinaires, il n'aurait jamais osé prétendre à ma main ; mais que, puisqu'il en était ainsi, il croyait pouvoir m'offrir une fortune considérable et un nom respecté. Ma mère hésita, mais mon père n'avait pas de préjugés ; il lui dit qu'il fallait seulement s'assurer si ce mariage me convenait. J'acceptai avec transport. L'idée du bonheur dans la famille, d'enfants à élever, à chérir, m'avait souvent fait verser des larmes ; je commençais à redouter un isolement éternel. Depuis trois ans que je suis mariée, je suis la plus heureuse des femmes. Nous avons un fils que nous idolâtrons. Mais tout ce bonheur ne m'a pas empêchée de songer à vous, Nélida. J'entretenais souvent M. Bernard, c'est le nom de mon mari, de ce que vous aviez été pour moi. Je voulus vous écrire ; il m'en dissuada en me faisant observer que je n'étais plus dans une position qui me permît de rechercher l'amitié d'une grande dame ; mais lorsque nous apprîmes votre fuite de Kervaëns : « Pauvre femme, s'écria-t-il avec un accent qui m'alla droit au cœur, elle court à sa perte. Son malheur et son délaissement sont inévitables ; elle aura besoin de nous, Claudine, et alors, je vous le jure, elle trouvera deux amis au lieu d'un. Tâchons de savoir toujours ce qu'elle devient... » Pardonnez-moi, Nélida, si je touche à des choses aussi intimes et aussi pénibles. Le bruit public nous apprit que vous n'étiez pas heureuse. Nous étions sur le point de partir pour Naples, où mon mari veut nouer des relations commerciales. Nous devions nous rendre à Marseille pour nous y embarquer. « Passons par Genève, me dit-il un jour. Qui sait? peut-être pourrons-nous lui être de quelque secours... » Nous voici à Genève, nous ne vous y trouvons plus. On nous assure que vous êtes en Lombardie. Mon mari, étant attendu à Naples presque à jour fixe, m'offre de me conduire à Milan, et, si vous y êtes encore, de m'y laisser avec un valet de chambre dont il est parfaitement sûr. J'ai accepté, et nous partons dans trois heures. O Nélida, Nélida, que Dieu me protége et me conduise jusqu'à vous, dussé-je mourir de joie en vous embrassant! »

Madame de Kervaëns fut profondément touchée de cette lettre qui lui rappelait les jours les plus heureux, les seuls complétement heureux de sa vie. Elle ne put s'empêcher de faire des rapprochements cruels, et qui jetèrent un remords dans son cœur. Claudine, la pauvre idiote, négligée, oubliée, Claudine à qui elle n'avait pas donné une marque de souvenir, à qui elle n'avait jamais pensé ni dans ses joies ni dans ses peines, revenait à elle et se jetait dans ses bras, quand tout le reste l'abandonnait. Elle, la timide enfant, l'humble bourgeoise, elle avait le courage de la fidélité; elle allait braver l'opinion et se montrer aussi vaillante dans un sentiment désintéressé que Nélida l'avait été dans l'enthousiasme de la passion. Pas un mot de cette lettre ne trahissait l'effort, le parti pris; tout en était simple et vrai, tout en était grand à force de bonté. Tandis que l'amie des jours prospères, l'amie coupable et pardonnée, à qui s'offrait un moyen inespéré de laver sa faute au prix de quelques paroles affectueuses, l'amie à qui elle avait fait appel dans un élan de magnanime confiance, celle-là la reniait honteusement et s'éloignait de son chemin sans un regret, sans une larme...

— O Claudine, dit madame de Kervaëns en se parlant à elle-même, on voit bien que vous n'êtes pas du monde, vous. Le monde a repoussé la pauvre insensée. Insensée, en effet reprit-elle avec amertume, car elle ose se rapprocher de ceux qui souffrent; elle ose tendre la main à ceux que le monde flétrit; elle ose aimer ceux dont l'amitié n'est plus une gloire !...

Et Nélida, qui ne pleurait plus depuis longtemps, car sa souffrance était brûlante et desséchait en elle la source des larmes, sentit sa paupière se mouiller. Elle s'effraya presque de son attendrissement, et prit la résolution de ne pas confier ses chagrins à Claudine.

Le soir même, les deux amies étaient dans les bras l'une de l'autre. Claudine n'était plus la même femme; le bonheur l'avait rendue presque belle. Une douceur angélique harmoniait ses traits, peu réguliers d'ailleurs. Son regard conservait encore la lenteur et l'incertitude d'une pensée qui doute d'elle-même, mais il avait par moment une expression ravissante de tendresse et de joie. Sa taille avait pris un développement superbe, et ses chairs conservaient la fraîcheur et le velouté de la première jeunesse. Il y avait en elle un charme indéfinissable, qui émanait d'un cœur pur et d'un esprit auquel la connaissance du mal avait été épargnée. Plusieurs jours se passèrent en entretiens sans cesse repris et brisés. Madame de Kervaëns s'informa de ses anciennes relations du couvent ; elle voulut savoir des nouvelles précises de la supérieure.

— Hélas ! lui dit Claudine, les bruits les plus désolants circulaient dans le pensionnat la dernière fois que j'y suis allée ; on disait, mais je ne puis le croire, que notre sainte mère avait rompu ses vœux, quitté le cloître ; qu'elle s'était jetée dans toutes sortes d'intrigues politiques. On parlait de sociétés secrètes, de complot républicain. Cela m'a fendu le cœur d'entendre ainsi déchirer une personne que je révère...

Cette nouvelle ne surprit pas madame de Kervaëns autant que la bonne Claudine se l'était imaginé. Nélida avait cru deviner souvent qu'un orage grondait sur la vie de mère Sainte-Élisabeth. Certaines natures ont d'instinct le secret l'une de l'autre. Les âmes passionnées se reconnaissent jusque dans le silence et la circonspection du cloître.

XXI

— Combien je vous suis reconnaissant, madame, dit Guermann à Claudine la première fois qu'ils se trouvèrent seuls, de tout le bien que vous faites à madame de Kervaëns. Votre arrivée ici est un coup du ciel. La présence d'un tiers était devenue indispensable entre Nélida et moi, et personne autre que vous n'eût été agréé par elle. Laissez-moi vous le dire sans fatuité aucune, vous avez pu d'ailleurs vous en apercevoir aisément, madame de Kervaëns se consume dans une préoccupation unique ; son amour trop exclusif la dévore. Ses anciennes plaies aussi se sont rouvertes dans les constantes réflexions de cette solitude que rien ne vient jamais distraire ; mes mains sont trop rudes pour panser de telles blessures. Je ne sais quel malentendu s'est glissé entre nous ; il menace chaque jour de s'accroître ; et, à vous dire ma pensée sans détour, je crois qu'une absence, une séparation, si courte qu'elle soit est aujourd'hui nécessaire pour rétablir entre nous la confiance et la liberté d'esprit qui ont disparu sans qu'il y ait, j'en ai la conviction, de la faute de personne. Si vous pouvez décider madame de Kervaëns à faire avec vous un petit voyage, à changer le cours de ses idées, il est certain qu'elle s'en trouverait bien, et que nous ferions cesser ainsi, sans secousse et sans explication pénible, un état de choses aussi fâcheux pour elle que pour moi.

Claudine trouva Guermann fort raisonnable, et s'en réjouit. Elle ne savait pas que la raison, quand elle intervient si tard dans les positions extrêmes, ne sert point à guérir le mal, mais seulement à en sonder toute la profondeur. Madame de Kervaëns consentit assez facilement à faire une excursion à Florence; Guermann promit de la rejoindre aussitôt qu'il aurait terminé un portrait commencé depuis quelque temps. Les deux amies se mirent en route dans la voiture de Claudine. L'artiste les accompagna jusqu'au premier relais, et, il faut bien le dire, il éprouva une sensation de bien-être inaccoutumé en rentrant seul à Milan, en se voyant libre, soustrait, du moins pour quelques jours, au plus irritant des spectacles : celui d'une douleur profonde que l'on a causé par sa faute et qui ne veut ni se plaindre ni se consoler.

Depuis quelques jours, il était mécontent; le portrait de la marquise Zepponi *ne venait pas bien*. Il attribuait la non-réussite de son travail, cette espèce d'*empêchement* de son pinceau, à l'atmosphère pesante qu'il respirait chez lui et à la préoccupation où le jetait, quoi qu'il en eût, le fier silence de Nélida. Il alla encore le jour même chez la marquise; elle lui parut éclairée d'une manière nouvelle; il déchira sa toile et recommença immédiatement une autre esquisse dont la hardiesse, le mouvement et la vérité, lui donnèrent une satisfaction complète. Près d'une semaine se passa. Les lettres qu'il recevait de Florence étaient bonnes. Nélida voyait avec intérêt les galeries, les églises, les mille chefs-d'œuvre de l'art toscan. Elle lui adressait presque chaque jour une espèce de journal, dans lequel elle jetait au hasard ses impressions spontanées. Le plus souvent ces pages, écrites avec tout l'abandon d'un esprit qui se parle à lui-même, révélaient une délicatesse et une pureté de goût supérieures ; par moment, lorsqu'elles étaient dictées par l'enthousiasme, elles s'élevaient à une grande éloquence. Guermann était tout à la fois enorgueilli et humilié par cette lecture. La femme qui sentait, pensait et écrivait ainsi, lui appartenait, c'était de quoi le rendre fier ; mais, lorsque, en faisant un retour sur lui-même, il se disait que lui, artiste pourtant, il eût été incapable d'exprimer, en des termes si précis, un jugement aussi prompt, aussi sûr, la conscience de son infériorité lui causait un malaise insupportable.

Le portrait d'Élisa avançait avec rapidité ; chaque jour elle donnait à Guermann des séances de cinq à six heures, sans jamais se plaindre de la moindre fatigue. Il était épris de son ouvrage ; elle était éprise de lui : de là, une sorte d'équivoque dont il ne s'apercevait pas, mais qui jetait la marquise en des perplexités infinies.

L'avant-veille du jour fixé par l'artiste pour aller rejoindre madame de Kervaëns, il y eut, à l'occasion du mariage d'un jeune archiduc, bal paré et masqué à la Scala. M. Negri, le banquier auprès duquel Guermann était accrédité, l'invita à venir dans sa loge. En y entrant, ses yeux furent éblouis du spectacle qui s'offrit à eux. Cette immense salle était splendidement éclairée par un lustre de dimensions colossales et par des candélabres placés, de distance en distance, entre les cinq rangs de loges. Dans le parterre, élevé au niveau du théâtre, s'agitaient, se croisaient en tous sens, au son d'un puissant orchestre, des flots bigarrés de masques et de dominos. On se heurtait, on s'accostait, on s'apostrophait, on s'injuriait, le tout au divertissement des loges, où les femmes, en grande parure, étincelantes de diamants, couvertes de fleurs, recevaient les hommages d'une cour empressée. Partout des yeux brillants de plaisir; des épaules nues; de beaux bras appuyés sur des coussins de soie; des colliers de rubis et d'émeraudes, ruisselant sur des cous d'ivoire; des éventails agaçants, couvrant et découvrant tour à tour des sourires coquets; des attitudes languissantes, des bouquets effeuillés, des regards échangés, rapides et brillants comme l'éclair; une rumeur confuse, assez semblable au bourdonnement d'une ruche d'abeilles; de loin à loin, quelque cri sorti de la foule, quelque prodigieux éclat de rire, qui faisait pencher toutes les têtes hors de toutes les loges; en un mot, un ensemble indéfinissable de mouvement, de lumière, de couleur, de musique et de bruit, une sorte de vertige universel, au sein duquel le plaisir et la licence se donnaient ample carrière.

— Eh bien, qu'en dites-vous? s'écria M. Negri, qui voyait l'étonnement de Guermann avec un certain orgueil national. N'est-ce pas là un coup d'œil unique? Vive Milan, pour s'y divertir en carnaval! Nos dames ne sont pas prudes, et pour un bel étranger tel que vous, surtout, n'est vraiment rien qu'elles ne fassent. Savez-vous qu'on ne regarde plus que vous au Corso, depuis quelque temps? A votre place, je mettrais l'occasion à profit. Vous verrez ici, ce soir, toutes nos plus jolies femmes. Tenez, voilà, aux avant-scènes, la duchesse Lina et son amant, le comte de Pemberg ; voilà la Giuseppina Toldi avec sa sœur Caroline ; là-bas, au numéro 22, c'est la marquise Merini avec Berthold ; il vient de quitter pour elle la Rughetta, qui se meurt de jalousie ; regardez plutôt, au numéro 4, ces joues pâles et ces yeux rouges ! Mais où donc est la marquise Zepponi ? C'est une Sicilienne, mais elle surpasse en beauté toutes nos Milanaises. Ah ! la voici qui entre avec son *cavalier servente*.

Un valet en grande livrée tirait les rideaux de la loge qui faisait face à celle de M. Negri. Élisa, enveloppée d'un manteau d'hermine, s'assit sur le fauteuil de droite. Un jeune homme la suivait ; il lui remit sa lorgnette, qu'elle prit sans faire la moindre attention à lui ; puis, laissant tomber son manteau en arrière, elle fit, d'un coup d'œil, le tour de la salle. Lorsqu'elle arriva à la loge du banquier, celui-ci lui adressa un profond salut, auquel elle répondit par un regard inquiet et passionné jeté sur Guermann. Ce regard le troubla pour la première fois. Par une de ces bizarreries du cœur que l'on n'explique point, *il sentit* ce qu'il n'avait fait que *voir* jusqu'alors : c'est que la marquise Zepponi était merveilleusement belle.

M. Negri proposa à Guermann de faire un tour dans la salle. L'artiste fut presque aussitôt invité à souper par plusieurs jeunes gens et les suivit dans leur loge. Après le souper, ils allèrent ensemble au foyer ; c'était là que se nouaient les intrigues et que s'engageaient les aventures. Ses compagnons furent presque aussitôt interpellés et successivement emmenés par des dominos. Il se trouvait seul, fatigué du bruit, un peu étourdi par les fumées du vin et les vapeurs de cette atmosphère étouffée, l'esprit offusqué de mille images, de mille sensations confuses, et se disposait à quitter le bal lorsqu'un bras de femme s'enlaça au sien, et une voix déguisée sous le masque, mais qui le fit tressaillir, lui dit en français :

— J'ai à te parler ; viens.

Guermann se laissa guider par ce bras qui, en le pressant doucement, le fit traverser avec une prodigieuse dextérité le plus épais de la cohue. Lorsqu'ils furent arrivés à un endroit des corridors délaissé par la foule, où quelques rares promeneurs passaient seuls de loin à loin et où l'on pouvait parler sans être entendu :

— On dit que tu pars, reprit le masque ; n'en fais rien. Il ne faut pas que tu partes, entends-tu ?

— Et que feras-tu, beau masque, pour m'en empêcher ? dit Guermann en souriant.

— Tout ce qu'il faudra, tout ce que tu voudras, si tu es capable d'amour, de discrétion, de prudence.

— De prudence ? reprit Guermann en s'efforçant de donner un tour plaisant à la conversation si bizarrement entamée par le domino, de prudence? j'ai vingt-trois ans ; de discrétion ? je suis Français ; d'amour ? je pars précisément parce que je suis amoureux.

Le domino lâcha son bras. Il y eut un moment de silence ; puis le saisissant de nouveau avec force :

— Tu veux partir parce que tu es amoureux d'une femme, et tu resteras, parce que tu seras amoureux d'une autre.

Ces paroles furent dites avec un accent étrange.

— Tu comptes donc beaucoup sur tes beaux yeux,

charmant masque, reprit Guermann en affectant de rire quoiqu'il se sentit assez sérieusement ému ; en effet, bien que je ne les voie qu'imparfaitement, ils me semblent les plus beaux du monde.

— Je compte sur mon amour, répondit le domino d'un ton pénétré ; je compte sur un pressentiment qui me dit que ta main serrera la mienne ainsi (et elle lui serrait la main avec passion), que ta bouche me dira, avec l'accent que j'ai en ce moment, cet accent qui ne saurait tromper : je t'aime.

Le domino se remit à marcher à pas précipités, regardant souvent en arrière pour voir s'il n'était pas suivi ; il monta jusqu'aux cinquièmes galeries, ouvrit brusquement une loge, y fit entrer Guermann, y entra après lui en refermant la porte au verrou ; tout cela fut l'affaire d'une seconde. Les rideaux de la loge étaient fermés ; une petite lampe l'éclairait d'un jour douteux.

— Vous ne savez pas qui je suis, dit l'inconnue à Guermann en lui prenant la main ; vous ne le saurez peut-être jamais. Que vous importe ? Je suis une femme jeune et belle, qui vous aime éperdument. Je ne vous dirai ni où ni quand je vous ai vu ; mais ce que je vous avouerai, c'est que dès le premier instant où vous avez paru devant moi, j'ai senti qu'un irrésistible attrait m'entraînait vers vous, j'ai cru même, tant ma folie était grande, que cet attrait devait être mutuel ; que vous deviez vouloir mon amour comme je voulais le vôtre, à tout prix. Mais vous êtes Français, vous ; vous ne connaissez pas comme nous ces soudaines et invincibles sympathies, ces ardeurs brûlantes qui nous font mourir !

— Je vous l'ai dit, madame, interrompit Guermann qui, même dans l'état d'excitation où l'avait jeté cette veille désordonnée, conservait le désir d'échapper à une vulgaire aventure de bal masqué ; je suis un Français froid et sec comme tous les Français, et, qui pis est, aussi amoureux qu'il m'est possible de l'être... ailleurs.

— Tu me railles, dit le domino, en quittant la main qu'il avait jusque-là tenue dans la sienne ; le sentiment violent et irréfléchi qui m'a poussée vers toi ne t'inspire que du dédain. J'aurais dû le prévoir. Eh bien, tout est dit. Je n'ai plus de raison de me dérober à ta vue. Connais la femme qui a osé t'aimer la première et te le dire dans une heure d'inconcevable égarement ; raille-moi, insulte-moi ; flétris-moi des noms les plus odieux ; ils me seront doux encore puisqu'ils tomberont sur moi de tes lèvres ; couvre-moi de ton mépris tout entière ; ris-toi, non-seulement de ma passion, mais de ma personne ; regarde en face celle qui demain ne sera plus ; regarde-la de ce regard glacé qui donne la mort..... Je suis Élisa Zepponi.

En parlant ainsi, Élisa rejeta le capuchon qui la couvrait ; son masque se détacha ; l'impétuosité de son geste enleva la flèche d'or qui retenait sa chevelure, dont les ondes noires se répandirent jusqu'à terre. Ses joues étaient d'une pâleur de marbre ; ses yeux étincelaient dans l'ombre ; ses lèvres remuaient convulsivement. Épuisée par l'effort qu'elle venait de faire, elle tomba sans mouvement aux genoux de Guermann.

Un léger coup frappé à la porte la fit se relever en sursaut. Guermann s'élança pour repousser celui qui oserait essayer d'entrer.

— Ce n'est rien, dit Élisa tout à coup calmée et rassise. J'avais oublié... c'est ma femme de chambre qui vient m'avertir qu'il est temps de rentrer chez moi. Effectivement, ajouta-t-elle en remettant son masque et en entr'ouvrant avec précaution le rideau de la loge, la Scala se vide, il doit être bien près du jour... Oubliez-moi.

— Jamais ! s'écria Guermann sans trop savoir ce qu'il disait.

— Eh bien, alors, à demain, dit Élisa avec une tranquillité qui contrastait de la manière la plus étrange avec ce qui venait de se passer.

Et elle fit signe à Guermann de ne pas la suivre.

L'artiste rentra chez lui dans un état de trouble voisin de l'ivresse. Il se jeta tout habillé sur son lit et s'endormit d'un sommeil de plomb. Quand il s'éveilla il était fort tard ; un grand jour éclairait le désordre de sa chambre. Le valet de l'hôtel y était entré sans doute, car le feu était allumé, et il trouva des lettres de Florence sur la table. A la vue de l'écriture de Nélida, il éprouva une émotion douloureuse qui ressemblait presque à un remords et lui fit prendre soudain une détermination plus conforme à la prudence et à la loyauté qu'on n'aurait pu l'attendre de lui. Il résolut de ne point aller au rendez-vous de la marquise et de partir immédiatement pour Florence. Sans plus réfléchir, il se mit à faire ses préparatifs. Comme il cherchait dans la chambre de madame de Kervaëns un cahier de musique qu'elle le priait de lui apporter, il ouvrit le bureau où elle avait coutume d'écrire, et vit tout à l'entrée un livre en maroquin noir qu'il avait quelquefois aperçu entre ses mains, mais qu'elle avait toujours fermé précipitamment à son approche. Guermann n'était pas curieux, mais une tentation irrésistible le prit de feuilleter ce mystérieux livre. Un grand nombre de pages étaient déchirées; d'autres, à demi effacées, ne contenaient plus qu'un nom, une date, une aspiration vers Dieu... L'artiste n'avait pas l'esprit assez calme pour chercher le sens de ces fragments sans suite ; mais il tomba sur une feuille entièrement remplie, écrite d'une encre encore toute fraîche, et la lut d'un bout à l'autre avec une hâte fiévreuse. Voici ce que la main de Nélida y avait tracé :

« O ma douleur, sois grande et calme ; creuse dans mon âme un lit si profond, que personne, pas même *lui*, n'entende ta plainte. Accomplis ton œuvre en silence ; entraîne avec toi mon amour loin des rives où fleurit l'espoir. Je ne me défends plus contre ton flot amer ; cesse donc d'écumer et de mugir. O ma douleur, sois grande et calme !

» O ma colère, sois fière et magnanime ; embrase et consume mon cœur, mais ne te répands plus en paroles. Reste cachée, même à Dieu ; car tu es si juste, ô ma colère, que Dieu te pourrait exaucer, et alors tu serais vaincue, tu cesserais d'être ; et moi je veux que tu sois immortelle comme l'amour qui t'a engendrée. O ma colère, sois fière et magnanime !

» O mon orgueil, ferme à jamais mes lèvres ; scelle mon âme d'un triple sceau. Ce que j'ai dit, nul n. l' compris ; ce que j'ai senti, nul ne l'a deviné. Celui que j'aimais n'a pénétré qu'à la surface de mon amour. C'est à toi seul que je me fie. O mon orgueil, ferme à jamais mes lèvres !

» O ma sagesse, n'essaye pas de me consoler ; en vain tu voudrais me rendre infidèle à mon désespoir ; je sais qu'il descend des régions où rien ne finit. Dans sa beauté sinistre, il a convié mon âme à des noces éternelles ; rien ne doit plus briser l'anneau qui nous lie. O ma sagesse, n'essaye pas de me consoler ! »

A cette lecture, le sang de Guermann frémit dans ses veines. Tous ses bons propos s'évanouirent ; sa mauvaise nature l'emporta encore. La colère et la rage s'emparèrent de lui ; ses doigts se crispèrent avec fureur ; son orgueil venait de recevoir un coup mortel. Il se voyait deviné, compris, jugé, par un orgueil plus grand que le sien, par un esprit d'une force qu'il n'avait pas soupçonnée. La femme qui avait été son esclave s'était affranchie, et si elle consentait à porter encore ses chaînes, ce n'était plus avec aveuglement, c'était avec conscience ; ce n'était plus pour rester fidèle à un autre, c'était pour se rester fidèle à elle-même. Cette pensée le jeta dans la plus violente exaspération. Il sonna, demanda à l'instant même une voiture, et, s'y précipitant comme s'il eût craint d'être retenu, il cria au cocher d'une voix de tonnerre : *Strada del corso, palazzo Zepponi.*

XXII

Nélida n'était plus, en effet, cette femme soumise et douce, ignorant la vie, s'ignorant elle-même, que nous avons vue, entraînée par ses rêves, prendre au hasard tous les chemins qui s'ouvraient devant elle. Elle avait subi la grande épreuve de la destinée humaine; l'épreuve qui brise les cœurs faibles, qui dégrade les âmes communes, mais qui initie à la sagesse les caractères véritablement vertueux; elle avait failli. Nul homme ne saurait concevoir dans toute son étendue ni la vraie justice ni la vraie bonté, s'il n'a senti au moins une fois en sa vie les contrastes de sa nature et la fragilité de son être. Dans toute faute reconnue, portée avec courage, il y a un germe d'héroïsme; ce germe était dans l'âme de Nélida, il y grandissait depuis un an, il s'y fortifiait dans le sentiment de jour en jour plus intense d'un dévouement désespéré et d'un sacrifice inutile.

Les lignes que Guermann venait de lire avec tant d'indignation, c'était le cri de ses entrailles, la résolution ferme, invariable, de souffrir en silence et de subir jusqu'au bout, sans espoir et sans plainte, le douloureux martyre d'une vérité trop tard connue. Elle était partie pour Florence avec une pensée assez analogue à celle de son amant; elle aussi voulait mettre un intervalle, faire pour ainsi dire un temps d'arrêt entre l'illusion, le doute, l'enthousiasme et le désespoir de ces deux années passées, et l'acceptation calme et forte d'un malheur sondé jusqu'à sa racine. Elle avait vu clair enfin dans l'âme de Guermann. Elle ne le sentait plus assez grand pour que sa faute, à elle, fût justifiée. Dès lors, elle n'avait plus rien à attendre de l'avenir.

Claudine, la voyant tranquille, occupée, d'humeur sereine, se trompa à ces symptômes, et, lorsque son mari vint la retrouver à Florence, elle voulut se réjouir avec lui de l'heureux résultat de ses soins. Il n'osa pas la désabuser, mais un seul regard, jeté sur le visage miné et fébrile de madame de Kervaëns, lui en apprit davantage et lui fit augurer bien mal de cette résignation apparente. On attendait Guermann de jour en jour. Il ne venait pas; aucune lettre n'arrivait. Claudine commençait à s'inquiéter, mais elle feignait la sécurité la plus entière, inventait à cet inconcevable silence mille motifs absurdes, et croyait que madame de Kervaëns acceptait de bonne foi ces explications, parce qu'elle ne prenait pas la peine de les contredire. M. Bernard, qui donnait le bras à Nélida dans les courses d'art que l'on faisait chaque jour, la sentait presque d'heure en heure marcher avec plus de peine, respirer avec plus d'effort, parler d'un accent plus inégal et plus nerveux. Il redoutait de voir se prolonger cette incertitude, et cherchait un prétexte plausible pour aller à Milan, lorsqu'un matin il reçut pour madame de Kervaëns un paquet et une lettre timbrés de Munich, qu'il lui remit avec un singulier serrement de cœur. Contrairement à ses habitudes de discrétion, il resta auprès d'elle pendant qu'elle lisait. Son anxiété fut longue. Nélida semblait ne lire qu'avec beaucoup de peine une écriture bien connue pourtant, et cette lettre était d'une longueur désespérante.

— Ne me quittez pas, monsieur, s'écria enfin madame de Kervaëns en le regardant avec égarement et en saisissant sa main. Ne me quittez pas une minute, car je crois que je deviens folle!

Et elle lui tendit la lettre qu'elle venait de lire.

— Lisez! lisez! continua-t-elle; lisez donc vite et dites-moi que je me trompe. Ce n'est pas lui qui a écrit cela, n'est-ce pas?

Pendant que M. Bernard lisait à son tour, Nélida, les yeux attachés sur les siens, tenant toujours sa main serrée, semblait attendre son premier regard ou sa première parole, comme un arrêt de vie ou de mort.

Cinq minutes se passèrent ainsi.

— Il n'y a qu'une chose à faire, madame, dit enfin cet homme froid et bon en se levant et en forçant madame de Kervaëns à se lever avec lui, qu'une chose compatible avec le respect de vous-même. Quittez l'Italie; rentrez en France; allez à la campagne, chez Claudine. Ne prenez aucun parti dans un pareil moment. Contentez-vous de vivre et d'attendre. Attendez tout du temps, tout de vous; vous êtes une de ces nobles créatures qui ne peuvent pas périr misérablement. Vous ne devez pas vous laisser détruire par la force mauvaise que vous avez trop longtemps subie, par une passion indigne...

— Plus un mot, dit Nélida; que ce soit pour vivre ou

pour mourir, n'importe. Vous dites vrai; il faut que je revoie mon pays. J'ai un pardon à y chercher avant de quitter la terre.

Voici ce que Guermann Régnier écrivait à Nélida de Kervaëns deux ans après l'avoir enlevée :

« Il est une *douleur* plus *grande*, mais moins *calme* que la vôtre, madame, c'est la mienne, en ne trouvant plus dans votre cœur aucun des sentiments dont mon cœur a besoin.

» Il est une *colère* plus légitime; c'est celle qu'allume en moi la condamnation inique que vous faites peser sur ma vie.

« Il est un *orgueil* qui ne vous parlera plus qu'une fois, car vous l'avez blessé à mort. C'est celui d'un homme que vous méconnaissez, parce que votre âme pusillanime et votre esprit timide ne sauraient concevoir que des existences ordonnées suivant les mesquines proportions de la règle commune.

» Il est une *sagesse* qui me dit que nous ne pouvons plus nous comprendre, et que nous devons nous quitter jusqu'à ce que vos yeux s'ouvrent à une lumière nouvelle, qu'il ne dépend pas de moi de vous faire apercevoir.

» Votre silence obstiné, votre protestation irritante contre ma vie depuis plus d'une année, ont fait au-dedans de moi un mal qui serait peut-être irréparable, si je ne me hâtais de fuir une influence si funeste. N'interprétez pas mal ce dernier mot. Je quitte Milan, je me soustrais momentanément à l'action destructive que vous exercez sur mon esprit, mais mon dévouement vous reste. Dans quelque lieu que j'aille, où que vous soyez, si vous avez besoin de moi, faites un signe et j'accours. Mais, avant toutes choses, il faut que je sauve l'artiste en moi, il faut que la flamme qui vivifiait mon génie se rallume. Elle périrait dans l'atmosphère où vous voudriez me faire vivre.

» Je pars pour T... Le grand-duc que j'ai rencontré à Milan et qui vient de faire bâtir un Musée, me charge d'y peindre à fresque la voûte d'une galerie élevée sur les dessins du premier architecte de l'Allemagne. Ce travail glorieux fera voir à mes amis et à mes ennemis ce dont je suis capable. On me croit déchu, on se persuade (et je sais que c'est aussi là votre pensée) que parce que je ne vis pas comme un anachorète et parce que, depuis quelque temps, je ne fais que des œuvres d'un ordre inférieur, je suis devenu inhabile aux grandes choses. Dans deux ans, ma réponse à mes détracteurs, ma réponse à vos injustices, sera écrite en caractères ineffaçables sur les murailles d'un palais splendide.

» Adieu, madame ! Vous êtes avec des amis dévoués. Je suppose qu'ils resteront près de vous et vous aideront à vous établir d'une manière convenable, soit à Florence, soit à Naples que vous désiriez voir, et dont le climat me semble devoir être le plus favorable à votre santé. Rien ne vous empêche en ce moment de reprendre une manière de vivre conforme à votre rang et à votre fortune. Lorsque mes premiers travaux seront terminés, ici à six mois environ, j'irai vous rejoindre là où vous serez fixée, et nous pourrons peut-être, dès lors, recommencer cette existence à deux dont j'aurais été heureux toujours, si vous ne l'aviez pas empoisonnée comme à plaisir.

» Sinon... Mais je ne veux pas prévoir des tristesses plus grandes dans ma tristesse déjà presque insupportable.

» Adieu, madame! adieu, Nélida! Laissez-moi vous dire *au revoir.* »

Contre toute attente, madame de Kervaëns quitta l'Italie sans qu'aucune démonstration extérieure trahît ce qui se passait en elle. Durant toute la route, elle demeura silencieuse, mais assez calme, et sut trouver encore d'affectueuses paroles pour remercier Claudine et son mari des soins touchants qui lui étaient prodigués.

Mais arrivés à Lyon, M. Bernard vit qu'elle était brisée et qu'il serait impossible de continuer la route. Il redoutait moins un séjour là qu'ailleurs, parce qu'il savait que madame de Kervaëns n'y était jamais venue avec Guermann, et qu'elle n'y trouverait aucun de ces souvenirs vivants, pour ainsi dire, si funestes dans les douleurs sans remède.

Au fond de son cœur, il regardait la résolution prise par Guermann comme un événement douloureux, mais qui devait avoir pour Nélida, si elle surmontait son désespoir, des conséquences désirables. « M. de Kervaëns est un homme d'esprit, disait-il souvent à Claudine, lorsqu'il se trouvait seul avec elle ; il comprendra qu'il n'a rien de mieux à faire que de reprendre sa femme. Peut-être demandera-t-il pour la forme un séjour de quelques mois dans un couvent, puis il ira l'y voir, ne parlera pas du passé, la ramènera en Bretagne, et le monde, après la grimace obligée, sera ravi de retrouver une femme belle et riche, dont le principal tort à ses yeux est seulement d'avoir été trop sincère et de n'avoir pas mis à profit la tolérance qui lui était assurée au prix de la plus facile hypocrisie. »

Lorsqu'il eut établi sa femme et Nélida dans une bonne auberge, M. Bernard alla s'informer au bureau de la poste aux lettres de la demeure d'un de ses parents avec lequel il avait des relations fort amicales, quoique peu fréquentes. Une différence d'opinion très-tranchée les séparait plus encore que la distance des lieux. L'honnête négociant, peu soucieux de commotions politiques ou de réformes sociales, dévoué de cœur et d'esprit à la prospérité de sa fortune et au bien-être de sa famille, était, comme on peut croire, un partisan déterminé du gouvernement. Son cousin, au contraire, ancien élève de l'école polytechnique, s'était lancé à corps perdu dans le radicalisme ; on le disait à la tête d'une société secrète ; plusieurs fois son nom avait été compromis dans les complots républicains qui, à cette époque, menaçaient encore la dynastie nouvelle. Il n'y avait donc pas lieu entre ces deux hommes à un commerce bien intime. Cependant la parenté et la sympathie naturelle aux cœurs honnêtes avaient conservé leurs droits, et ce fut avec une joie véritable que M. Bernard s'achemina vers le faubourg de la Guillotière, et qu'il frappa à la porte de son cousin Émile Férez.

Après les premières questions sans réponse qui se croisent et se mêlent au retour d'une longue absence, M. Bernard conta brièvement à son cousin les tristes événements qui l'amenaient à Lyon et les inquiétudes qui l'y retenaient. Comme il prononçait le nom de madame de Kervaëns, il fut interrompu par une femme qu'il n'avait pas aperçue jusque-là, car la pièce où il se trouvait était fort sombre, et elle était restée assise à l'extrémité opposée de la cheminée, près de laquelle il causait avec Férez.

— Madame de Kervaëns est ici ! s'écria cette femme en venant à lui et l'interpellant avec une vivacité singulière ; où donc ? Conduisez-moi à l'instant près d'elle, monsieur, je vous prie.

Cette prière ressemblait fort à un ordre. M. Bernard, stupéfait, balbutia quelques paroles d'excuses sur l'état de souffrance qui ne permettrait pas à madame de Kervaëns de recevoir...

— Je suis certaine qu'elle me recevra, dit l'étrangère. Puis, se penchant à l'oreille de Férez, elle lui parla à voix basse.

— Faites ce que désire madame, reprit celui-ci. Sa présence ne peut que faire du bien à votre amie.

M. Bernard ne fit plus d'objection. Il offrit son bras à l'inconnue, non sans quelque déplaisir à la pensée de traverser toute la ville avec une femme aussi bizarrement accoutrée.

L'étrangère portait une robe noire d'une étoffe grossière ; une énorme croix de bois pendait à son cou ; au lieu de mettre un chapeau pour sortir, elle jeta sur ses cheveux gris, coupés et séparés comme ceux d'un homme, une écharpe de laine qui lui enveloppa la tête et les épaules.

— Je suis accoutumée à marcher seule, dit-elle en refusant le bras de M. Bernard ; je ne m'appuie sur personne.

Il ne fut qu'à demi fâché de cette impolitesse. Durant le trajet qui séparait la demeure de Ferez de l'hôtel du Nord, M. Bernard fut fort surpris de voir que le costume qu'il trouvait si insolite n'attirait aucunement l'attention. Son étonnement redoubla lorsque, passant devant des boutiques ouvertes, il vit des artisans se lever et saluer la personne bizarre à laquelle il servait de guide. Quelques enfants du peuple, qui jouaient dans la rue, quittèrent leur jeu en l'apercevant et coururent à elle. Les grondant de leur fainéantise, elle leur recommanda de venir la trouver le lendemain. M. Bernard était tout ébahi ; enfin ils arrivèrent à l'hôtel.

— Qui dois-je annoncer à madame de Kervaëns ? dit-il en mettant la main sur la porte de l'appartement. Sans répondre, l'étrangère se précipita dans la chambre. « Ma mère ! s'écria Claudine, qui l'aperçut en premier lieu ; et les deux femmes se jetèrent dans les bras l'une de l'autre. Nélida fit un effort pour se lever, et retomba sur le canapé où elle était étendue. L'étrangère courut à elle. Ce ne furent, pendant plusieurs minutes, qu'embrassements, sanglots, paroles entrecoupées. M. Bernard, resté discrètement sur le seuil, voyant qu'il n'avait rien à craindre de cette rencontre, repartit sans avoir été aperçu de sa femme, et retourna chez Férez, curieux d'avoir enfin l'explication de cette énigme.

— La personne que vous venez de conduire, lui dit son cousin sans attendre qu'il l'interrogeât, est la femme la plus extraordinaire que j'aie jamais rencontrée. Elle a été longtemps supérieure du couvent de l'Annonciade ; elle a rompu ses vœux par les motifs les plus honorables.

Vous n'êtes pas assez des nôtres, continua Férez en mettant la main sur l'épaule de M. Bernard, pour que je vous dise le secret de sa vie. Mais ce qu'il y a de certain, et ce que personne n'ignore, c'est qu'elle exerce ici sur la classe ouvrière, sur les pauvres, sur les femmes en particulier, une action presque miraculeuse, et dont les fruits ne tarderont pas à se faire connaître. Elle s'est créé par ses bienfaits, par sa haute raison, par son éloquence, une sorte de souveraineté qui sied à son caractère viril et aux instincts de sa royale nature. C'est une grande femme, en vérité, et qui laissera des traces de son passage sur la terre.

Les deux amis causèrent longtemps encore. M. Bernard ne se lassait pas d'interroger Férez sur l'existence, incompréhensible à son point de vue, de l'étrangère, lorsque mère Sainte-Élisabeth, nos lecteurs l'ont reconnue déjà, entra dans la chambre, et, allant droit à lui :

— Madame de Kervaëns n'est pas en état de faire la route de Paris, dit-elle. D'ailleurs, Paris ne lui vaudrait rien. Vous ne pouvez rester ici sans un fâcheux arrêt dans vos affaires, m'a dit Claudine ; laissez-moi Nélida ; je réponds d'elle. Personne, en ce moment, ne saurait lui faire plus de bien que moi. Je vais m'établir à l'hôtel, dans sa propre chambre, jusqu'à ce qu'on puisse la transporter ici. Je ne la quitterai pas une minute ; je vous donnerai exactement de ses nouvelles ; si elle se sent plus forte et témoigne le désir de retourner à Paris, vous viendrez la chercher... Tout cela est convenu avec Claudine, ajouta-t-elle d'un ton d'impatience, voyant que M. Bernard semblait hésiter ; allez aider votre femme à faire ses préparatifs de départ ; dans une heure, je serai à l'hôtel du Nord.

M. Bernard, qui subissait déjà l'ascendant de mère Sainte-Élisabeth, voulut lui parler de l'avenir de Nélida et de l'espoir qu'il nourrissait de la réunir à son mari. La religieuse le regarda avec un singulier sourire.

— Votre projet, entre tous ses inconvénients, a celui de venir trop tard, dit-elle. Vous ne lisez donc pas les journaux ? Puis, cherchant dans une pile de gazettes et de revues entassées sur la table, elle prit un *Moniteur* à six ou huit jours de date, où elle lut ce qui suit :

« Un accident affreux vient de plonger dans la consternation le département d'Ille-et-Vilaine. M. le comte de Kervaëns, dernier héritier de l'illustre famille de ce nom, a été tué à la chasse par l'inadvertance d'un de ses voisins. Ces sortes d'accidents se renouvellent si fréquemment que nous croyons de notre devoir, etc... »

M. Bernard ne répondit rien, et sortit après avoir serré la main à Férez.

CINQUIÈME PARTIE

XXIII

> *Allein* mußt Du entfalten deine Schwingen,
> *Allein* Dich auf die See des Lebens wagen,
> *Allein* nach Deinen Idealen jagen,
> *Allein, allein,* nach Deinem Himmel ringen.
> GEORGE HERWEGH.

Près d'un mois s'était écoulé. Nélida, qui avait reçu une nouvelle secousse en apprenant la mort de son mari, était bien loin de reprendre des forces. Les espérances de mère Sainte-Élisabeth ne se réalisaient pas, et la religieuse commençait à partager les appréhensions de Férez, qui regardait l'état de madame de Kervaëns comme inguérissable. Elle aurait voulu et n'osait aborder de front cette tristesse taciturne; elle redoutait et souhaitait tout à la fois une crise qui pouvait être funeste, mais qui pouvait aussi déterminer le réveil de cette léthargie morale où Nélida semblait se complaire.

Un soir, elles étaient toutes deux dans la chambre qu'occupait Nélida, assises de chaque côté de l'âtre, et faisaient de la charpie pour un blessé. Les doigts de madame de Kervaëns effilaient machinalement la toile; sa pensée était loin.

— Nélida, Nélida, dit enfin mère Sainte-Élisabeth, ne pouvant plus contenir sa douleur irritée, je ne suis pas contente de vous, mon enfant. Ce n'est pas là ce que j'avais droit d'attendre de votre affection et de votre courage.

Nélida leva les yeux sur elle, la regarda avec une indicible surprise, se tut quelques instants, puis, poussée par un mouvement irrésistible, se jeta dans ses bras et fondit en larmes.

— Nous voici comme en ce jour où je vous trouvai priant dans votre cellule, dit la religieuse d'un ton grave. Dieu a des desseins sur nous, Nélida, puisqu'il nous réunit encore aujourd'hui dans les mêmes sentiments, après de si cruelles épreuves.

Nélida secoua la tête.

— Dieu ne peut avoir de dessein sur une morte, dit-elle; il n'y a plus de vie en moi; je n'ai plus rien à faire en ce monde, ni pour moi ni pour les autres.

— Ne blasphémez pas, s'écria la religieuse; au nom du ciel, ne blasphémez pas contre Dieu, contre la vie, contre vous-même. L'égoïsme féroce de certaines douleurs est la plus coupable des impiétés.

Nélida, à ce reproche fait avec amertume, s'arracha des bras de la religieuse et se rassit en silence sur son fauteuil.

— Ma destinée est accomplie, reprit-elle, voyant que mère Sainte-Élisabeth ne rompait pas le silence.

— La destinée ! Ce n'est là qu'un vain mot. Notre destinée, c'est notre caractère ; ce sont nos facultés, gouvernées ou ingouvernées par notre volonté ou notre lâche abandon. Qui donc oserait prétendre, avant l'heure de la mort, qu'il a fait de lui-même une œuvre achevée, digne d'être louée par l'artiste éternel, admise dans le sein de l'infinie beauté? Vos facultés sont grandes, Nélida ; sévère sera le compte que vous aurez à en rendre.

— Je ne vous comprends pas, ma mère ; que puis-je donc faire aujourd'hui? Que pourrais-je vouloir?

— J'ai tort, dit la religieuse d'un ton beaucoup plus doux, en prenant la main de Nélida qu'elle serra avec tendresse ; vous ne sauriez trouver un sens à mes paroles, car je ne vous ai jamais ouvert mon cœur. Vous ne me connaissez pas encore. Vous fatiguerai-je par le récit abrégé de ma vie? Quand vous m'aurez entendue, peut-être pourrons-nous aisément nous comprendre. Si nous ne le pouvons pas, nous saurons du moins que nous n'avons plus à rester ensemble. Je vous rendrai à vos amis, auxquels je vous ai arrachée avec une passion jalouse et une immense espérance, et je reprendrai avec résignation ma voie solitaire.

— Je vous écoute de toute mon âme, dit Nélida, en approchant son fauteuil du tabouret où mère Sainte-Élisabeth s'asseyait toujours.

La religieuse se recueillit un instant et commença ainsi :

« Je n'ai pas connu ma mère. Mon père était un homme d'un esprit ferme, d'un caractère froid, d'une raison solide, d'un cœur.... je n'ai jamais su s'il avait un cœur. Le goût exclusif des affaires, auxquelles il avait longtemps pris part, absorbait tout ce qu'il pouvait y avoir en lui d'élan et de vie. Le reste, y compris ses enfants, le trouvait insensible. Il ne paraissait pas se soucier d'être aimé; il n'en aurait pas eu le temps. Il lui suffisait d'être obéi, et en cela tout ce qui l'entourait lui donnait une satisfaction complète. Sa volonté n'était jamais ni contestée ni même examinée; on s'y soumettait comme à une force immuable, comme à une justice abstraite, qu'il y aurait eu folie à tenter de fléchir. J'avais une sœur d'un premier lit, élevée en Allemagne, chez une tante maternelle. Quant à moi, si j'étais resté à la maison, c'était plutôt, à coup sûr, parce que mon père, toujours occupé d'autre chose, n'avait pas songé à me mettre ailleurs, que par aucun motif puisé dans la tendresse paternelle. Je n'étais jamais malade, point bruyante, très-peu expansive, et fort indépendante dans mes allures. Je ne lui étais donc point à charge; il n'y avait jamais lieu à s'apercevoir que je fusse là. De cette façon, je restai pendant bien des années, toujours sous ses yeux sans qu'il parût ni jouir ni souffrir de ma présence. D'éducation, il va sans dire que je n'en reçus aucune. A quinze ans, c'est à peine si j'avais ouvert un livre. Toutefois mes facultés n'étaient point restées en souffrance, loin de là. Mon père, qui n'avait pas d'amis dans le sens que vous et moi attacherions à ce mot, avait des relations politiques fortement nouées. Son salon était le rendez-vous habituel des ministres passés ou futurs, et de tout ce qui marquait d'une manière quelconque dans la diplomatie, l'administration et le journalisme. On y causait avec liberté et sagesse. On y jugeait les hommes et les choses à un point de vue élevé, avec l'inflexible rigueur d'une logique exempte de passion. Ce fut là, dans un coin de ce salon où j'étais oubliée plutôt qu'admise, que, les yeux et les oreilles tout grands ouverts, je recueillis avec avidité mes premières notions sur le train du monde. Mon esprit, porté à l'observation, contracta dans le grave entretien de ces intelligences d'élite des habitudes de pensée et une trempe de caractère vigoureuses. Encouragée par la tendresse de l'un des aimables vieillards qui se rassemblaient chez nous, j'osai plusieurs fois lui adresser des questions qui le surprirent. Il me fit parler et découvrit que, non-seulement j'étais au courant de toutes les matières que l'on traitait devant moi, mais encore que j'étais capable d'une argumentation serrée, que je saisissais avec promptitude le point juste des questions, les tranchant souvent à ma façon avec une sagacité peu commune.

» Savez-vous, dit-il un jour à l'un de nos habitués, étonné de le voir me parler depuis près d'une heure avec un sérieux qui pouvait en effet sembler étrange, savez-vous que nous avons là une petite Roland? Elle nous fera une *lettre au roi* le jour où il en sera besoin. »

» Le nom me resta.

» Je voulus savoir si la comparaison était flatteuse, et je me fis apporter par le secrétaire de mon père les Mémoires de la fière girondine. Une seule chose me frappa et fit une impression profonde sur mon esprit : ce fut le rôle sérieux qu'une personne de mon sexe avait pu jouer ; l'ascendant qu'elle avait exercé sur de mâles intelligences et le martyre sublime qui avait couronné la lutte héroïque.

Les femmes pouvaient donc aussi être grandes, fortes, être quelque chose enfin ! Cette pensée me donnait la fièvre. Madame Roland acquise à mon admiration, je voulus connaître les autres femmes dont la France avait gardé la mémoire. Héloïse, Jeanne d'Arc, madame de Maintenon, madame de Staël, devinrent pour moi un objet particulier d'étude ; puis j'agrandis mon cercle, et j'entrai dans le domaine de l'histoire et de la philosophie. Le secrétaire de mon père me venait en aide.

» Férez était un homme d'une capacité rare, et, sous le silence que sa position lui commandait, il couvait des passions fougueuses. Républicain jusqu'à la moelle des os, il n'attendait que l'heure où un petit héritage nécessaire à son indépendance lui serait échu, pour renoncer à un emploi servile et se jeter ouvertement dans le parti qui conspirait alors le renversement de la monarchie. Voyant mon enthousiasme pour les idées généreuses, il laissa avec moi toute défiance, et, dans les longs tête-à-tête qui suivirent mes lectures, il m'initia aux projets de la jeunesse radicale. Je sentais les fibres les plus secrètes de mon cœur remuées à ces perspectives d'avenir. Le jour ne suffit bientôt plus à ma soif de connaître. Je passai des nuits entières à lire, à dévorer l'histoire de la révolution française, les écrivains du dix-huitième siècle et tous les écrits saillants de nos modernes socialistes. J'avais placé au-dessus de ma table le portrait de madame Roland. Férez me persuada que je ressemblais à mon héroïne. Dès ce moment, une voix mystérieuse ne cessa de murmurer à mon oreille que moi aussi peut-être un jour.....

» Sur ces entrefaites, la mort de sa belle-sœur obligea mon père à reprendre auprès de lui cette fille aînée de qui je vous ai parlé et que je n'avais jamais vue. Elle arriva escortée, suivant la mode allemande, d'une dame de compagnie sèche et roide, qui m'inspira dès l'abord une aversion insurmontable. Quant à ma sœur, je dois avouer que j'eus beaucoup de peine à me familiariser avec l'étrange aspect de sa personne. Elle n'était pourtant pas laide, du moins de cette laideur qui se peut définir, mais elle était aussi dépourvue de charme qu'il est possible de l'être à vingt-deux ans, avec un beau teint, une belle chevelure et des traits passables. Soit qu'elle fût disposée à une obésité excessive, soit que le corps de baleine dans lequel elle s'emprisonnait eût excité la nature à une réaction, soit qu'elle eût trop mangé de farineux, ou trop peu pensé, ou trop peu souffert, toujours est-il qu'elle était affligée d'un embonpoint ridicule et qu'elle n'avait pas forme humaine. Comme, au surplus, elle ne se doutait pas de sa disgrâce, elle en augmentait l'impression importune par des prétentions inqualifiables. Elle portait le nez haut, se renversait en arrière, parlait d'un ton rogue, et s'affublait de couleurs éclatantes, comme une reine de théâtre. Son entrée dans le salon de mon père fut un véritable désastre. Les vieilles gens sont difficiles en beauté.

« Savez-vous que votre délicieuse sœur ressemble s'y méprendre à l'un de ces beignets soufflés et vides qui portent un nom si malhonnête, » me dit le moqueur et cynique vieillard qui m'avait donné mon cher surnom.

» Je partis d'un éclat de rire qui gagna tout le cercle. J'ignore si ma sœur avait entendu. Le fait est qu'elle pâlit, et, dès ce moment, je pus m'apercevoir que j'avais allumé dans son cœur une haine qui ne devait plus s'éteindre, et dont les effets ne se firent pas attendre. Chaque jour vit s'envenimer l'hostilité latente de notre situation réciproque. Dans le corps disgracié que je viens de vous décrire logeait un esprit des plus minces, mais entiché, enivré, encrassé de sa propre excellence. Ma sœur avait été écoutée comme un oracle à la cour de Hildburghausen, où sa qualité de Française lui donnait un avantage incontestable. Rien ne fut plus drôle que de la voir garder à Paris le sentiment arrogant et altier d'une prééminence qui n'existait plus, se montrer fière d'être française, de parler français, d'écrire correctement le Français, de porter des chapeaux français. Je n'ai jamais rencontré de vanité plus égarée. Sa dame de compagnie, qui la flagornait avec impudeur, découvrit un jour que je n'avais pas fait d'études régulières comme on les entend dans les pensionnats, et que mes phrases n'étaient pas toujours alignées avec une rectitude grammaticale. Je crois qu'elle en pleura d'aise, et, me parlant avec un dédain plein de compassion, elle me conseilla de me faire prêter par ma sœur un traité sur les adverbes de lieux, petit chef-d'œuvre composé pour l'instruction de la jeune princesse de Hildburghausen, et dont toutes les cours de l'Allemagne avaient demandé des copies, la modestie de ma sœur ne lui ayant pas permis de le faire imprimer. Je me contins plus qu'il n'était dans mon caractère, et je promis de consulter Euphrasie sur des difficultés de la syntaxe. Mais cela ne servit de rien. On ne trompe pas l'envie. Elle n'avait pu, malgré l'aveuglement de son amour-propre, s'empêcher de remarquer le peu d'effet qu'elle produisait dans le salon de notre père avec ses dissertations à perte de vue sur les participes, et ses descriptions interminables des cérémonies de la cour de Hildburghausen. Peu à peu, les rares interlocuteurs qui s'approchaient par politesse du canapé où elle siégeait avec une dignité magistrale, désertaient la place et venaient se grouper dans l'embrasure de la fenêtre, autour d'un tabouret fort semblable à celui-ci, dit mère Sainte-Élisabeth dont ces souvenirs de jeunesse déridaient depuis quelques minutes le front sombre et soucieux. Là, assez gauchement perchée, je me tenais, ma tapisserie à la main, jetant de loin à loin dans la conversation, une parole, ou seulement un regard, qui lui donnait un essor nouveau et lui prêtait un charme que les discussions entre hommes perdent bien vite, quand une femme n'est pas là pour les maintenir dans une certaine mesure délicate et tempérée. Ma sœur s'aigrit, et, comme elle était fort calculée, elle se dit que, tant que je resterais dans la maison, non-seulement elle n'y ferait aucun effet, mais encore, chose plus grave, elle n'y trouverait pas d'épouseur. Son parti fut pris à l'instant de m'en faire sortir au plus vite et par tous les moyens. Mon imprudence la servit. Comme je vous l'ai dit, j'avais un goût passionné pour l'étude et pour l'entretien sérieux de mon jeune maître. Il était fort occupé durant le jour ; rien ne me parut plus simple que de lui donner rendez-vous dans ma chambre, après le thé qui se prenait au salon à dix heures. Je lui lisais des résumés de mes lectures, lui exposant les difficultés qui m'arrêtaient. Ces tête-à-tête se prolongeaient souvent très-tard; il arriva ce qui ne pouvait manquer d'arriver : Férez devint amoureux de moi et commença une correspondance à laquelle son exaltation et mon ignorance absolue de la valeur de certains termes dans le langage du monde donnèrent une apparence criminelle. Ma sœur et sa dame de compagnie étaient aux aguets. On surprit nos lettres. On dénonça à mon père nos rendez-vous nocturnes. Il entra dans une colère épouvantable, chassa Férez, et m'ayant fait comparaître, il me signifia qu'il me donnait vingt-quatre heures de réflexions, soit pour épouser un cousin que j'avais déjà refusé à deux reprises, soit pour entrer dans un cloître. Mon père, en me posant cette alternative, ne doutait pas que je ne dusse choisir le mariage; il se trompait.

» Ce cousin était un hobereau de Lot-et-Garonne, chasseur enthousiaste et agriculteur sordide. Je frémis à la seule pensée d'une existence dont les limites les plus vastes et les joies les plus intenses seraient le gouvernement d'une basse-cour et les péripéties d'une traque au renard. Dieu ne m'avait pas donné l'instinct de la maternité; c'est à peine si je comprenais l'amour tel que je le voyais dépeint dans les romans; je ne concevais d'autre bonheur que celui de la domination; mon cœur ne battait déjà plus qu'à l'idée d'une grande destinée. J'avais été plusieurs fois, en ces derniers temps, au couvent de l'Annonciade, voir une de mes parentes qui s'était faite religieuse par désespoir amoureux. C'était une faible créature, qui gémissait et se lamentait tout le long du jour. Elle me disait souvent :

« Que n'es-tu à ma place? Tu n'aimeras jamais personne, tu serais contente de commander, tu mènerais tout le monde ici à la baguette ; avant deux ans on te nommerait supérieure. »

» Ces paroles, dites étourdiment, n'étaient pas sorties de ma mémoire. J'avais cherché de tous côtés quelle voie était ouverte à mes ambitions confuses ; je n'en trouvais aucune. Un mariage, quelque brillant qu'il fût, me plaçait sous le pire des jougs, celui du caprice d'un individu qui pouvait être noble et intelligent à la vérité, mais qui pouvait aussi être vulgaire et stupide. D'ailleurs, le mariage, c'était le ménage, le gynécée, la vie des salons. C'était le renoncement presque certain à l'expansion de ma force, à ce rayonnement de ma vie sur d'autres vies, dont l'image seule enflammait mon cerveau d'irréfrénables désirs. L'idée de diriger un jour une communauté tout entière et l'éducation de deux cents jeunes filles, toujours renouvelées et recrutées dans les premiers rangs de la société, s'empara de moi comme la seule qui pût me conduire à un but digne d'efforts. Si je pouvais, me disais-je, infiltrer dans ces jeunes cœurs les sentiments dont le mien déborde; si, au lieu de la morgue et de la vanité dont on les nourrit, je parvenais à les pénétrer des principes d'une égalité vraie; si j'allumais dans leur â... pur et enthousiaste amour du peuple, j'aurais fait une révolution... Ce mot me donnait le vertige.

» Je déclarai à mon père que je voulais entrer au couvent de l'Annonciade en qualité de novice. Il sourit de pitié, ne voyant dans ce dessein que le puéril entêtement d'un amour contrarié. Ma sœur l'entretint dans cette pensée, car elle savait que son indifférence n'irait pas jusqu'à me voir sans chagrin prendre un parti aussi extrême, et l'assura qu'au bout de quinze jours de noviciat mon obstination serait domptée ; mon père ne m'en parla plus, et, vingt-quatre heures après, ayant fait avertir la supérieure des Dames de l'Annonciade, il me fit conduire au couvent. Euphrasie, en m'embrassant, me sourit d'un sourire où se peignait toute l'hypocrite satisfaction de sa médiocrité rancunière.

» La première personne que je vis au couvent, après la supérieure, ce fut le père Aimery ; sa capacité me frappa. Je discernai vite en lui une nature semblable à la mienne par l'ambition, le courage et la persévérance ; il parut me deviner aussi. Cette rencontre me sembla providentielle. Je le savais tout-puissant dans son ordre et très-influent dans le monde. Je l'associai dans ma pensée à tous mes projets, et, sans lui ouvrir mon cœur encore, je lui livrai en esprit toutes mes espérances. Peu de temps après mon entrée au couvent, mon père tomba malade ; il mourut l'avant-veille du jour fixé pour mes premiers vœux, attendant toujours que je vinsse me rétracter et implorer mon pardon. Sous prétexte de me distraire, mais en réalité pour m'éprouver, on me fit quitter Paris et l'on m'envoya successivement dans les maisons de province les plus reculées. Ma conduite, pendant six années, fut la plus édifiante dont on eût mémoire au couvent. Elle ne trahit absolument rien qu'une piété exemplaire et une abnégation complète de toute volonté. Ma naissance et ma fortune me donnaient en surplus des avantages tels, que, le jour de l'élection venu, je fus nommée supérieure à l'unanimité. Dès que j'eus le pouvoir en main, je songeai à m'ouvrir au père Aimery; je ne doutais pas de le trouver prêt à me seconder. Nous eûmes ensemble une conférence que je n'oublierai de ma vie. Elle dura six heures d'horloge. Nous commençâmes par établir notre point de départ; il était le même : concentrer en nos deux personnes la plus grande force d'autorité possible; obtenir au dedans une soumission aveugle; nous entendre pour gagner ou distraire ceux de nos chefs qui pourraient nous faire obstacle; flatter, séduire la jeunesse qui nous était confiée; nous insinuer par elle dans l'intérieur des familles. Jusque-là tout allait à merveille; mais tout à coup il se fit dans l'entretien une immense déchirure. Le terrain sur lequel nous marchions sans plus de précaution, nous croyant déjà d'accord, s'éboula avec fracas; le père Aimery et moi, nous nous trouvâmes séparés par un abîme. Le but de toute cette influence reconquise, de cette puissance exercée au dedans et au dehors, c'était pour lui le rétablissement plein et entier de l'ancienne omnipotence de son ordre au profit de tout ce que je regardais comme d'iniques préjugés. Il me laissa entrevoir de secrètes affiliations avec les chefs de la noblesse, des promesses échangées, des engagements pris pour le retour d'un état de choses qui me faisait horreur..... Ma surprise fut violente. Je ne sus pas me contenir, et, dans un torrent de paroles où mes espérances si longtemps comprimées se livrèrent passage, je laissai échapper avec une imprudence d'enfant le secret de ma vie entière. Le père Aimery me regarda longtemps comme s'il avait eu devant les yeux une personne frappée d'aliénation mentale ; puis je le vis faire une prière intérieure ; puis, enfin, il me déclara que j'étais d'une fourberie insigne, que j'avais trompé lui et tout le monde avec une adresse satanique, mais qu'il saurait bien m'empêcher de nuire ; que, puisqu'on ne pouvait me retirer l'autorité que me conférait ma dignité nouvelle, il exercerait du moins une surveillance de tous les instants et me dénoncerait à la première parole imprudente qui m'échapperait. Il ajouta, du reste, en s'adoucissant, qu'il espérait que le temps et la réflexion rassainiraient mes idées et me rendraient à moi-même.

» Quand il m'eut quittée, je crus à mon tour que tout ce que je venais d'entendre ne pouvait être véritable ; que le prêtre avait parlé ainsi pour me tenter... Mais cette illusion dura peu, et je me vis face à face avec la plus triste destinée.

» Je ne vous dirai pas, ce serait trop long, toutes les tortures des années suivantes ; mes vains efforts pour gagner le père Aimery au moins à des modifications partielles dans l'enseignement, mes tentatives avortées auprès de quelques autres ecclésiastiques, et enfin l'inaction absolue à laquelle je me vis condamnée par leur vigilance soupçonneuse. Quand vous entrâtes au couvent, Nélida, j'étais plongée dans le plus morne désespoir. La vue de votre visage éclairé d'une lumière divine, ce que j'entrevis de noble, de grand et de fier dans votre âme, ralluma en moi l'instinct de la vie ; et, lorsque vous me dîtes que vous vous sentiez la vocation, j'en ressentis une joie que je ne sus pas assez dissimuler. Le père Aimery suspecta quelque embûche ; il se persuada probablement que vous partagiez mes opinions et qu'il aurait deux esprits rebelles à contenir au lieu d'un ; bref, il s'opposa à votre prise d'habit, et nous eûmes à cette occasion des querelles fort vives, qui finirent par la menace de me faire destituer dans une assemblée générale. Je sentis en frémissant que d'un jour à l'autre, en effet, je pourrais me voir dépouillée de l'autorité qui était ma sauvegarde et tomber sans défense entre les mains de mes ennemis. Ce fut alors que je conçus un premier projet de fuite.

» Une lettre que je reçus peu après de Férez, par l'intermédiaire d'une ancienne femme de chambre qui m'était restée dévouée, fixa ce vague projet et en hâta l'exécution. Férez m'apprenait qu'il était marié à Genève, où il venait de fonder un journal. Il rassemblait autour de lui des hommes de talent, et travaillait pour la bonne cause. Sa femme, ajoutait-il, partageait toutes ses idées et l'aidait avec zèle.

» Ces derniers mots furent décisifs. Je m'échappai du couvent avec ma fidèle Rose. Elle m'avait procuré un passe-port et une chaise de poste que je trouvai toute prête chez elle. Trois jours après j'étais en Suisse. Pendant deux ans j'y vécus à peu près cachée, craignant toujours les poursuites du père Aimery. Mais un silence complet de ce côté, comme aussi celui de ma sœur, qui, mariée honorablement en Allemagne, ne se souciait guère d'entendre parler de moi, me rassura. Pendant ce temps, je m'étais préparée, je puis dire, avec ferveur, à la mission à laquelle je me croyais appelée, et lorsque Férez résolut de rentrer en France et de fixer à Lyon le centre de son activité, je lui déclarai que j'étais décidée à le suivre.

» Vous vous étonnerez peut-être, Nélida, de me voir

chercher un asile sous le toit d'un homme dont la passion pour moi m'était connue. Vous penserez sans doute qu'il n'était pas loyal de venir me jeter à la traverse d'une union paisible et de m'exposer à troubler le bonheur de deux êtres que je respectais ? Il est certain que j'agissais sans prudence. Je fus plus heureuse que sage. J'avais quitté un jeune homme, je retrouvai un vieillard, un front plissé par la méditation, un cœur absorbé par les passions politiques, des sens éteints par la force de la pensée. Quand nous nous revîmes, nous parlâmes à peine de nous. La *cause*, la sainte cause pour laquelle Férez était prêt à donner sa vie, l'absorbait entièrement. Il se réjouit de trouver en moi une auxiliaire dont il s'exagéra la valeur. Très-fort la plume à la main, Férez n'avait pas le don de la parole et ne pouvait agir directement sur les masses. Il me trouva éloquente, me conjura de jeter loin de moi tout scrupule et de ne pas craindre de prêcher ouvertement nos doctrines. J'essayai d'abord de faire quelques prosélytes parmi les femmes. Je voulais fonder une association, une espèce de couvent libre où l'on ne ferait d'autre vœu que celui de charité. Mais, hélas ! que je fus vite rebutée ! Tous ces cerveaux étaient si creux, tous ces cœurs si frivoles ! Ces femmes s'enivraient d'idées comme les hommes se grisent d'un vin dont ils n'ont pas l'habitude, et ce qui les animait d'un certain enthousiasme extravagant pour les idées nouvelles, c'était l'espoir assez peu dissimulé de pouvoir s'abandonner sans frein et sans honte à leurs penchants. Découragée de ce côté, je dirigeai mes efforts d'un autre. J'avais été souvent avec Férez dans les ateliers et dans les prisons où il portait des secours et des espérances ; je trouvai là de si mâles courages, de si simples et si héroïques vertus, qu'une idée longtemps nourrie en silence me revint avec force.

» Notre pays, me disais-je, depuis la dernière révolution, n'a pas repris son équilibre. Deux classes de la société, la noblesse et le peuple, sont en proie à de vives souffrances ; l'une subit un mal imaginaire, l'autre un mal réel ; la noblesse, parce qu'elle se voit dépouillée de ses priviléges et de ses honneurs par une bourgeoisie arrogante ; le peuple, parce que le triomphe de cette bourgeoisie, amenée par lui au pouvoir, n'a été qu'une déception cruelle. Il commence à regretter, par comparaison, ses anciens maîtres. Comme il lit peu l'histoire, il ne se souvient que des manières affables et des largesses du grand seigneur. Pourquoi ces deux classes, éclairées par l'expérience, ne s'entendraient-elles pas contre leur commun adversaire ? Pourquoi les instincts courageux du peuple, l'esprit d'honneur de la noblesse, ne triompheraient-ils pas d'une bourgeoisie égoïste et déjà énervée par le bien-être ? Pourquoi ne tenterait-on pas ce rapprochement ? Pourquoi les femmes, qui ont à la fois et par nature toutes les délicatesses de l'aristocratie et l'ardeur de charité du peuple, ne seraient-elles pas les apôtres et les intermédiaires de cette alliance ?

» Férez encourageait mes illusions. Il est des temps, me disait-il, où l'esprit de vérité se retire des hommes. La vue prophétique des choses est alors donnée à la femme, qui prononce, souvent même sans en avoir l'intelligence complète, les paroles de salut. C'est une femme qui a fait la France chrétienne ; c'est une femme qui l'a sauvée du joug étranger ; ce sera une femme encore, tout me le dit, qui allumera le flambeau de l'avenir.

» Ainsi exaltée, enhardie, je redoublai de zèle et je parvins à former une nombreuse association d'ouvriers que j'éclairai d'abord sur leurs intérêts matériels ; je leur fis honte de leur ivrognerie, des rivalités stupides et sanglantes du compagnonnage ; puis je les amenai à désirer, pour leurs enfants et pour eux-mêmes, un cours régulier d'instruction morale. Me voyant écoutée avec docilité, l'idée me vint de compléter mon œuvre en allant trouver dans les châteaux quelques femmes bonnes et pieuses, que j'espérais intéresser en leur présentant mon œuvre au point de vue de la charité chrétienne. Je me procurai une lettre pour l'une des plus considérables de la province. Elle me reçut bien et m'introduisit auprès de ses amies ; j'agis cette fois avec une circonspection très-grande ; allant pas à pas, de proche en proche, obtenant en premier lieu de l'argent, puis des sympathies vives, nouant ensuite des rapports personnels entre les plus éclairés de mes aristocratiques adeptes et les familles d'ouvriers auxquelles je connaissais les habitudes les plus délicates. Là où je voyais du penchant pour les doctrines nouvelles, je me hasardais plus avant. Chaque jour nous nous applaudissions, Férez et moi, des succès de ma propagande, lorsque mon mauvais destin me fit découvrir par le père Aimery. Ce fut ma perte. Il me dénonça dans les châteaux comme une religieuse sans mœurs, échappée du cloître. Aussitôt toutes les portes me furent fermées. Mais sa haine ne se borna pas là. Il sut m'atteindre jusque parmi ces honnêtes artisans dont j'étais devenue la mère et la sœur; il me fit passer près d'eux pour un espion; la méfiance se glissa dans leur âme, et j'ai désormais à lutter contre des obstacles de tout genre que je désespère d'aplanir. »

Nélida, qui avait écouté la religieuse avec une attention toujours croissante, lui dit en attachant sur elle ses deux grands yeux qui brillaient d'un éclat effrayant dans ses joues creuses et ternes.

— Vous voyez bien, ma mère, que vous désespérez aussi.

— Je désespère de moi, non de la *cause*, reprit la religieuse; la Providence est juste; elle ne pouvait vouloir pour de si nobles fins un instrument si misérable. Mon but était grand, mais mon mobile était petit; et tous, nous devons subir la peine de nos fautes. L'ambition m'a dévorée; le désir de me faire un nom m'a entraînée à des vœux coupables; je suis entrée au cloître sans avoir la foi aveugle qui m'y aurait soutenue; je n'ai cherché que la domination; deux fois elle m'échappe au moment où je crois la saisir. Oui, Nélida, une justice rigoureuse s'exerce dans la destinée de l'homme. Vous me voyez brisée par l'instrument choisi pour mon élévation. J'ai rompu sans vertu des vœux faits sans loyauté; ces vœux me poursuivent et anéantissent mon ouvrage. J'ai voulu l'éclat d'une grande renommée; l'opprobre qui s'attache si justement au parjure flétrit mon front.

D'ailleurs, continua-t-elle, je suis un être incomplet, parce que je n'ai jamais aimé. Je n'ai pas connu ce sentiment sublime qui fait vivre d'une double vie. Je n'ai désiré ni un époux ni un enfant; je n'ai été qu'une femme orgueilleuse, aussi grande en apparence qu'on peut le devenir par la force de l'esprit, mais une bien chétive créature en réalité, à qui la nature avait refusé un cœur capable d'amour.

Et la religieuse, pour la première fois depuis bien des années, pleura à chaudes larmes. Se maîtrisant enfin, elle s'écria : Mais ce que je n'ai pu faire, ce qui n'a pu m'être accordé, d'autres plus dignes ou plus fortunés l'accompliront. O Nélida ! si vous aviez la moitié de mon courage ! si vous consentiez seulement à vivre, si vous voyiez, si vous entendiez une seule fois ces flagrantes misères que j'ai si souvent exhortées, vous auriez honte de votre désespoir. Et vous seriez exaucée, vous, ajouta la religieuse en prenant la main de madame de Kervaëns et en la serrant dans la sienne, car vous êtes digne d'une telle destinée. Vous n'êtes plus ni une amante égoïste ni une épouse infidèle ; vous êtes la veuve libre et éprouvée qui a conquis, par la douleur et l'amour, le droit de se consacrer aux grandes pensées. Votre âme ne s'est jamais ouverte aux passions mauvaises ; Dieu y peut verser encore ses plus purs rayons.

Nélida sourit d'un amer sourire.

— Sais-je seulement aujourd'hui prier encore ce Dieu que vous invoquez, dit-elle ? Sais-je comment il veut qu'on le prie ? Puis-je *croire* encore ?...

— Qu'est-il besoin de croire ? reprit la religieuse avec feu. Contentez-vous d'espérer ! Dans le triste temps où nous vivons, je crains qu'ils ne mentent aux autres ou qu'ils ne se mentent à eux-mêmes, ceux qui disent qu'ils croient. La foi exigée par les religions établies, cette foi qui s'élève sur les ruines de la raison, répugne aujourd'hui à une créature sensée, car elle semble une insulte à l'attribut le plus divin de la nature humaine. Tout est incomplet, insuffisant. La certitude abstraite des philosophes est dérisoire, car elle ne satisfait ni le cœur ni l'imagination. L'homme, cet être chétif et borné, n'a pas trop de toutes ses puissances pour s'élever jusqu'à Dieu ; mais quand il a concentré sur un seul point toutes les forces de son esprit, de son cœur et de sa volonté, il ne parvient pas toujours à la foi ; il n'arrive le plus souvent qu'à l'espérance.

La soif de l'idéal est en vous, Nélida. L'*idéal* a fait la force et l'angoisse de votre vie. Vous avez cru le trouver dans le renoncement du cloître ; je m'applaudirai toujours, malgré vos infortunes, de vous avoir désabusée. Il vous est apparu dans le mariage ; c'est là qu'il serait pour la plupart des femmes, si la société n'avait faussé les conditions naturelles de ce sérieux contrat. Plus tard, vous l'avez cherché dans l'amour passionné d'un seul ; ce fut votre illusion la plus funeste. Loin de moi la pensée d'accuser celui que vous avez aimé ; il ne vaut peut-être ni plus ni moins qu'un autre homme ; l'égoïsme a revêtu chez lui sa forme la plus belle : la forme poétique. Mais il n'était pas digne de votre sublime abnégation ; il sentait que vous étiez aveuglée, et cette conscience lui causait de grands tourments dont il se délivrait par de grandes faiblesses. Voulez-vous pleurer éternellement une erreur réparable ? Voulez-vous vous abîmer dans les larmes ? Voulez-vous rendre à Dieu une âme vide de bien ?...

Mère Sainte-Élisabeth avait parlé longtemps. La lampe s'éteignait et les premières lueurs de l'aube pénétraient dans la chambre. Les rues désertes commençaient à retentir de ces bruits graves qui annoncent le réveil des travailleurs. Quelques charrettes, apportant à la ville les provisions de la journée, roulaient pesamment sur le pavé sonore. La religieuse alla à la fenêtre; Nélida se leva et la suivit en silence. Toutes deux s'appuyèrent sur le balcon et regardèrent, tantôt la rue où passait de loin à loin un ouvrier chargé de ses outils, tantôt le ciel où de pâles étoiles luttaient encore contre la clarté envahissante du jour.

— *Venez à moi*, a dit notre sauveur à ceux-là, reprit la religieuse en montrant la rue; eh bien! moi je vous dis: *Allez à eux.*

Nélida se pencha sur cette main inspirée, et murmura d'une voix émue quelques paroles que mère Sainte-Élisabeth devina plutôt qu'elle ne les comprit....

— Vous consentiriez à vivre? dit la religieuse avec transport.

— J'essayerai du moins, répondit Nélida.

XXIV

En s'éloignant de Nélida d'une façon si brusque, en se jouant ainsi d'une vie dont il s'était emparé avec témérité et dont il devait compte à Dieu et aux hommes, Guermann était bien loin de comprendre toute l'étendue de sa faute; il n'en avait pas même envisagé les conséquences probables. Depuis longtemps déjà, il agissait et parlait comme un homme ivre à demi. Sa longue oisiveté et l'excitation factice de sa vie mondaine avaient jeté en lui une perturbation au sein de laquelle ne se faisait plus entendre que le sourd grondement de son orgueil blessé. Il était tourmenté d'un besoin unique : celui d'échapper à tout prix à la conscience de ses torts, à ce mécontentement aigu de soi-même, châtiment inexorable des organisations supérieures, quand elles font un vain emploi de leurs facultés. Il pensa tout gagner en ne voyant plus auprès de lui la pâle et sévère figure de madame de Kervaëns, dont le silence accablant le forçait à rentrer en lui-même; et comme à ses yeux l'éclat d'un succès justifiait, glorifiait même toute faute, il saisit avec avidité l'occasion de ramener à lui l'attention publique, ne doutant pas qu'éblouie par le prestige de sa célébrité reconquise, Nélida, qu'il aimait encore bien plus qu'il ne le pensait lui-même, ne confessât bientôt ses injustices et ne s'inclinât, repentante et heureuse, devant le génie de son amant un instant méconnu.

La secousse donnée à ses nerfs par une résolution si violente, le souvenir de son facile succès auprès de la marquise Zepponi, et, plus que cela, les vagues perspectives d'une position supérieure à saisir d'emblée dans un monde et dans un pays nouveaux, troublèrent de plus en plus, pendant la longue route, ses esprits inquiets. Lorsqu'il arriva à T..., toutes les ambitions de sa jeunesse s'étaient réveillées, et les battements pressés de son cœur semblaient voler au-devant d'un grand et prochain accomplissement.

Il prit à peine quelques instants de repos et courut au palais du grand-duc. Son Altesse était absente; mais des ordres avaient été donnés pour que, aussitôt arrivé, Guermann fût conduit chez le premier chambellan, intendant des théâtres et fêtes de la cour. Il était dix heures du matin.

L'antichambre du haut personnage était remplie de clients et de solliciteurs, assis côte à côte sur d'étroites banquettes qui faisaient le tour de la pièce, attendant silencieusement, patiemment, religieusement, l'œil braqué sur la porte de Son Excellence, la minute fortunée où cette porte archi-sainte s'ouvrirait pour l'un d'entre eux. L'arrivée de Guermann causa un léger mouvement d'oscillation dans l'assemblée. Les derniers assis se pressèrent pour faire place à l'étranger; mais il ne daigna pas s'en apercevoir, et, au bout de quelques minutes, il se mit à arpenter le plancher d'un pas bruyant, en murmurant toutes sortes de paroles irrévérencieuses qui firent s'entre-regarder, de l'air de la plus profonde surprise, les solliciteurs taciturnes. Guermann, pour lequel la société mal vêtue, mal peignée, mal assise, avec laquelle il se trouvait, société d'acteurs en détresse, de chanteurs émérites, d'auteurs besogneux, n'embellissait pas les heures de l'attente, sentait la colère lui monter au cerveau. Il s'approcha machinalement du poêle, quoique l'atmosphère fût étouffante, et s'y brûla les doigts. Il alla à la fenêtre; elle donnait sur un toit couvert en ardoises, où de larges gouttières recevaient et déversaient avec un bruit monotone, dans une espèce de réservoir en plomb, les flots ternes d'une pluie de décembre. Cette vue n'était pas réjouissante. Guermann referma, d'un geste de colère, le petit rideau de mousseline empesée qui se déchira. Enfin, mettant le comble à ses témérités, il revint au milieu de la chambre, auprès d'un guéridon qui en faisait le seul ornement, et ouvrit un livre qu'on y avait laissé : c'était l'almanach de Gotha. L'assemblée des solliciteurs s'émut; mais tout à coup la porte de l'Excellence s'ouvrit, et, à la stupéfaction générale, un valet appela M. Guermann Régnier. L'artiste heurta le guéridon et fit tomber à terre le livre respectable. Une jeune fille se leva, le ramassa et le remit à sa place, après avoir soigneusement rétabli le signet à la feuille où elle pensait qu'il avait dû être. Pendant ce temps, Guermann paraissait devant le premier chambellan de la cour grand-ducale. Cet homme important, vêtu de sa robe de chambre, prenait son café à la crème, sans se déranger en aucune façon, tout en faisant tremper dans sa tasse une énorme rôtie au beurre :

— Vous êtes monsieur Régnier, peintre français? dit-il.

Guermann s'inclina à demi, en mettant la main sur une

chaise, où il se serait assis infailliblement si le chambellan lui en eût laissé le loisir.

—Veuillez tirer deux fois ce cordon de sonnette, continua l'Excellence; monseigneur le grand-duc est en voyage ; mais il a daigné commander que vous fussiez logé dans son palais et nourri à ses frais, à la troisième table. Voici la personne chargée de vous installer, ajouta-t-il en désignant une espèce de secrétaire venu au coup de sonnette. Vous aurez à vous présenter aujourd'hui ou demain chez M. le directeur du Musée ; il vous montrera la galerie qui vous est destinée. Vous ferez bien de vous mettre immédiatement à l'ouvrage, afin que monseigneur, à son retour, trouve quelque chose d'achevé.

Guermann faillit répondre une colossale impertinence ; mais, à un signe de l'intendant, la porte par laquelle on l'avait introduit s'était rouverte; un solliciteur était entré.

L'artiste n'eut que le temps de saluer à la française, c'est-à-dire le moins bas possible, et suivit le secrétaire en jurant intérieurement que Son Excellence le chambellan, intendant des théâtres et fêtes de la cour grand-ducale, lui payerait cher quelque jour sa morgue ridicule.

Le secrétaire fit traverser à Guermann plusieurs cours de service. Arrivés dans la cour des écuries, ils montèrent un petit escalier raide et obscur, assez semblable à celui de l'atelier de la rue de Beaune; cet escalier aboutissait à un couloir sur lequel donnaient des portes numérotées. Le secrétaire mit la clef dans la serrure de la porte n° 1 et introduisit Guermann dans une assez grande chambre à coucher, fort basse d'étage, aussi peu éclairée que possible par deux fenêtres à petits carreaux octogones cerclés de plomb. Un énorme poêle, flanqué de deux crachoirs, contristait de sa masse noire et informe cette pièce inhospitalière ; un lit garni de rideaux jaunes à franges cramoisies, des fauteuils en velours d'Utrecht, un tapis fané, rapiécé de morceaux presque neufs, deux affreuses gravures représentant le grand-duc et la grande-duchesse en habit de gala, et enfin un piano, meuble rarement oublié en Allemagne, mais si exigu qu'on aurait pu le prendre pour un jeu de tric-trac, l'enlaidissaient de cette sorte de luxe misérable qui caractérise par tous pays les logements subalternes des demeures princières.

— A l'étage supérieur, il y a une pièce éclairée par le haut qui sera mise dès demain à votre disposition, monsieur, dit le secrétaire en adressant pour la première fois la parole à Guermann ; Son Excellence pense qu'elle sera convenable comme atelier. Voici la fille de chambre chargée du service de cette partie de la maison, ajouta-t-il, en voyant entrer la servante, grosse Maritorne aux cheveux de chanvre, aux yeux bleu de faïence, sans cils ni sourcils, qui tenait d'une main une cruche à eau et de l'autre une pile de serviettes :

— Annchen, au premier coup de cloche, vous conduirez monsieur dans la salle à manger n. 3.

Annchen sourit.

— On dîne à deux heures, monsieur, continua le secrétaire ; vous trouverez votre place marquée et votre couvert mis à la grande table du rez-de-chaussée, je vais envoyer prendre vos effets à l'auberge. Vous ne désirez rien autre ?

— Absolument rien, monsieur, répondit l'artiste d'un ton courroucé.

— Qui est-ce qui dîne à la table n. 3? dit-il à la servante, aussitôt que le secrétaire fut hors de la chambre.

— C'est un excellent dîner, monsieur, soyez tranquille, répondit Annchen souriant toujours et ne comprenant qu'à moitié l'allemand problématique de Guermann; tous les dîners sont faits ici dans la même cuisine; on ne sert pas un plat de plus à une table qu'à l'autre.

— Je ne vous demande pas cela, interrompit Guermann se contenant à peine, car, depuis une heure, sa vanité recevait coup sur coup des piqûres envenimées; je vous demande quelles sont les personnes qui dînent à cette table?

— Oh! une superbe société, monsieur! Il y a d'abord madame la première femme de chambre qui a été trois ans à Paris; puis, monsieur le caissier particulier, bien bon enfant, qui n'est pas du tout fier, et qui trinquera volontiers avec monsieur à la santé du grand Napoléon, dont il parle toujours; puis madame la seconde gouvernante des enfants...

— Il suffit, dit Guermann en prenant son chapeau; vous direz que je ne dîne pas à table. Et il sortit en frappant la porte de telle sorte, que la pauvre fille épouvantée laissa tomber à terre sa pile de serviettes, en se demandant si tous les Français étaient donc vraiment fous comme elle l'avait entendu dire. Guermann descendit les escaliers quatre à quatre, se perdit dans les cours, se fourvoya dans mille impasses. Après bien des allées et venues, trouvant enfin une grille entr'ouverte qui donnait sur la rue, il sortit du palais dans un état d'exaspération difficile à peindre, et marcha longtemps au hasard, par la pluie battante, ne sachant ni où il allait ni ce qu'il voulait. Sa première pensée avait été de remonter incontinent dans une voiture publique et de prendre une route quelconque pour retourner en Italie. Ce projet, en se modifiant sous l'action calmante de la pluie, devint l'intention bien arrêtée de rentrer à l'hôtel où il était descendu, de s'y établir, et de refuser fièrement cette munificence princière qui le faisait loger dans le quartier des écuries et dîner avec des femmes de chambre. Un peu plus loin, il résolut d'aller trouver la grande-duchesse pour l'instruire de ce qui se passait, à son insu selon toute apparence, et ne devait être imputé qu'à la brutale malveillance de l'intendant.

La pluie tombait toujours et traversait peu à peu le drap léger de sa redingote. Tout en relentissant le pas, Guermann commença à raisonner avec plus de sang-froid; il songea au personnage ridicule qu'il ferait aux yeux de madame de Kervaëns, s'il revenait près d'elle comme un enfant capricieux et désappointé; il se remit en mémoire l'état de sa bourse qui lui permettait bien de vivre encore indépendant pendant quelques mois, mais non de prolonger son inaction et de rejeter, d'une seule colère, les avantages d'un traitement considérable et l'un travail important.

L'humidité et le froid gagnaient ses épaules. Il finit par conclure que l'absence du grand-duc était la cause unique de tous ces malentendus qui, probablement d'ailleurs, dans les coutumes allemandes, n'avaient pas toute l'importance que les habitudes françaises le faisait y attacher; insensiblement il reprenait, sans en avoir bien conscience, le chemin du palais ducal, lorsque, traversant une place plantée de tilleuls, il se trouva en vue d'un monument assez vaste et dont l'architecture régulière attira son attention. Un étrange battement de cœur sembla l'avertir.

— Quel est ce monument, monsieur ? dit-il en arrêtant un bourgeois qui, sans souci de la pluie, se promenait gravement sous les tilleuls en fumant sa pipe.

— C'est le nouveau Musée, monsieur.

A ces mots, Guermann sentit un frémissement intérieur tel, qu'il pâlit.

C'était comme un rebondissement soudain de son orgueil abattu. Toute sa colère, toute son irritation, tous ses désespoirs s'évanouirent devant une seule pensée :

« Ici est la gloire de mes jours à venir, ici est l'immortalité de mon nom !... »

Il salua le bourgeois, et, entrant vivement sous le portique du Musée, il demanda M. le directeur. Cette fois, Guermann n'attendit pas. Le directeur était trop curieux de voir, de juger, d'apprécier et de déprécier cet intrus, ce Français que lui imposait un caprice du grand-duc, pour ne pas l'accueillir avec empressement.

— Eh bien, monsieur, que vous semble de notre Musée ? dit-il à Guermann d'un air suffisant, après le premier échange de politesses banales.

— Je le trouve d'une architecture irréprochable, dit Guermann froidement.

— Cela doit vous paraître bien petit, bien mesquin, à vous qui venez de Paris?

— Je ne fais pas de rapprochements, monsieur, interrompit Guermann. Le Louvre est le Louvre, et je ne compare pas le duché de T..., tout grand-duché qu'il est, au royaume de France.

Le directeur fit la moue, et prenant un trousseau de clés accroché au-dessus de son bureau :

— Vous plairait-il de voir l'intérieur, monsieur? reprit-il avec un peu plus de politesse; la plupart des salles sont achevées; monseigneur le grand-duc vous a réservé la galerie du milieu; c'est un retard assez fâcheux dans les travaux, mais nous serons plus que récompensés sans doute par l'excellence de l'œuvre. Je me sens une grande impatience de voir vos cartons, monsieur. Vous savez que rien ne doit s'exécuter ici sans mon approbation... Cela est de pure forme, ajouta-t-il en voyant le visage de Guermann s'assombrir. Avec un artiste de votre mérite, il ne peut être question de corrections.

— En effet, monsieur, si je pensais que mes cartons dussent être soumis à aucune espèce de censure préalable, je renoncerais immédiatement au travail que je tiens de l'insigne confiance de Son Altesse.

Le directeur, sans répondre, passant devant Guermann, lui fit monter un escalier de marbre orné de bas-reliefs de Schwanthaler, et l'introduisit dans la première salle du Musée, destinée à la collection des antiques; les murs et les plafonds représentaient des sujets mythologiques peints à fresque.

— Cette première salle est l'ouvrage de deux de mes élèves, dit le directeur avec une satisfaction contenue ; ce *Jugement de Paris* vient d'être terminé par le jeune Ewald de Cologne ; c'est un enfant qui ira loin.

Guermann put louer en toute sincérité le style noble et l'effet grandiose de ces compositions.

— Je sais qu'en France on reproche aux artistes allemands la faiblesse de leur exécution, reprit le directeur ; ce reproche repose sur une erreur de jugement. La fresque exige des qualités de hardiesse peu compatibles avec le soin des détails et le fini. Vous avez peint la fresque, n'est-il pas vrai ? demanda le directeur en montrant du doigt à Guermann le plafond de la galerie dans laquelle ils venaient d'entrer. Voici une belle place pour vous distinguer, le jour en est excellent, chose rare pour les peintures de plafond.

Guermann ressentit, à la vue de cette immense galerie, un douloureux serrement de cœur ; une sueur froide mouilla son front. Il demeura muet, parcourant d'un œil épouvanté cette voûte solennelle dans sa blancheur éblouissante, ce vaste espace inondé de lumière. Son regard, en retombant, rencontra le regard ironique du directeur. Il s'imagina voir Méphistophélès.

En cet instant, une horrible souffrance lui fut révélée. Le doute entra dans son âme ; il crut se sentir au-dessous de sa tâche ; il mesura l'effrayante disproportion de sa force et de son désir. Tel un oiseau voyageur, planant au-dessus de l'Océan, sent, à je ne sais quel engourdissement de ses ailes, qu'il a trop présumé de leur vigueur, et qu'elles ne le porteront pas jusqu'au rivage.

O Nélida ! si vous aviez pu connaître l'humiliation intérieure et les poignantes angoisses de cette seule minute de doute, vous vous seriez trouvée trop vengée.

XXV

Rentré dans sa chambre, Guermann s'y renferma tout le reste du jour et les jours suivants. La fatigue du voyage, les émotions qui se combattaient en lui, déterminèrent quelques accès d'une fièvre bien caractérisée, qui firent, comme il arrive souvent, d'un mal moral un mal physique. Son esprit, forcément détourné de la préoccupation qui le dévorait, recueillit dans cette inactivité une vigueur nouvelle, et, lorsqu'il put quitter son lit et prendre possession de son atelier, la faculté créatrice était ravivée en lui. Il composa, coup sur coup, sans hésitation, sans trouble, quatre belles esquisses qui, avec de légères modifications, devaient former l'ensemble de sa grande fresque.

Ce travail fit descendre dans son cœur un apaisement momentané qui le rendit moins accessible aux misères de sa vie extérieure, et lui fit voir d'un œil plus indifférent la situation d'infériorité que lui imposait l'étiquette de la cour de T...

Il n'était pas retourné chez le directeur; il savait par sa voisine de table, cette première femme de chambre venue à Paris, au caquet de laquelle il avait fini par s'habituer faute de mieux, que le plus mauvais vouloir l'attendait partout, et qu'on ne pardonnait pas au grand-duc le tort qu'il faisait aux artistes du pays en appelant un étranger à T... La grande-duchesse elle-même, patriote dans l'âme, se refusait, sous un prétexte ou sous un autre, à recevoir, avant le retour de son mari, ce Français qu'on lui avait dépeint comme un révolutionnaire buveur de sang. Heureusement Guermann avait été assez content de son esquisse pour vouloir la transporter sur le carton, et ce travail sérieux remplissait ses heures en donnant le change à ses ardeurs inquiètes.

Un matin, comme il venait de monter à son atelier et préparait sa palette d'une humeur assez rassise, on frappa à sa porte; avant qu'il eût pu répondre, un jeune homme qui ne lui était pas connu entra résolûment, et s'avançant vers lui : « Vous êtes Guermann Régnier, lui dit-il avec un accent allemand très-prononcé, je suis Ewald de Cologne, donnez-moi la main. » Il y avait sur le visage de ce jeune homme une telle expression de franchise et de cordialité; son sourire était si doux, son front si ouvert; ses beaux cheveux blonds tombaient avec tant de grâce sur son vêtement de velours, que Guermann, pour la première fois depuis bien longtemps, se sentit gagné par une sympathie soudaine. Serrant la main de cet ami improvisé :

— Soyez le bienvenu, monsieur, lui dit-il d'un ton affectueux, et souffrez que je m'excuse de m'être laissé prévenir...

—Entre artistes, est-il besoin de ces façons, dit Éwald ; et il déposait sur une chaise, comme quelqu'un qui veut s'établir, son chapeau de forme tyrolienne en castor gris, qu'ornait une cocarde de soie verte bordée de poil de chamois et surmontée d'une aigrette en plume de coq de bruyère. Vous ne pouviez pas savoir que j'étais de retour, ajouta-t-il en jetant sur les dessins de Guermann un regard rapide et profond, ce regard d'artiste qui sonde d'un coup d'œil l'homme tout entier dans le moindre fragment de son œuvre ; moi je n'aurais pas eu la patience de vous attendre. Je connais votre *Jean Huss,* vous connaissez mon *Jugement de Pâris* ; par conséquent, nous nous connaissons et nous devons nous aimer, ce me semble?

Guermann sourit sans répondre. Ce témoignage naïf d'une admiration désintéressée le flattait, mais il était presque déconcerté par ces allures promptes et familières.

— Sur ma parole, vous faites bien, mon cher Guermann, continua Éwald sans se préoccuper de la réserve insolite de l'artiste français, en plantant là cette maudite peinture de chevalet et en venant nous aider ici. Il y a de grandes choses à faire dans ces galeries. L'architecte est un brave, qui n'a pas lésiné sur le jour. Avez-vous déjà peint la fresque?

A cette question, qui lui était pour la seconde fois adressée, Guermann éprouva, comme la première fois, une sensation de malaise indéfinissable. Il voulut mentir, mais le regard sincère du jeune Éwald lui imposa la vérité.

— Non, dit-il, et j'avoue que je commence à redouter un peu...

— Quoi? interrompit Ewald; qu'est-ce, pour un artiste, qu'une difficulté de procédé? Huit jours de travail, pas plus. Moi, qui ne sais rien de ce que vous savez comme un maître, je sais ce procédé de la fresque depuis mon enfance; je vous aurai bientôt passé toute ma science, allez, et je ne vous la ferai pas payer cher... Ah! mais, voici une magnifique tête, dit-il en tirant d'un carton dans lequel il feuilletait depuis quelques minutes, une figure de la Méditation, à laquelle, sans le savoir et sans le vouloir, Guermann avait donné les traits, l'attitude et l'expression de madame de Kervaëns... Franchement, c'est ce qu'il y a de mieux dans tout ce que je viens de voir. C'est nouveau, c'est inventé, cela! c'est créé d'un crayon de Michel-Ange! Et les yeux du jeune artiste brillaient d'une admiration non équivoque. Guermann demeura confus en entendant vanter comme une création de son génie ce qui n'était qu'une réminiscence de son amour. Il tomba, comme cela lui arrivait fréquemment depuis quelque temps, dans une subite rêverie. Le souvenir de Nélida rentra dans son cœur, émouvant et cruel.

Ewald remarqua le trouble de Guermann, et craignant de détourner peut-être par sa présence une inspiration de la muse, il abrégea sa visite et quitta l'atelier bien plus tôt qu'il n'avait compté, en promettant toutefois de revenir dès le lendemain.

Il revint en effet, non-seulement le lendemain, mais le surlendemain, mais chaque jour; il revint, attiré par la riche nature de Guermann, par le charme de ses manières et par ce qu'il y avait d'étrange, d'incompréhensible pour lui, dans le désordre d'idées et le vague tourment de cette organisation si puissante et si faible tout à la fois. Il voyait Guermann souffrir presque constamment; et, sa candeur germanique ne pouvant admettre comme un sujet de sérieux chagrin le sentiment des inégalités sociales dont celui-ci l'entretenait sans cesse, il écoutait avec stupeur les imprécations que l'artiste irrité proférait d'une lèvre de plus en plus amère. Il supposait qu'une douleur secrète, le mal du pays peut-être, ou plutôt, sans doute, l'absence d'une femme aimée, se répandait ainsi en de feintes colères, et il n'en aimait que mieux son nouvel ami; mais, plutôt que de combattre ses idées, il jugea qu'il serait utile de l'arracher à une solitude malfaisante, et que, bon gré mal gré, il fallait essayer de le distraire. Ce fut dans ces intentions cordiales qu'il sollicita Guermann de l'accompagner une fois à la *cave* des Bénédictins, où il passait régulièrement ses soirées avec de jeunes étudiants. Guermann l'y suivit. La société d'Ewald avait pour lui un charme indicible, et, bien qu'ils ne se fussent jamais rien dit de leur vie intime, une convenance tacite les rapprochait. Ewald regardait Guermann avec admiration et tristesse, comme on regarde le volcan fumant qui menace; et Guermann respirait avec complaisance les émanations de cette âme simple, honnête, enthousiaste et tendre, qui lui livrait, sans en rien retenir, tous les parfums de sa poétique jeunesse.

La surprise de Guermann fut grande lorsque, arrivé dans la cour en arcade d'un ancien couvent de Bénédictins, Ewald descendit cinq ou six marches dégradées, et l'introduisit, en ouvrant une porte de chêne à gros clous de fer, dans la taverne la plus renommée et la mieux fréquentée de T... Une atmosphère détestable de fumée de tabac, mélangée d'odeur de bière et de viande grillée le prit à la gorge, un bruit infernal l'assourdit.

— Courage ! dit Ewald ; il en faut un peu, j'en conviens, au premier moment ; mais tout à l'heure vous serez accoutumé et vous n'y penserez plus. Je vous ai annoncé comme un homme chagrin ; vous ne serez obligé à aucun frais, et, si je ne me trompe, le spectacle de cette vie facile et expansive, les plaisirs d'une camaraderie affectueuse au fond, quoique un peu brutale dans sa forme, ne seront pas sans intérêt pour vous.

Comme il parlait ainsi, le maître de la taverne, le brasseur Anton Krüger, vint au-devant d'eux en culotte courte, bas chinés et tablier blanc boutonné sous le menton, son bonnet de coton à la main, son trousseau de clés à la ceinture. Saluant Ewald avec un respect familier : — Je souhaite le bonsoir à mes hôtes, dit-il en jetant un regard de satisfaction sur l'étranger dont la présence allait donner un grand relief à sa taverne ; ma bière est exquise aujourd'hui, tous ces messieurs en sont dans le ravissement. Pendant qu'il vantait ainsi sa marchandise et qu'Ewald avançait vers le fond de la taverne, à travers les flots d'une fumée opaque éclairée de loin à loin par une chandelle charbonneuse, Guermann jetait un rapide coup d'œil sur la scène bizarre qui se montrait à lui.

La cave des Bénédictins n'avait pas usurpé son nom ; c'était une véritable cave, aux murailles suintantes, drapées de toiles d'araignées et recevant par d'étroits soupiraux le jour du dehors. Le fond en était rempli par d'énormes tonneaux de bière ; des tables et des bancs de bois étaient symétriquement rangés le long du mur. L'unique servante de ce lieu de délices, la propre fille de M. Krüger, la fraîche Baby, dont les nattes pendantes tressées de rubans flottants, la jupe rouge garnie de velours noir, la gorgerette de fine toile blanche, le riche collier de grenat, et surtout le regard assuré et la preste allure, annonçaient une beauté sûre d'elle-même, allait et venait sans relâche de çà, de là, des tables au garde-manger, du garde-manger aux tonneaux, répondant à chacun de l'œil et de la voix, multipliant ses sourires et réprimant de temps en temps, d'une parole sévère, le geste un peu trop expressif de quelque étudiant audacieux.

— Messieurs, dit le jeune artiste en s'approchant de la table où ses nombreux amis étaient rassemblés, je vous présente M. Guermann Régnier, peintre français.

Le vacarme était tel à cette joyeuse table, que les plus proches seulement entendirent ; le reste ne fit pas attention à l'arrivée du nouvel hôte, et le bruit des disputes, des toasts, des éclats de rire, le choc des verres, le cliquetis des fourchettes, les harangues improvisées et les facétieuses galanteries à la belle Hébé qui servait cet Olympe burlesque, allèrent leur train et semblèrent même croître en éclat et en intensité.

— Qu'est-ce qu'ils ont donc ce soir? dit Ewald à s voisin, personnage un peu plus grave, dont la toque reposait plus doctement sur son front chauve, et qui, commodément accoudé sur la table, fumait sa pipe d'un air magistral.

— C'est Reinhold qui les a mis en train ; il arrive de Berlin où il s'est laissé engluer à toutes les bêtises de Schelling. Il a été jusqu'à nous dire tout à l'heure que Hegel n'avait pas bien compris l'identique absolu. C'était un peu trop fort à avaler. Müller a répondu comme il convenait. Si je n'avais pas mis le holà, ils allaient se battre séance tenante. Les Philistins ont eu si peur qu'ils ont décampé, en laissant leurs verres à moitié pleins.

Guermann écoutait de toutes ses oreilles ces étranges discours, et examinait curieusement le groupe qui siégeait à l'autre bout de la table. Il vit là des figures ouvertes et riantes qui, avec moins d'intelligence et de charme, rappelaient le type noble d'Ewald. Le costume de ces jeunes bacheliers, ajoutait encore à la juvénile placidité de leurs traits. Presque tous étaient vêtus de la redingote courte serrée à la taille, ou de la blouse de velours ornée de galons et de houppes de soie. Leurs cous blancs, un peu féminins, sortaient librement de la chemise rabattue sans cravate. Quelques-uns portaient en bandoulière des cornes d'aurochs montées en argent. Tous tenaient à la main de longues pipes, à tête de porcelaine, sur lesquels on voyait gravés les portraits de quelque grand homme : Luther, Gutemberg, Beethoven ou Gœthe. Chacun avait devant soi le verre classique à couvercle d'étain, plus large du bas que du haut, qui contient une demi-bouteille de bière, et dans lequel l'étudiant vient régulièrement chaque soir noyer le peu de raison amassée depuis son dernier repas, c'est-à-dire pour les plus sobres, depuis trois ou quatre heures à peine.

Ewald, qui suivait sur le visage de Guermann la trace

de ses impressions, vit qu'après le premier moment de curiosité satisfaite, il ne prenait plus grand plaisir à cette lutte de poumons, de gosiers et de gestes, que les étudiants honorent du nom de discussion libre; se levant alors tout à coup de son siége, et frappant sur la table un vigoureux coup de poing qui fit tressaillir tous les verres et se tourner vers lui tous les regards :

— M'est avis, messieurs, dit-il, que nous rabâchons comme M. de Schlegel, et que nous raisonnons comme des Philistins. Croyez-moi, laissons en paix Hegel et Schelling, et pour fêter mon excellent ami, le peintre parisien, chantons-lui en chœur une chanson allemande. Allons, messieurs!

Wo ist des Deutschen Vaterland?

Aussitôt tous les jeunes gens se levèrent, passant soudain de la plus grosse gaieté à une sorte de recueillement religieux. L'un d'eux ayant donné le ton d'une voix sonore, ils dirent avec une puissance et avec une sévérité de mesure irréprochable la chanson du professeur Arndt, chanson célèbre où s'exhale, avec la permission des trente-deux gouvernements de l'Allemagne, tout l'excédant de patriotisme et d'indépendance qui travaille la jeunesse des écoles.

Guermann était trop artiste pour ne pas éprouver un véritable plaisir à l'audition de cette belle musique, exécutée avec tant de franchise et de verve. Devenu aussi plus expansif par l'action de la bière qu'il n'avait pu s'empêcher de boire malgré une première répugnance, il s'approcha du jeune Reinhold qui avait chanté les solos, et, lui tendant la main, lui exprima avec chaleur son admiration.

Ce serrement de main détermina une explosion générale. Une vingtaine de mains furent tendues à Guermann presque à la fois. Des invitations à boire s'ensuivirent. Il ne crut pas pouvoir refuser; Ewald l'avait prévenu que ce serait une impolitesse. Toutefois, celui-ci s'apercevant que l'effet de la boisson se faisait un peu trop sentir, et redoutant dans les discours de Guermann un certain accent de morgue aristocratique et un ton de grand seigneur qui, passé d'abord inaperçu, commençait à faire dresser l'oreille à quelques-uns, il saisit un prétexte et, quittant la taverne au plus fort du tapage, il reconduit Guermann, dont les jambes n'étaient plus très-solides, jusqu'à sa chambre du palais ducal.

XXVI

... — Et pourquoi voulez-vous que je m'irrite de ce qui se fait, se dit et se pense, là où je ne me soucie pas d'être? dit Ewald à Guermann dans une discussion souvent renouvelée depuis la soirée de la taverne. Que m'importe à moi, je vous prie, cette espèce de prison dorée que vous appelez le monde, quand je possède de droit divin la création tout entière, avec tout ce qu'elle renferme de visible à mon œil et d'appréciable à mon intelligence?

— Mais comment, disait Guermann, vous dont l'âme est généreuse et forte, n'êtes-vous pas possédé du désir de châtier l'orgueil de ces privilégiés du siècle, et de *réhabiliter* en votre personne (c'était le grand mot saint-simonien qui revenait toujours à sa bouche) une classe d'hommes nobles et opprimés?...

— Encore une fois qu'y gagneraient-ils, mon cher Guermann? Vous me trouvez trop modeste; ne serait-ce pas, au contraire, que mon orgueil est plus grand que le vôtre? car il ne daigne point envier des biens qui ne sont point enviables. Vous me croyez sans ambition? J'en ai une, jamais assouvie, mais aussi jamais découragée : celle de me rapprocher de plus en plus, dans mon art, de l'idéal divin.

— Admettons que vous fassiez sagement de ne pas vouloir pénétrer dans une société qui ne vous accueillerait qu'avec condescendance, reprenait Guermann; comment est-il possible que vous, vous, d'organisation exquise s'il en fût, délicat et sensible comme une femme, vous puissiez supporter chaque jour...

— Ah! nous y voilà, interrompit Ewald en riant... les joies grossières de la taverne, le contact peu velouté de mes rudes amis, n'est-il pas vrai? Que voulez-vous, Guermann! Quand j'ai passé tout le jour dans un sérieux travail, en entretiens graves avec la Muse, j'ai besoin de reposer mes nerfs, de retremper mes esprits fatigués aux libres flots de la vie matérielle. La taverne est une réaction nécessaire qui rétablit l'équilibre dans tout mon être. J'y apporte, je ne vous le cache pas, le sentiment d'une supériorité qui flatte suffisamment mon secret orgueil. Ce qu'il y a encore en moi de vanités, de jalousies, de chagrins peut-être, j'en bourre ma pipe, et je vois peu à peu mes soucis s'élever, tourbillonner et s'évaporer dans l'air en spirales joyeuses... comme ceci, tenez! Et il aspirait une énorme bouffée de tabac, qu'il laissait s'échapper lentement et à longs intervalles de ses belles lèvres roses, en lui faisant décrire toutes sortes d'arabesques fantastiques.

— Vous êtes un sage, dit Guermann en soupirant.

— En tous cas, je ne suis pas allé chercher ma sagesse bien loin, reprit Ewald; il ne m'a pas fallu passer les mers; je n'ai consulté ni le sphinx d'Égypte, ni les échos du Parthénon, ni les ruines du Colysée. Je n'ai médité ni Bouddha, ni Confucius, ni Pythagore. Toute ma science et toute ma doctrine sont résumées dans un seul axiome, gravé là sur le couvercle de ma tête de pipe.....

Et il fit lire à Guermann, qui ne put s'empêcher de sourire, cette devise italienne :

Fumo di gloria non vale fumo di pipa.

Guermann écoutait ces discours, et d'autres analogues, avec des sentiments très-complexes. Tantôt il rendait justice à la droite raison, à la philosophie simple et forte de son jeune ami; tantôt, au contraire, il prenait en pitié cette commune sagesse, et se sentait presque du dédain pour une résignation si vulgaire. Sur ces entrefaites, le grand-duc revint. Mais Guermann ne le trouva pas à T... ce qu'il avait été à Milan. Soit qu'en Italie le souverain se fût laissé entraîner plus qu'il n'était dans sa nature par cette facilité de mœurs et cet enthousiasme du beau qui établissent, dans la patrie du Raphaël et de Léon X, une sorte de niveau entre le grand seigneur et l'artiste; soit que les intrigues de ses courtisans et les préventions de la grande-duchesse eussent influé sur son esprit; toujours est-il qu'il se montra poli, rien au delà, et qu'après une visite officielle à l'atelier et une invitation à dîner avec des subalternes, il ne donna plus à Guermann signe de vie.

Quel contraste, pour l'artiste orgueilleux et avide d'émotions, entre la vie animée de Milan et cette existence monotone, en présence d'un travail lent, hérissé de difficultés, et dont les résultats lui apparaissaient à lui-même comme fort douteux! La solitude n'est bonne qu'aux forts. Guermann n'était hanté dans la sienne que par des esprits malfaisants. La présence d'Ewald, dont il avait ressenti un soulagement passager, commençait à lui devenir importune. Les conseils qu'il avait été forcé d'accepter, les rapports d'infériorité où il se sentait vis-à-vis d'un homme plus jeune que lui et qui ne se considérait encore lui-même que comme un élève, le rejetaient si loin de cette souveraineté artistique dont il avait cru s'emparer d'emblée, que plusieurs fois il se demanda avec angoisse s'il ne s'était pas forgé des chimères, en se croyant appelé à un grand avenir, et s'il n'eût pas mieux fait... Ici mille projets plus inexécutables les uns que les autres harcelaient son esprit. D'affreux cauchemars le tenaient le tant durant des nuits entières; ses nerfs étaient devenus à tel point irritables, que le travail matériel même lui coûtait des efforts pénibles. Confus de ses délais, il avait fait construire au Musée un vaste échafaudage, et par deux fois déjà il y était allé, résolu à commencer enfin cette fresque redoutable, par deux fois son courage avait failli; après avoir parcouru en tous sens les échelles et les planches, il était revenu chez lui désespéré. Sa constitution, naguère si robuste, s'affaiblissait de plus en plus; bientôt il en arriva à une sorte d'effroi puéril à la vue d'un visage humain, car il croyait surprendre dans tous les yeux le reproche ou la moquerie, et il défendit brusquement à Ewald la porte de son atelier. Celui-ci obéit avec tristesse, et alors Guermann, incapable de tenir un pinceau, incapable de soulever le poids intérieur qui l'étouffait, demeura des jours entiers la tête appuyée dans ses mains, pleurant des larmes amères. Dans l'état de prostration où il s'était laissé tomber, le souvenir de madame de Kervaëns reprit sur lui un empire absolu. Un remords superstitieux s'empara de son cœur; il crut voir, dans les doutes de son esprit et dans les défaillances de son talent, la punition de ses torts; et, comme les déterminations les plus promptes et les partis les plus extrêmes avaient toujours eu pour lui un attrait irrésistible, deux mois, jour pour jour, après avoir quitté Milan, Guermann écrivait à Nélida la lettre qu'on va lire, lettre où ne se trahissait que trop l'incohérence de ses pensées :

« Nélida ! Nélida ! Ah ! laisse-moi le répéter cent fois, mille fois, ce nom sacré ! Il m'oppresse, il me brûle, il me déchire aujourd'hui : mais, si tu le veux, il exercera encore sur moi la force magique des anciens jours.

» Viens, ô viens! ne perds pas une heure, pas une minute. Viens dans mes bras lassés d'étreindre ton fantôme, viens contre ma poitrine qui ne peut plus contenir ses gémissements !

» O Nélida ! quels mystères de grandeur et d'amour je te révélerai encore ! Ma pensée est si forte qu'elle m'écrase ; je ne puis la porter seul. Il y a en moi tout un monde qui veut sortir du chaos ; c'est ton regard, je le sens, qui doit séparer la lumière des ténèbres.

» Je ne puis voler vers toi, l'honneur m'enchaîne ici. Je t'attends, et je me meurs d'impatience et d'amour !... »

Cette lettre ne parvint jamais à son adresse. Nélida avait quitté l'Italie. Personne ne savait ce qu'elle était devenue. Trois semaines se passèrent, trois semaines pendant lesquelles Guermann vécut dans une fixité d'idées effrayante. A chaque roulement de voiture dans les cours du palais, à chaque bruit de pas sur l'escalier, il s'éveillait comme en sursaut, bondissait sur sa chaise, courait à la porte ou à la fenêtre. Puis il venait reprendre sa place et le cercle mille fois parcouru de ses sombres pensées.

Un matin, il se levait à peine, et, par une de ces inconséquences fréquentes qui caractérisaient son inexplicable nature, il s'était jeté à genoux et demandait au ciel avec ardeur le prompt retour de Nélida (car il sentait la vie se consumer en lui, et il avait peur), lorsqu'un valet de place entra en grande hâte, apportant la nouvelle qu'une jeune dame venait de descendre à l'hôtel de *l'Empereur* et voulait le voir tout de suite.

— Nélida ! s'écria Guermann ; et il se précipita hors de la chambre d'une telle vitesse, que le valet n'essaya pas même de le suivre et se mit à causer avec la servante occupée à laver les escaliers, lui contant son message significatif, et lui dépeignant avec complaisance les beaux équipages de la belle dame arrivée d'Italie et le superbe appartement du rez-de-chaussée qu'elle avait retenu pour six mois tout de suite.

En un clin d'œil Guermann fut à l'hôtel de *l'Empereur*. Un domestique l'avait vu venir de loin ; il était attendu, car, au moment où la porte de l'appartement s'ouvrit, deux bras de femme se jetèrent autour de son cou et deux lèvres ardentes brûlèrent sa joue. Guermann se laissa tomber à terre, défaillant sous l'éclair sinistre qu'avait lancé sur lui l'œil noir et embrasé d'Élisa Zepponi.

XXVII

La soirée était sereine. Quelques étoiles se montraient, pâles et tremblantes, dans un ciel encore baigné des derniers feux du soleil couchant. Les lilas en fleur embaumaient l'atmosphère. Caché dans les branches roses d'un arbre de Judée, un rossignol faisait vibrer l'air ému des notes pressées de sa cadence amoureuse. Accoudée sur la muraille à hauteur d'appui d'une large terrasse qui dominait la ville, mère Sainte-Élisabeth, l'œil attaché sur le vaste horizon, causait avec Férez.

— N'en doutez pas, disait la religieuse de ce ton grave et sacerdotal qui lui était habituel, l'esprit du bien est demeuré vainqueur dans cette grande âme. D'elle-même elle a formé la résolution forte et sage de reprendre la direction de sa fortune, de retourner en Bretagne, et de consacrer ses revenus à réaliser, en partie du moins, les projets que nous osions à peine concevoir il y a six mois. Elle accepte, comme une dernière expiation, les épreuves qui l'attendent dans des lieux si pleins de son passé. Le mari de Claudine vient la chercher pour la conduire à Kervaëns. Elle m'a fait promettre de la rejoindre, et je me suis engagée pour vous aussi; vous nous devez vos conseils et votre aide.

— Imprudente! dit Férez en secouant la tête d'un air d'improbation, on voit bien que vous n'avez jamais connu les faiblesses du cœur. Vous laissez cette femme à peine guérie s'exposer aux plus dangereux souvenirs!

— Il n'est plus de dangers pour ma sainte fille, s'écria la religieuse. Sa volonté est debout, sa pensée affranchie. Nous ne la verrons pas tomber dans les tristes excès des cœurs faibles qui ne peuvent se sauver de l'amour que par la haine, de l'enthousiasme que par le désespoir. Elle a le respect calme du passé, parce qu'elle a la foi inébranlable de l'avenir. Elle parle de son amour en poëte et de ses erreurs en philosophe. Son âme a fait silencieusement le travail interne et inaperçu du glacier des Alpes; elle a rejeté, par sa force propre et sans secousse, sur ses bords, tous les éléments étrangers qui en ternissaient pureté naturelle.

Mère Sainte-Élisabeth parla encore longtemps de Nélida, sa préoccupation constante et son plus cher souci. Férez ne l'interrompit plus. Tout à coup, en reportant les yeux sur lui, elle s'aperçut qu'il était plongé dans une profonde rêverie et ne paraissait plus entendre.

— A quoi pensez-vous donc? lui dit-elle.

Il sourit doucement, et attachant sur elle un long regard mêlé de reproche et d'amour : Vous êtes bien éloquente, Faustine, lui dit-il en l'appelant pour la première fois par son nom de jeune fille, mais tenez! ce rossignol, qui chante là-bas dans les jeunes rameaux, l'est plus que vous encore, car, depuis un quart d'heure que je l'écoute, il m'enlève à toutes les réalités présentes et m'emporte, sur les ailes de sa joyeuse chanson, dans le monde des rêves et des souvenirs. Savez-vous où j'étais tout à l'heure quand vous m'avez arraché à mon illusion? Vous souvient, il d'un soir?... Il y a de cela dix ans passés... minuit avait sonné; nous étions seuls dans votre chambre. Vêtue encore de votre habit de fête, vous m'aviez fait appeler, studieuse enfant, pour me lire une grave étude d'histoire. Par un caprice que je me gardai de combattre, vous vouliez, disiez-vous, éprouver la force de vos yeux en lisant à la clarté d'un rayon de lune, et vous aviez caché la lampe derrière le paravent. Je m'appuyai sur le balcon de la fenêtre. Comme aujourd'hui, les lilas fleurissaient dans le jardin de votre père, et la voûte du ciel était jonchée d'étoiles; vous vous mîtes à lire, sérieuse et calme; comme aujourd'hui, moi je n'écoutais pas. Je suivais d'un œil ébloui le mouvement accentué de vos lèvres de Muse, et je contemplais votre beau bras nu qui soutenait votre front penché. Tout à coup, cédant à une force irrésistible, je sentis mes genoux ployer, et je me trouvai, par un mouvement involontaire, en adoration devant vous... Vous lisiez toujours et ne me voyiez pas... Au bout de quelque temps, vos yeux fatigués se détournèrent : — Je ne distingue plus rien, dites-vous en fermant le cahier. Alors, m'apercevant à vos genoux, vous fîtes une exclamation de surprise; je saisis votre main, la mienne était brûlante. Que voulez-vous lire sur cette page morte? m'écriai-je. Faustine, lisez dans mon cœur, lisez-y les secrets de la vie, les secrets de l'amour. Votre regard s'attacha sur moi sans colère; je me tus pourtant, épouvanté de ce que j'avais dit, de ce que vous alliez dire. Vous demeuriez silencieuse. Au bout d'une minute, je vis, je crus voir une larme mouiller votre paupière... Merci, balbutiai-je, et je m'enfuis sans tourner la tête, craignant une parole qui me la reprît, cette larme, la première, la seule que je vous aie vue verser. O Faustine, Faustine, si vous m'aviez aimé !...

— Mais que me disiez-vous tout à l'heure? reprit Férez d'un ton indifférent et d'une voix rassise. Madame de Kervaëns part pour la Bretagne?

— Dès demain, répondit mère Sainte-Élisabeth en ramenant et croisant sur sa poitrine son écharpe de laine. Mais le temps fraîchit, l'humidité se fait sentir, rentrons... Et elle marcha de son pas royal vers la maison ensevelie dans les ténèbres, en regardant la fenêtre haute où l'on voyait brûler, derrière le rideau de mousseline, la lampe solitaire de madame de Kervaëns.

Pendant cette conversation, Nélida achevait de donner des ordres pour son prochain départ. Au moment où elle y songeait le moins, sa porte s'ouvrit et elle vit entrer M. Bernard.

— Soyez le bien-venu, s'écria-t-elle en courant à lui ; je vous attends, vous me trouvez prête, mon dernier combat est livré, j'ai hâte de partir.

Le visage pâle de M. Bernard, la profonde altération de ses traits, épouvantèrent madame de Kervaëns.

— Juste Dieu ! s'écria-t-elle, qu'y a-t-il ? Serait-il arrivé quelque malheur ? Claudine...

— Claudine va bien, dit M. Bernard en reconduisant Nélida jusqu'à son fauteuil où il l'obligea de s'asseoir ; mais rassemblez toutes vos forces, madame, une nouvelle épreuve vous est réservée...

— Bonté divine ! s'écria madame de Kervaëns en cachant son visage dans ses deux mains. Encore !

— La main de Dieu s'appesantit sur celui que vous avez aimé, madame ; depuis un mois il est gravement atteint...

— Où est-il ? conduisez-moi vers lui, hâtons-nous, dit Nélida qui jetait avec égarement sur ses épaules son manteau de voyage...

— Madame, dit M. Bernard avec le sang-froid qui ne l'abandonnait jamais, ma voiture est en bas, et je suis à vos ordres... Mais il est de mon devoir de vous faire réfléchir à ce que vous allez faire... la route est longue... d'après les détails qu'on me donne, il reste bien peu d'espoir...

— Partons ! dit Nélida.

— Il est douteux qu'il vous reconnaisse, reprit M. Bernard, et je dois encore vous prévenir que vous trouverez à son chevet une étrangère...

— Quand tous les démons de l'enfer seraient auprès de lui, s'écria Nélida, j'irais.

— Ne voulez-vous pas dire adieu à votre amie? dit M. Bernard.

— Ce courage-là, je ne l'ai pas, répondit Nélida en baissant la tête; partons sans que personne nous voie. J'ignore où je vais, je ne sais ce que je fais; je ne sais si c'est un devoir que j'accomplis ou une faute que je commets encore... mais il n'est pas temps d'en délibérer, partons.

XXVIII

La marquise Zepponi, en venant trouver Guermann, avait obéi à l'élan spontané de sa nature irréfléchie. Son vif penchant, irrité par l'absence, avait pris les caractères d'une passion : passion italienne, plus ardente que fière, qui ne se laissa ni décourager par le rude accueil de Guermann, ni même contenir par des signes non équivoques de son indifférence. Les hommes vaniteux ont un mépris souverain pour les femmes faciles. Après les premiers jours d'explications et de querelles qui l'avaient un peu ranimé en lui donnant l'occasion de parler de madame de Kervaëns, Guermann était retombé dans son absorption; et, comme les inquiétudes, les questions et les larmes d'Élisa l'irritaient, non-seulement il ne se montra plus chez elle, mais encore il déserta l'atelier où elle n'avait pas craint de venir le chercher, et se mit à courir la campagne, passant des jours entiers, et quelquefois des nuits, à errer par les chemins.

Ces singularités ne pouvaient demeurer inaperçues dans une aussi petite ville que T... On les grossit, on les amplifia de telle façon, que bientôt l'artiste exalté passa pour complétement fou. L'alarme gagna de proche en proche, et l'intendant des concerts persuada à la grande-duchesse qu'il serait fort dangereux pour elle et pour ses enfants de continuer à loger dans l'intérieur du palais un homme insensé, qui, d'une minute à l'autre, pouvait devenir furieux.

Avertie de ce qui se préparait, la marquise Zepponi loua une maison de campagne aux portes de la ville. Elle dit à Guermann qu'il y allait de son honneur de quitter le palais, puisqu'il avait à peu près renoncé à son travail, et, par toutes sortes de petits artifices, elle obtint qu'il viendrait s'établir pour quelques semaines en bon air et loin du bruit avec elle.

Guermann parut d'abord se trouver bien de ce changement de lieu; son humeur s'adoucit; il reçut d'un visage moins farouche les soins vraiment touchants de la marquise. Cependant, sa maigreur de plus en plus sensible, ses longs silences obstinés dont il sortait par d'étranges éclats de rire, la perte totale du sommeil et de l'appétit donnaient au médecin, qui l'observait attentivement, de sérieuses inquiétudes. Le retour du printemps ne fit qu'aggraver le mal; la fièvre s'établit en permanence; de fréquents accès de délire jetèrent l'épouvante dans le cœur de la marquise. Son dévouement croissait avec le danger; elle veillait jour et nuit au chevet de Guermann et supportait avec une résignation qui ne lui était pas naturelle ses paroles amères. Autant les femmes de plaisir sont inintelligentes des douleurs morales, dont elles ont horreur, autant elles sont d'instinct charitables et compatissantes aux maux physiques.

Afin de mieux guider le médecin dans le traitement d'une maladie qui présentait des caractères peu explicables, Élisa lui avait fait connaître ce qu'elle savait de la vie passée de Guermann. Sa surprise fut grande quand elle le vit subitement frappé de la pensée qu'une idée fixe, un regret profond, pouvait avoir causé cet état de souffrance, auquel la science ne trouvait pas de remède; il s'expliquait par la préoccupation constante de Nélida beaucoup de choses qu'il n'avait pu comprendre, et déclara sans détour à la marquise que la présence d'une personne aussi chère pouvait encore, mais pouvait seule, peut-être, amener une crise heureuse et sauver le malade. Élisa prit sans hésiter la résolution, héroïque pour une femme jalouse, d'écrire à M. Bernard en le conjurant d'amener sa rivale. Nous avons vu l'effet que produisit cette lettre sur madame de Kervaëns. L'intervalle qui s'écoula entre le jour où la marquise l'écrivit et le temps où la réponse pouvait arriver, fut plein d'angoisses. Guermann, tombé dans un silence obstiné, ne semblait même plus reconnaître ceux qui l'approchaient. On ne le décidait que très difficilement à prendre quelques breuvages à peine suffisants pour entretenir la vie en lui; l'épuisement faisait des progrès rapides; Élisa lisait avec terreur dans les yeux du médecin, qu'elle n'osait plus interroger, l'arrêt presque certain d'une mort prochaine.

Un soir, plus lasse, plus abattue encore que de coutume, s'étant éloignée un instant du malade assoupi, elle avait ouvert la fenêtre de la chambre voisine, et respirait d'une poitrine embrasée la fraîche brise des champs. Le silence était partout, au dedans et au dehors. Pâle, échevelée, un grand châle jeté sur ses épaules nues, Élisa regardait au hasard dans la campagne, lorsqu'un bruit lointain de roues sur le chemin cailloûteux la fit tressaillir. Le bruit se rapprochait ; bientôt elle aperçut, à travers les branches à peine feuillées des acacias du jardin, une voiture s'arrêter à la petite porte verte. La clef de fer tourna en grinçant dans la serrure ; la porte s'ouvrit. Élisa poussa un cri en voyant se dessiner dans l'ombre et s'avancer par l'allée de rosiers qui menait droit au perron, la forme blanche de madame de Kervaëns appuyée sur M. Bernard. Elle mit ses deux mains sur son cœur qui battait avec une vitesse effrayante, et se précipita hors de la chambre.

Quelle rencontre ! et que le sort s'amuse à de sinistres jeux ! Pour la seconde fois, il mettait en présence ces deux femmes, destinées à souffrir l'une par l'autre, l'une avec l'autre. Une première fois, dans un splendide lieu de fête, elles s'étaient tendu une main frémissante de jalousie ; elles avaient échangé un regard de défi où brillait encore toutes les présomptions de la jeunesse ; aujourd'hui, à deux pas d'un mourant, si pâles toutes deux qu'on les prendrait pour des fantômes, leurs mains se cherchent dans une étreinte que le malheur a rendue sincère, leurs yeux se rencontrent sans haine; aucune étincelle n'en jaillit plus : une même terreur les glace, une même fatalité les brise.

Sans articuler une parole, Élisa entraîna madame de Kervaëns sur un banc de pierre qui bordait l'allée; là, d'une voix entrecoupée, à travers un déluge de larmes, elle lui apprit dans quel état était Guermann. — Sauvez-le, sauvez-le ! s'écriait-elle en attachant sur madame de Kervaëns ses grands yeux égarés; vous seule pouvez l'empêcher de mourir !

Et la pauvre femme, humble et superstitieuse, incapable de contenir le désordre de ses esprits, implorait le pardon de Nélida, faisait vœu d'entrer au cloître, s'abandonnait enfin à tout l'excès de la passion désespérée.

Habituée à maîtriser ses douleurs, madame de Kervaëns, en serrant doucement les mains de la marquise, l'exhorta à plus de calme, puis, la laissant au bras de M. Bernard, elle s'avança seule vers la maison.

Son instinct la conduisit tout droit à la chambre du malade. Les rideaux soigneusement fermés n'y laissaient pénétrer qu'une faible lueur. Elle arriva au lit de Guermann sans être aperçue. En jetant les yeux sur lui, elle eut peine à le reconnaître, tant la souffrance avait altéré ses traits. Ses cheveux, qu'il avait laissé croître depuis plusieurs mois, tombaient en longues mèches noires sur ses joues amaigries dont ils faisaient encore ressortir l pâleur livide; sa bouche était contractée, l'harmonie de son beau visage détruite. Se penchant sur le lit de son amant, en contenant les larmes qui la suffoquaient, Nélida attacha sur ses yeux, perdus dans le vide, un regard où se concentra tout ce qu'elle avait de volonté et d'amour ; le malade tressaillit, fit un mouvement brusque, et, se levant sur son séant, il regarda d'abord autour de lui, puis sa vue s'arrêta longtemps sur madame de Kervaëns comme sur un objet qu'il cherchait à reconnaître. Elle baissa les yeux et demeura immobile pour lui donner le temps de rassembler ses esprits ; ce moment fut une éternité ! Lorsqu'elle releva les yeux, elle rencontra ceux de son amant, non plus hagards et vagues cette fois, mais fixés sur elle et éclairés du rayon intérieur.

— Nélida ! murmura Guermann. Un long silence suivit cette exclamation.

— Nélida ! reprit-il avec un sourd gémissement. Elle voulut parler, la crainte scella ses lèvres.

— Que vous êtes belle ! dit Guermann. Et sa main fit un mouvement pour chercher celle de madame de Kervaëns. Tout ce que le cœur de Guermann avait encore d'amour, tout ce que l'âme de Nélida renfermait de pardon fut échangé dans cette étreinte suprême.

Au bout de quelques minutes : Oh ! oui, oui, tu es belle et tu es bonne, murmura-t-il ; je t'ai appelée, tu m'as entendu et tu viens... Oh ! que je t'aime !... — Et les larmes inondèrent son visage... — Mais il est trop tard...

Nélida ne put se contenir davantage ; elle se jeta dans les bras de Guermann, et recueillit d'une lèvre d'amante ses pleurs amers.

En ce moment, le docteur et Ewald, qui ne passaient pas un seul jour sans venir voir Guermann, entraient dans la chambre. Au bruit que fit la porte, Nélida s'arracha des bras de son amant qui la serrait avec une force convulsive.

Il jeta sur ceux qui entraient un regard sombre :

— Qu'on me laisse seul, s'écria-t-il d'une voix redevenue tout à coup impérieuse et vibrante. Je veux mourir en paix. Qu'on me laisse mon dernier rêve !

On les laissa.

— Nélida, reprit Guermann avec un accent déchirant, n'est-ce pas, tu pardonnes tout ?

— Qu'ai-je à pardonner ? dit-elle en essuyant de sa main tremblante la sueur froide qui mouillait le front de Guermann. Oubliez le passé. Vivez...

— Pourquoi vivre ? la vie est amère, dit-il.

— Vivez pour vos travaux, pour votre honneur, pour votre gloire...

— Ah ! vous ne m'aimez plus, dit-il en l'interrompant avec un douloureux sourire...Vous ne me dites pas de vivre pour notre amour...— Puis après un moment de silence : Il était si beau, si pur, si profond et si grand, ton amour ! Du jour où j'ai pu te quitter, j'ai quitté, pour ne plus les retrouver jamais, ma vertu, mon repos, mon bonheur, mon génie.

— Vous retrouverez tout, dit Nélida.

— J'ai tout retrouvé, puisque te voilà près de moi, dit-il en la regardant comme en extase. Ta main, en passant sur mon front, en enlève les sombres pensées. Ton haleine purifie l'air que je respire, et qui tout à l'heure encore, brûlait ma poitrine. Tes paroles sont une mélodie ineffable à mon oreille...

Il retomba défaillant sous l'émotion trop vive., ses yeux

se fermèrent. Madame de Kervaëns crut qu'il rendait le dernier soupir. A ses cris, le médecin, resté dans la chambre voisine, entra précipitamment.

Après avoir tâté le pouls de Guermann, il fit signe à M. Bernard qui l'avait suivi, d'emmener Nélida.

Guermann vécut deux jours encore, mais sans recouvrer l'usage de ses sens. Son agonie fut douce et tranquille. Il ne parut plus souffrir.

Il est permis d'espérer que cette dernière étreinte d'une main magnétique, que ce dernier regard d'un amour souverain, furent pour cette âme haletante un gage de la paix éternelle. Nélida put croire que, du moins à l'heure de la mort, elle avait été pour son amant ce qu'elle aurait voulu être dans sa vie : la prière exaucée, la faute pardonnée, la Béatrix qui montre les cieux ouverts.

Que devint Nélida ? Si le lecteur s'intéresse à cette femme courageuse assez pour désirer connaître le lendemain de ses jours d'épreuve ; s'il veut apprendre quelle maturité peut succéder à une telle jeunesse, quel soir à un tel matin ; s'il demande quel est le port où se reposent ici-bas les âmes ainsi faites, nous le lui dirons peut-être en son lieu ; mais ne doit-il pas déjà le pressentir ?

Chez les femmes les plus hautement douées, le cœur, dans ses élans rapides, dépasse de si loin la pensée, qu'à lui seul il agite, soumet, bouleverse et entraîne au hasard toute la première moitié de l'existence. La pensée, plus lente en sa marche, grandit, d'abord inaperçue, au sein des orages ; mais peu à peu elle s'élève au-dessus d'eux, les connaît, les juge, les condamne ou les absout ; elle devient souveraine. Le combat fut long et cruel pour Nélida, et quand elle entra en possession des forces que la nature lui avait données, elle se trouva en présence d'ennemis extérieurs aussi formidables que l'avait été son amour. La lutte recommença sous d'autres aspects et dans une autre arène. Quelles en furent l'issue et la récompense ? Il n'est que trop facile de le deviner.

N'appartenons-nous pas à un temps où rien ne s'accomplit, où nul n'achève aucune tâche? Les hommes et les choses ne semblent-ils pas frappés aujourd'hui de je ne sais quel ironique anathème? Ne voyons-nous pas autour de nous tout enthousiasme égaré, toute force dispersée, toute volonté engloutie dans la sombre tourmente de nos incertitudes?

Seulement quelques-uns, et Nélida est de ce nombre, répètent malgré tout, sans jamais se lasser, au plus fort des ténèbres extérieures, la sainte parole du psalmiste, espoir désespéré des nobles cœurs : *Quoi qu'il en soit, Dieu est bon.*

FIN DE NÉLIDA

HERVÉ

ENVOI

A M. E. DE G.....

A vous qui avez combattu seul,
Souffert en silence,
Triomphé sans joie.
A vous, qui êtes mon ami.

I

Au mois de septembre 1832, une voiture de poste entrait à l'hôtel Meurice; une femme jeune et remarquablement belle était seule dans cette voiture. On l'attendait. En la conduisant à l'appartement retenu pour elle, le maître de l'hôtel lui remit une lettre; elle la saisit vivement, en brisa le cachet et lut ce qui suit :

« Enfin te voilà donc à Paris; te figures-tu mon chagrin de n'y pas être pour te recevoir? Après une si longue absence, il me tarde tant de te presser sur mon cœur. Oh! je t'en supplie, Thérèse, viens au plus vite retrouver ta vieille amie. Je suis à Vermont, avec mon mari, qui joint ses instances aux miennes. Tu n'as fait qu'entrevoir Hervé le jour de notre mariage; c'est à peine si tu te le rappelles; mais lui, il te connaît, il t'aime pour tout ce que je lui ai dit de toi, pour tes adorables lettres que je lui ai lues avec orgueil. Songe qu'il y aura bientôt huit ans que nous sommes séparées; songe à tout ce que nous aurons à nous dire, et hâte-toi de venir reprendre notre intimité, nos interminables causeries du couvent. Sois bonne comme tu l'étais alors. Souviens-toi que tu ne refusais jamais rien à ta petite Georgine. Que ferais-tu d'ailleurs à Paris dans cette saison? Il n'y a personne. Ta famille est dispersée; ta sœur est aux eaux de Tœplitz. Crois-moi, viens l'attendre à Vermont. Viens prendre ta part de ma douce vie, te réjouir de me voir heureuse auprès d'un mari que j'estime, que je vénère, que j'adore. Ne pense pas que j'exagère, Hervé est adorable. Il a fait de moi, de cette enfant gâtée que tu as connue si ignorante, si inconsidérée, si futile, une femme sérieuse, attachée à ses devoirs, une mère attentive. Il m'a sauvée de tous les écueils; il m'a corrigée de tous mes travers; il m'a rendue presque digne de lui, et cela sans une parole amère, sans un reproche, sans avoir jamais exercé sur mon esprit la moindre contrainte. Quel noble cœur qu'Hervé! Comme tu vas l'aimer tout de suite! Il y a tant de rapports entre vous deux. Mais, égoïste que je suis, je ne te parle que de moi et je ne sais pas si tu peux m'entendre sans tristesse. Tes parents m'ont bien assuré, à la vérité, que tu vivais contente à New-York; que tu dirigeais en partie les affaires de ton mari; qu'elles prospéraient; que vous aviez un établissement superbe; que tu ne regrettais point trop Paris. Ton beau-frère a même ajouté que ta tête s'était calmée et que, grâce au ciel, tu étais guérie des idées romanesques. Mais toi, tu ne m'as presque rien dit de ton intérieur; je n'ai pas su deviner non plus l'état de ton âme au ton de tes lettres qui n'était ni triste, ni gai, ni exalté, ni tout à fait calme pourtant. J'attends donc tes confidences, et je ne puis que te répéter : Viens, viens dans mes bras qui te sont ouverts; viens dans ma maison qui est la tienne. »

Une larme mouilla les yeux de Thérèse, restée seule dans sa chambre.

— Ame charmante! murmura-t-elle, cœur plein d'enchantements! Je l'avais bien prévu, le monde ne devait se montrer à toi que sous ses couleurs les plus séduisantes; ta lèvre ne devait goûter que le miel au bord de la coupe. Rien qu'en approchant des lieux où tu vis, je sens ta bénigne influence. Il me semble que ces huit années passées, si pesantes, si mornes, se détachent de moi. Je crois respirer de nouveau l'air libre de mon enfance. J'oublie déjà mes jours sans soleil, mes devoirs inexorables et la chaîne si courte qui m'attache à un sol aride. Mon cœur frémit d'une joyeuse impatience, j'ai comme hâte de vivre. Je crois entendre encore la voix de mes illusions perdues et le battement d'ailes de mes jeunes espérances. O Georgine, Georgine, quelle magie il y a encore pour moi rien que dans ton nom! Je t'ai toujours aimée, non comme mon amie, mais comme ma fille, comme mon enfant de prédilection. Si je t'avais vue toujours près de moi, si j'avais pu à toute heure contempler ton front serein et ton doux sourire, mon sort ne m'eût point semblé trop rude; je l'aurais accepté sans déchirement, peut-être même sans effort.

Thérèse sonna et fit demander immédiatement des chevaux de poste. Puis elle écrivit à sa sœur pour lui apprendre qu'ayant obtenu de son mari la permission de passer trois mois en France, elle allait en donner un à

Georgine et rejoindrait sa famille dans le courant d'octobre.

Le lendemain elle arrivait à Vermont. C'était une ravissante demeure, un château bâti à l'italienne sur le versant d'une colline, au bas de laquelle roulait une petite rivière. La vue s'étendait au loin sur une plaine fertile. Les abords étaient riants, les jardins plantés avec un goût exquis, le paysage avait une délicieuse fraîcheur. A mesure qu'on approchait, on se sentait plus attiré. Le murmure de la rivière, le chant de milliers d'oiseaux sous les ombrages, les tons éclatants, les riches nuances des fleurs jetées à profusion sur les tapis de verdure les parfums qui s'en exhalaient et qui embaumaient l'atmosphère, tout révélait un séjour privilégié ; il était impossible de s'en figurer les habitants autrement que comme des êtres satisfaits et paisiblement heureux. Thérèse reçut avec attendrissement cette impression d'une nature si charmante qu'elle agissait même sur les esprits les moins préparés à en être émus, et quand elle aperçut Georgine venant radieuse à sa rencontre, appuyée sur le bras d'Hervé, elle crut voir la réalisation d'un de ces romans anglais qui se plaisent aux scènes de famille, une image vivante de cette félicité paradisienne accordée dès ici-bas dans le mariage à quelques femmes que leur ange gardien n'a pas quittées.

Les deux amies se précipitèrent dans les bras l'une de l'autre et se tinrent longtemps embrassées.

— Fais-toi donc voir ! s'écria enfin Thérèse. En vérité, je ne te reconnais plus. Tu n'étais que jolie quand je t'ai quittée ; je te retrouve tout à fait belle.

— Vous l'entendez, dit Georgine en se retournant vers Hervé, nous verrons maintenant ce qu'elle va dire des enfants. Où sont-ils donc restés? Tenez, Hervé, conduisez Thérèse ; moi, je cours chercher ces chers trésors.

Hervé offrit son bras à Thérèse. Il la remercia avec cordialité de l'empressement qu'elle avait mis à rejoindre Georgine et de la joie que sa présence allait répandre à Vermont. Puis, tournant assez court aux phrases d'usage :

— Comment la trouvez-vous? dit-il. Avez-vous parlé vrai? vous semble-t-elle embellie?

Thérèse lui répéta ce qu'elle venait de dire, ajoutant que le visage de Georgine, son attitude, sa démarche avaient pris un caractère noble et grave, infiniment préférable à son joli minois du couvent.

— Eh bien! reprit Hervé, ce changement extérieur qui vous frappe est l'expression d'un changement intime bien plus marqué, bien plus complet encore. Quand vous avez connu Georgine, quand je l'ai épousée, c'était une aimable et gracieuse enfant, rien de plus; aujourd'hui, vous ne tarderez pas à vous en apercevoir, c'est une femme distinguée. Son intelligence s'est ouverte à tous les beaux sentiments. Elle me rend bien fier...

— Et heureux? dit Thérèse en lui prenant la main.

— Quelle question! reprit Hervé en souriant; on voit bien que vous arrivez d'Amérique. Vous avez véritablement des idées de l'autre monde ; vous croyez au bonheur. Dans notre vieux monde à nous, il n'y a que les niais et les envieux qui y croient.

En ce moment, ils entraient au château; Georgine les

attendait, tenant ses enfants par la main. L'un, garçon de six à sept ans, ressemblait trait pour trait à son père; l'autre était une petite fille à la chevelure dorée, aux grands yeux bleus, au teint transparent, un chérubin du Corrége. Dès qu'ils aperçurent Hervé, ils se jetèrent sur lui, sautèrent sur ses genoux, se cramponnèrent à son cou; il n'y eut plus moyen de les en arracher.

— Voilà une présentation bien solennelle, dit Georgine; mais que veux-tu? ce sont de petits sauvages élevés dans les bois; ils adorent leur père et ne m'écoutent plus dès qu'il est là.

Le reste du jour se passa en entretiens affectueux et familiers. Les jours suivants, Thérèse fut initiée à tous les détails de la vie de château telle qu'on l'entendait à Vermont. Il régnait dans cet intérieur une liberté si sagement ordonnée, tant de paix; les maîtres étaient si indulgents, les serviteurs si attentifs, les enfants si joyeux, tous les visages si ouverts, Thérèse voyait surtout chez Hervé et chez Georgine un soin si constant, et qui paraissait si naturel, de se complaire, qu'elle ne pouvait se figurer la plus légère ombre à ce tableau. Le temps de son séjour était déjà presque écoulé; elle avait déjà passé trois semaines dans une intimité continuelle avec les deux époux, sans qu'un seul mot, un seul regard, un seul incident eût pu faire concevoir à sa pénétrante amitié le moindre doute sur leur bonheur à l'un et à l'autre. Seulement, de temps en temps, elle se rappelait la singulière réticence d'Hervé lorsqu'elle lui avait demandé si Georgine le rendait heureux. Involontairement elle cherchait une signification à ce qui, sans doute, n'avait été qu'une plaisanterie banale.

Elle commentait de vingt façons diverses les paroles qu'il avait dites. Souvent aussi le beau front d'Hervé, déjà dépouillé au-dessus des tempes, le timbre de sa voix pénétrant et attristé, un léger pli d'ironie qu'elle surprenait à sa lèvre, même dans le sourire, la faisaient rêver et lui jetaient à l'esprit mille perplexités, mille conjectures vagues et romanesques. Mais aucune de ces conjectures ne portait atteinte à la haute opinion qu'elle avait conçue de lui. Elle admirait de plus en plus ce cœur fier et simple, cet esprit délicat qui savait ennoblir toutes les vulgarités de la vie, cet homme qui ressemblait si peu aux autres hommes, et qui, possédant tous les avantages qui excitent l'envie, exerçait en même temps toutes les vertus qui la désarment.

Chaque jour elle lui faisait une place plus large dans son cœur, et bientôt elle n'aurait pas su discerner qui de lui ou de Georgine occupait le plus sa pensée et la retenait par de plus doux liens. Un refroidissement insensible avait même succédé à l'impétuosité des premières caresses entre les deux amies. Thérèse ayant doucement évité de répondre aux questions un peu indiscrètes de Georgine, celle-ci s'était sentie froissée, et, sans rien témoigner, elle avait, de son côté, mis fin aux épanchements, aux confidences. Occupée de ses enfants, de sa maison, d'un nombreux voisinage rendu plus animé par l'approche des élections et la candidature d'Hervé, elle ne trouvait plus de temps pour les tête-à-tête, et Thérèse semblait plutôt être devenue l'amie de son mari que la sienne. Cependant je ne sais quelle gêne subsistait entre Hervé et cette dernière. Ils étaient tous deux réservés, circonspects, et leurs entretiens, quoique familiers, n'avaient rien de véritablement intime.

Thérèse, d'abord charmée, épanouie au sein de l'atmosphère bienveillante de Vermont, retombait peu à peu dans une sorte d'absorption et de mélancolie. Souvent elle s'échappait du château, faisait seule de longues courses ; elle errait alors à l'aventure, et ne rentrait parfois qu'à l'heure des repas. Un matin, par un de ces beaux soleils d'automne qui percent lentement la brume et jettent des teintes si vives aux arbres à demi dépouillés, elle s'était éloignée plus que de coutume. D'étranges préoccupations, des rêves bizarres, avaient agité son sommeil. Elle était dans cette disposition vague et languissante à laquelle ne peuvent toujours se soustraire les natures les plus fortes. A chaque instant ses yeux s'emplissaient de larmes ; tout ce que la poésie a créé d'images tendres et dangereuses lui revenait confusément à la mémoire ; se parlant à elle-même, elle disait à haute voix et comme pour se soulager de ses propres pensées, des chants d'amour, des vers tendres ou passionnés. Elle se croyait seule et suivait sans contrainte le cours de sa rêverie, lorsqu'un bruit de pas sur les feuilles sèches la fit tressaillir.

— Thérèse ! dit une voix bien connue ; Thérèse, répéta Hervé, car c'était lui, ne voulez-vous donc point m'entendre ; je vous y prends enfin en flagrant délit de roman. La voilà donc retrouvée, cette femme sentimentale, cette poétesse de qui l'on m'avait tant parlé ! Aujourd'hui, elle fait des affaires de banque et raille tout ce qui n'est pas palpable comme de l'or, positif comme de l'arithmétique ;

mais un beau matin elle fuit au bocage et répète aux échos d'alentour des vers amoureux.

Disant cela, il s'approcha gaiement, prit le bras de Thérèse, le passa doucement dans le sien, serra sa main brûlante et se mit à marcher avec elle. Elle était interdite et demeurait muette.

— Pardonnez ma sotte plaisanterie, reprit Hervé en la regardant avec surprise; je vois que je viens de heurter un sentiment intime, une disposition de l'âme que j'aurais dû respecter. C'est un nouveau malentendu ajouté à tous ceux qui sont déjà entre nous. Je vous assure, Thérèse, que je souffre de cela. Depuis près d'un mois, nous nous voyons sans cesse; vous êtes l'amie intime de ma femme; j'estime votre caractère, j'admire votre esprit. J'aimerais, ajouta-t-il avec quelque hésitation, oui, j'aimerais être aussi votre ami. Je voudrais que vous me connussiez bien, que vous pussiez aimer en moi, non pas l'homme que je parais, mais l'homme que je suis; et cependant, je le sens, nous vivons à mille lieues l'un de l'autre. Je suis un étranger pour vous, Thérèse, moi qui devrais être votre frère. Je ne sais si je puis même accepter les sentiments affectueux que vous semblez avoir pour moi... J'aurais besoin de vous parler une fois à cœur ouvert.

Thérèse releva la tête, son visage s'éclaira de joie; Hervé allait au-devant de son plus ardent désir; il prévenait une demande qui, bien souvent déjà, avait erré sur ses lèvres, et qu'une excessive appréhension de lui déplaire avait seule refoulée. Tout ce que Georgine lui avait dit de son mari lui semblait incomplet, insuffisant; une voix secrète lui criait qu'il y avait là un mystère à pénétrer, un de ces mystères d'amour, peut-être, dont les femmes sont toujours avides...

— Hervé, dit-elle, mon ami, puisque vous devinez si bien ce que je pense, ce que je souhaite depuis le premier instant où je vous ai vu, puisque vous me jugez digne de votre confiance, à quoi bon vous dire que vous trouverez en moi un esprit recueilli, pénétré de la religion du silence, un cœur qui peut tout comprendre, car il a connu, lui aussi, le vertige de certaines heures funestes et l'effrayante fascination qu'exerce le mal sur la perversité de nos penchants. J'ai connu la curiosité et l'orgueil... C'est vous dire que j'ai côtoyé bien des abîmes.

— Vous devinez donc que je vais avoir un triste récit à vous faire, dit Hervé, puisque vous me promettez votre indulgence?...

— Mon indulgence, dit Thérèse; ce mot aurait-il un sens entre nous? Qui donc aurait le droit d'en gracier un autre? A mes yeux, il n'y a pas de fautes, il n'y a que des malheurs.

Hervé lui serra la main.

— Écoutez-moi, reprit-il; ces heures ne se retrouveront peut-être plus. Vous exercez en ce moment sur moi une influence presque surnaturelle; vous avez le rameau miraculeux qui découvre les sources cachées; mon cœur se dilate en votre présence; mais bientôt un silence de plomb va retomber sur lui. Écoutez-moi, puis oubliez ce que je vais vous dire, car personne, non, personne au monde, n'a jamais su, ne saura jamais ce que vous allez entendre.

— Comment? dit Thérèse, votre femme elle-même, Georgine, ignorerait-elle une seule particularité de votre vie; lui cacheriez-vous quelque chose?

— Prendre sa femme pour confidente, reprit Hervé, c'est une erreur funeste. Cela ne peut et ne doit point être. L'éducation d'une jeune fille, ses préjugés, ses instincts mêmes, lui rendent ce rôle impossible. Comment attendre d'un être qui ne connaît rien de la vie, l'appréciation équitable de ce tourbillon de paroles, de pensées, d'actes contraires et inconséquents qui tourmente et entraîne la jeunesse de l'homme? L'épouse tendre et naïve sera indignée, affligée outre mesure, au récit de tant et de si vulgaires égarements; elle méprisera peut-être celui qu'elle doit avant tout respecter. Non, l'homme doit savoir porter seul le fardeau de son passé quel qu'il soit; il n'y a de dignité possible dans le mariage qu'à ce prix.

Un long silence se fit; ils continuaient de marcher; le ciel se couvrait de nuages, un vent froid s'était levé et sifflait dans les branches mortes; des nuées de corneilles traversaient les allées du bois en faisant entendre leur rauque croassement; je ne sais quoi de lugubre dans la nature avait succédé à la promesse d'une matinée splendide; quelque chose de morne et de sinistre semblait planer au-dessus d'Hervé et de Thérèse et les pénétrait de tristesse.

Hervé rompit enfin le silence et parla ainsi :

« A vingt-deux ans, je devins amoureux d'une femme qui en avait plus de trente; son visage avait perdu l'éclat de la première jeunesse, mais tout ce que la grâce la plus exquise, un soin constant de plaire, un insatiable désir de captiver peuvent donner de séduction et de charme était en elle et me ravissait. Encore aujourd'hui, Thérèse, en dépit de tant d'années qui ont pesé sur mon front et ralenti le sang dans mes veines, je ne prononce pas son nom sans un pénible effort. »

— Je comprends, dit Thérèse...

« Quand vous aurez entendu ce que j'ai à vous dire d'elle, reprit Hervé, je crains que vous ne me compreniez plus. Mais n'importe... Continuons. Le mari d'Éliane, excellent homme, enrichi par des spéculations industrielles qui lui prenaient tout son temps, laissait à sa femme une liberté entière. Elle ne paraissait pas en avoir abusé, car sa réputation était bonne, et l'on ne tenait sur elle que très-peu de ces propos inconsidérés auxquels n'échappent pas les femmes les plus vertueuses. Éliane voyait beaucoup de monde; elle était fort recherchée à cause de son esprit et de son élégance. Il ne me vint pas en pensée qu'elle pourrait deviner seulement que je l'aimais. Je n'avais aucune expérience ni des autres ni de moi-même ; je n'était ni fat, ni présomptueux, ni pénétrant. J'étais simple et vrai dans l'exaltation la plus romanesque. Je mettais tout mon bonheur à contempler Éliane, à l'écouter, à m'enivrer de son regard, de son accent expressif, à suivre ses mouvements, ses moindres gestes, à épier les occasions d'être près d'elle ; tout cela sans rien prétendre, sans rien espérer, je crois même sans un désir. J'étais si jeune, il y avait en moi une telle surabondance de vie, que mon amour était à lui-même son but et sa récompense. Éliane avait trop de pénétration pour ne pas s'apercevoir, dès l'abord, de l'empire qu'elle exerçait sur moi. Je crois qu'elle s'en applaudit et qu'elle résolut de le rendre absolu. Cela ne lui fut pas difficile. Elle parvint sans aucune coquetterie apparente, par des manières cordiales, des discours pleins de prudence, des conseils affectueux, parfois même des réprimandes enjouées, en un mot, par toute une attitude prise de sœur aînée, à me mettre en entière confiance et à éloigner en même temps de son entourage les soupçons qui auraient pu contrarier son dessein : bientôt, chose sans exemple dans le monde où elle vivait, il fut tout simple pour son mari et pour ses amis, de me voir chez elle à peu près à toute heure, tantôt à lui faire des lectures, tantôt à l'accompagner au piano, car elle chantait divinement, tantôt à lui servir de secrétaire pour sa nombreuse correspondance. Depuis, en réfléchissant au pied sur lequel je me trouvais au bout de si peu de temps dans sa maison, en songeant combien cela eût été impossible à une autre femme, je suis resté confondu devant tant d'habileté et de savoir-faire ; mais alors je ne réfléchissais pas, je me laissais aller au flot qui me portait. L'amour me pénétrait tout entier ; Éliane s'était emparée de toutes mes facultés. Son esprit actif, son imagination vive, donnaient un continuel aliment à ma pensée ; elle embrasait mes sens par des familiarités dont elle ne semblait pas soupçonner le danger, et quand, à ses heures d'abandon, elle me laissait entrevoir le fond de son âme, j'y découvrais de si nobles douleurs, de si belles révoltes contre la mesquinerie et l'inutilité de son existence, des élans si purs vers le beau et le vrai, que je me récriais contre l'injustice du sort, contre l'aveuglement d'une société ingrate qui ne tombait pas à genoux en adoration devant cet ange exilé du ciel. Six mois se passèrent ainsi dans les rapports les plus étranges qui aient peut-être jamais existé entre un homme de mon âge et une femme encore jeune. Je ne lui avais pas dit une seule fois que j'étais amoureux d'elle ; elle ne paraissait pas s'en douter ; il était établi que nous avions grand plaisir à être ensemble, que nous nous aimions beaucoup, et nous ne cherchions pas à définir les termes. J'étais devenu si insatiable que, non content de la voir tous les jours, je lui écrivais la nuit d'énormes lettres auxquelles elle répondait assez souvent par quelques lignes affectueuses, mais où ne se trouvait jamais, ainsi que je le compris plus tard, une phrase de sens douteux, jamais une parole qui eût pu la compromettre.

» Un jour que je me présentais chez elle à l'heure accoutumée, on me dit à l'antichambre qu'elle était rentrée souffrante du bal, qu'une fièvre violente s'était déclarée, et qu'elle ne pouvait me recevoir. Une semaine entière s'écoula sans qu'on me laissât parvenir jusqu'à elle. Les nouvelles devenaient de plus en plus alarmantes ; le médecin paraissait soucieux et refusait de s'expliquer. Je crus que je deviendrais fou. Une continuelle obsession des pensées les plus absurdes, des résolutions les plus extravagantes, obscurcissait mon cerveau ; une douleur inouïe déchirait mon cœur ; Éliane souffrait et je n'étais pas près d'elle ; Éliane était en danger, et je ne pouvais prier à son chevet ; Éliane allait peut-être cesser de vivre et ce n'était pas moi qui recevrais la dernière étreinte de sa main adorée ; ce n'était pas moi qui recueillerais son dernier soupir. Je n'étais donc rien pour cette femme si chère ; rien dans sa vie, rien à l'heure de sa mort. Le hasard d'un jour nous avait rapprochés; je ne tenais à elle par aucun lien; je n'étais ni son frère, ni son mari, ni son amant. Son amant! ce mot, qui ne fit d'abord que traverser mon esprit sous la forme d'une plainte vague, y revint bientôt comme un regret, puis s'y fixa comme une espérance.

» Je n'étais pas l'amant d'Éliane, mais je pouvais le devenir. Dès ce moment, ô puissance de la passion, ô certitude de la jeunesse! je ne doutai plus de son salut, je n'eus plus d'appréhension pour elle, il n'y eut plus de place dans mon cœur pour le découragement. L'avenir m'apparut comme un ami qui me tendait la main et qui me criait : Aie confiance. La dernière fois que j'avais vu Éliane, j'étais un enfant sans volonté, recevant passivement toutes les impressions du dehors sans réagir sur aucune; lorsque je la revis, j'avais conscience de moi; l'amertume d'une première douleur avait sevré mon âme; d'enfant j'étais devenu homme, je voulais posséder Éliane ou mourir. Enfin, je reçus un matin un billet d'elle qui ne contenait que ces mots :

« Je suis sauvée, venez. »

» Vous dire mon ivresse, mon délire quand je revis son écriture, ne serait possible dans aucune langue. Je poussais des cris, de véritables rugissements de joie. Je tenais ce billet à deux mains comme si je craignais qu'on ne me l'enlevât; je dévorais des yeux ces caractères qui rayonnaient à m'éblouir; puis je les posai sur mon cœur pour contenir des battements si violents qu'ils me causaient une souffrance aiguë; je les portai à mes lèvres brûlantes; je tombai à genoux et je rendis grâce... Si ce fut à elle, si ce fut à Dieu, je l'ignore. Tout ce que je sais, c'est qu'en ce moment j'adorai, je bénis un être puissant et bon qui me rendait heureux. Oh! pour ce seul instant, s'il pouvait renaître, pour ce seul élan, pour cette seule étincelle qu'une immense espérance fit jaillir d'un immense amour, je voudrais revivre ces années si terribles ; je reprendrais la chaîne de mes misères; je subirais toutes les tortures de ce passé si douloureux ; je renoncerais à la tranquillité, à la paix que j'ai reconquise ; je renoncerais à l'estime des hommes, et, je vous le dis bien bas, je renoncerais à ma propre estime que j'ai reconquise aussi ! »

Thérèse leva les yeux sur Hervé avec l'expression d'une indicible surprise.

— O Thérèse! Thérèse ! ce langage vous étonne, il vous effraye presque. Vous avez cru aussi, qui ne le croirait ? que j'étais un homme mort aux passions de la jeunesse, calmé par l'expérience et la réflexion. Vous avez pensé que cet empire salutaire que j'exerce sur les autres par la persuasion et l'exemple, je le devais à une sagesse voisine de la froideur, à une intelligente insensibilité. Convenez-en, vous avez pensé qu'Hervé était aujourd'hui un homme voué au culte de l'utile, absorbé par les affaires et par les honnêtes calculs d'une ambition modérée? Cela est vrai comme tout est vrai en ce monde : à moitié. Mon âme est aujourd'hui comme les terrains de formation successive; tant de couches y sont superposées qu'il m'est difficile à moi-même d'en retrouver le fond. Mais ce que je sais, ce que je sens surtout à certains jours de souffrances plus intenses, c'est qu'elle a conservé une ardente soif d'amour, un dédain complet de cet ordre, de cette régularité qui encadrent aujourd'hui ma vie ; le sentiment d'un isolement profond au sein des affections les plus tendres, et l'amer, le coupable regret des orages de ma jeunesse.

Hervé se tut, Thérèse n'osa rompre le silence. Rien n'est plus auguste que l'aveu des misères d'une grande âme ; rien d'affligeant pour l'esprit comme de pénétrer le néant des plus fortes volontés, de toucher la couronne d'épines qui ceint le front de ceux qui ont triomphé d'eux-mêmes, et d'entendre la plainte étouffée qui gronde au fond de toute satisfaction humaine. Après avoir fait quelques pas sans rien dire, Hervé reprit ainsi :

« — Quand j'entrai chez Éliane, elle était seule, couchée sur une chaise longue ; ses longs cheveux noirs, que j'avais toujours vus bouclés avec le plus grand soin, tombaient en désordre sur ses épaules ; son regard, si brillant d'ordinaire, était abattu ; sa voix presque éteinte ; elle paraissait avoir beaucoup souffert. Éliane, m'écriai-je en me précipitant à ses genoux et en couvrant sa main de larmes, Éliane, tu vis, tu m'es rendue ! Et je relevai la tête, et mon regard s'attacha sur le sien avec âpreté, comme pour ressaisir en une minute tout le bonheur, toute la joie que j'avais perdus loin d'elle. C'était la première fois qu'il m'arrivait de la tutoyer ; elle n'en parut pourtant point surprise. Elle se souleva à demi, et posant la main sur ma tête, ainsi qu'elle avait accoutumé de le faire lorsqu'elle était un peu émue:

» — Pauvre Hervé, dit-elle, vous m'aimez beaucoup.

» — Beaucoup ? m'écriai-je, quel mot ! Veux-tu savoir combien je t'aime, Éliane, laisse-moi, laisse-moi te presser, t'étreindre contre ma poitrine, tu y sentiras un cœur qui ne bat que pour toi! Et, par un mouvement soudain, avant qu'elle pût se défendre, je passai mon bras autour de sa taille et je l'attirai vers moi. Elle n'eut que le temps de cacher son visage sur mon épaule, je couvris son cou d'ardents baisers. Parvenant enfin à se dégager :

» — Hervé, me dit-elle, et il n'y avait dans son accent ni trouble ni colère, vous savez bien que je ne m'appartiens pas, que des sentiments aussi exaltés ne sauraient entrer dans ma vie. J'ai un mari que j'estime, des enfants dont les caresses sont la récompense de mes sacrifices. Dieu bénit en eux, j'en suis certaine, le renoncement de ma jeunesse ; mon cœur saigne parfois, mais mon front est sans tache, et l'orgueil d'une conscience pure est ma force dans l'affliction. Dites, Hervé, voudriez-vous me la ravir?

» — M'aimes-tu, m'écriai-je sans lui répondre ; m'aimes-tu ?

» — Hervé, ne le savez-vous pas? ne voyez-vous pas que vous êtes mon meilleur, mon plus cher ami ?

» — Un de vos amis, repris-je avec ironie, le meilleur même de vos amis ; je suis reconnaissant de la place que vous m'avez faite, mais cette place, je ne m'en sens pas digne. Si vous ne devez avoir pour moi qu'une amitié banale, il est impossible que je vous revoie. Je sais bien que vous quitter, c'est mourir, mais vivre auprès de vous d'une misérable aumône d'affection distribuée à parts égales entre vos nombreux amis, c'est à quoi je ne me résoudrai jamais. Non, non, Éliane, mon amour est trop absolu, trop profond, trop fou peut-être, pour accepter, en échange de ce qu'il vous donnerait, un sentiment bâtard, subordonné à mille calculs. Il me faut votre amour, Éliane, il me le faut tout entier, ou bien vous me voyez en ce moment pour la dernière fois.

» D'où m'était venue tout à coup cette énergie, cette audace? je ne saurais l'expliquer. Le développement de la force morale ne s'accomplit pas chez l'homme dans une progression régulière et continue. Il y a tel événement, telle pensée qui peut faire en une minute l'œuvre de plusieurs années; une de ces minutes avait sonné pour moi. Eliane le comprit, car dès ce jour, je pourrais dire dès cette heure, elle changea de manière; elle quitta le ton de supériorité condescendante qu'elle avait eu jusque-là; elle se montra craintive, suppliante; elle m'avoua qu'elle m'aimait d'amour, de l'amour le plus tendre et le plus exclusif; mais elle me conjura de ne pas abuser de cet aveu, de ne pas la rendre parjure à son mari, hypocrite avec le monde, tremblante devant Dieu.

» Son langage fit sur moi l'impression qu'elle voulait. Je n'étais point dévot, mais comme tous les hommes, même les plus corrompus, j'aimais la piété des femmes, et j'étais facilement séduit par le côté poétique de la religion. Tout en combattant l'exagération de ses idées, j'admirais la résistance d'Éliane, et j'étais si fier de sa vertu, que je ne savais plus, par moment, si je serais joyeux ou triste de la voir succomber. Nos tête-à-tête, qu'elle avait rendus moins fréquents, étaient devenus plus orageux. C'étaient, de mon côté, de vives supplications; des appels à ma générosité, du sien. Quelquefois les rôles changeaient; j'arrivais chez elle calme, apaisé; c'était elle alors qui semblait oublier sa résolution et qui me prodiguait des marques de tendresse inexplicables de la part d'une femme qui voulait et croyait rester fidèle.

» Pour vous faire concevoir jusqu'où allaient la bizarrerie, l'inconséquence de nos rapports, les singuliers incidents que sa retenue et son laisser-aller, sa dévotion et son caprice amenaient dans notre liaison, je vous citerai un fait entre mille. Elle m'avait plusieurs fois exprimé la curiosité la plus vive de voir mon appartement; c'était un enfantillage, disait-elle, mais elle tenait à savoir dans quel ordre mes livres étaient rangés, si mon bureau était bien placé; où je mettais mes armes; enfin, elle disait à ce propos cent folies charmantes que j'osais à peine écouter, tant elles présentaient à mon esprit d'enivrantes images. C'était le temps des bals de l'Opéra. Son mari était absent. Elle me proposa un jour, sans aucun préambule et comme si elle m'eût dit la chose du monde la plus simple, de venir la prendre à minuit; elle ajouta qu'elle serait masquée, que nous serions censés aller au bal, et qu'au lieu de cela je la conduirais chez moi où elle resterait jusqu'au jour. Pour un homme éperdument épris, comme je l'étais, d'une femme honorée, il y avait de quoi perdre l'esprit; je me contins, dans la crainte que, si elle voyait mes transports, elle ne comprît mieux l'imprudence de sa démarche, et je la quittai aussitôt, pensant n'avoir jamais assez de temps pour dignement préparer un lieu que sa présence allait consacrer.

» Je n'ai jamais été prodigue, je n'ai jamais fait à aucune époque de ma vie, par vanité, ou par goût du luxe, aucune dépense excessive; mais ce jour-là, pour qu'Éliane se trouvât bien chez moi pendant une heure, je dépensai en quelques minutes mon revenu de toute une année. Je passai le reste du jour à courir dans les magasins les plus célèbres, j'aurais voulu inventer des recherches nouvelles, de nouveaux raffinements de confort et d'élégance, pour lui arracher un mouvement de surprise. Mon premier soin, comme je lui connaissais la passion des fleurs, fut de faire acheter les plus magnifiques plantes, les arbustes les plus rares, et de transformer le cabinet où je travaillais en véritable bosquet. Au milieu de ce bosquet je fis placer un meuble sculpté en forme de chaise longue, recouvert d'une étoffe de l'Inde, que l'on venait d'achever pour être envoyé en Russie. Après avoir vainement cherché un tapis qui me parût assez moelleux pour son pied de fée, je fis arranger à la hâte une fourrure d'hermine, que j'étendis devant la chaise longue, en songeant avec ravissement à l'effet que feraient sur ce tapis de neige ses deux petits souliers de satin, noirs et lustrés comme l'aile d'un corbeau. Sous un grand mimosa, dont les branches flexibles la recouvraient à moitié, je fis dresser une table où il n'y avait que la place juste de deux couverts. J'ordonnai un souper fort simple en apparence, mais composé de primeurs extravagantes. Une corbeille en vermeil admirablement ciselée, contenait des fruits savoureux, dignes d'être servis à une souveraine ; je remplis moi-même deux flacons de cristal d'un vin exquis, qu'un de mes oncles, vieux marin, avait rapporté des îles.

» Je m'étais aperçu qu'Éliane aimait la bonne chère et qu'il lui arrivait de boire capricieusement plus que les femmes ne le font d'habitude. Je n'ose pas dire que j'avais comme une vague idée, un espoir confus que peut-être ce vin capiteux, bu sans défiance, porterait le désordre à son cerveau, rendrait sa raison chancelante ; vous allez trouver que c'était là une pensée ignoble, bien peu digne de l'amour idolâtre qu'Éliane m'avait inspiré. Mais, Thérèse, voyez-vous, les hommes sont ainsi faits ; les plus délicats ne sont pas exempts de grossièretés inqualifiables. L'image de la femme aimée n'est jamais assez isolée sur l'autel que nous lui dressons pour que d'étranges confusions ne se fassent pas dans notre esprit. Lorsque nous nous inclinons devant elle, semblables au flot qui vient saluer la rive, nous déposons à ses pieds, comme malgré nous, le limon de nos habitudes corrompues, l'écume de nos souvenirs.

» Éliane vint chez moi le 28 février, à une heure du matin ; je n'ai jamais oublié cette date. »

II

« Lorsqu'à la lueur des candélabres dont les branches sortaient du milieu d'arbustes en fleurs, elle entrevit ces apprêts de notre tête-à-tête, ce luxe fantasque prodigué à elle seule, dans un pauvre petit réduit où elle n'avait compté trouver que l'ameublement modeste d'un étudiant, elle fut surprise, sa vanité fut à tel point flattée, qu'elle ne trouva de paroles ni pour me remercier ni pour me gronder. Par un mouvement prompt, elle dénoua son masque et laissa glisser à terre son domino. En voyant son charmant visage illuminé de joie, ses épaules et ses bras nus se dégager des plis noirs du satin, j'eus un moment de vertige. Elle était si blanche, sa robe étroite et collante dessinait une taille si svelte, ses grands yeux m'éblouissaient de tant de flammes, que je crus voir une apparition, la reine des ondines ou la fée Titania. Elle s'aperçut sans doute que mon imagination s'exaltait, et que j'étais sur une pente où bientôt il ne lui serait pas facile de m'arrêter, car elle employa sa ruse habituelle pour me contenir. Elle se hâta de me parler avec vivacité, avec enjouement, et même avec une pointe d'ironie; elle poussa la cruauté jusqu'à critiquer mon tapis d'hermine, et jusqu'à prétendre qu'une plante de gardénia, qui se trouvait auprès de la chaise longue où elle s'était couchée, lui causait un mal de tête affreux. Enfin elle me tourmenta, me harcela, m'irrita, me dérouta si bien, que je ne pensais plus à lui proposer de souper, lorsque tout à coup elle s'élança de son repos, et courant s'asseoir à table elle se prit à manger avec un appétit merveilleux. Je restais là mécontent, confus de mon personnage, me sentant gauche et le devenant de plus en plus. Elle en arriva à vouloir me faire trouver notre situation plaisante, alors je ne me contins pas. Dans la disposition romanesque où je me trouvais, la raillerie m'était odieuse; nous nous disputâmes assez vivement : je me souviens de tous ces détails comme si c'était hier; enfi·elle me tendit la main; nous fîmes une espèce de paix; nous achevâmes gaiement notre petit souper. Deux heures s'étaient passées dans ces conversations à demi hostiles; elle se plaignit d'une extrême fatigue, et se recouchant sur la chaise longue, elle ne tarda pas à fermer les yeux et à s'endormir.

» Je la contemplai d'abord avec une émotion religieuse; ce sommeil si calme d'une femme que j'adorais, et qui se trouvait chez moi, loin de toute surveillance, livrée à ma merci, était la chose la plus poétique que je pusse imaginer. Toutefois mes sens étaient trop excités, ma pensée était trop troublée, pour que de violents désirs ne s'emparassent pas de moi. Je ne pus m'empêcher de déposer sur son front un long baiser. Elle ouvrit les yeux à moitié et me parla d'une voix mourante. Ce qu'elle me dit, la résistance qu'elle m'opposa, ce que j'arrachai à sa lassitude ou ce que j'obtins de son amour, je ne saurais plus, je n'ai jamais su le discerner. C'était assez pour que je pusse m'enorgueillir de ma victoire; ce n'était pas assez pour qu'elle eût à rougir de sa chute.

» Vous pouvez imaginer combien de pareilles scènes exaspéraient ma passion et me faisaient son esclave. Ce qui vous surprendra peut-être, c'est que notre liaison fût restée secrète et que le monde, dont Éliane redoutait excessivement l'opinion, ne se jetât pas à la traverse de nos amours. Mais outre qu'elle avait des précautions inouïes, une prudence toujours éveillée, elle était si maîtresse d'elle-même, elle parlait de moi avec un si parfait aplomb, qu'il était presque impossible de rien soupçonner. D'ailleurs la piété d'Éliane, sa régularité dans l'exercice de ses devoirs religieux, son assiduité auprès des pauvres de la paroisse, lui conciliaient à tel point l'affection des ecclésiastiques et des vieilles femmes, qu'elle avait autour d'elle comme une milice sacrée toujours prête à la défendre en toute occasion.

» Quelque temps après cette nuit étrange, un matin que j'étais chez Éliane, on annonça le comte de Marcel. C'était un homme de quarante ans environ, brave, spirituel, de la meilleure compagnie, loyal et même chevaleresque, disait-on, dans ses rapports avec les hommes, mais débauché, cynique, et sans moralité aucune quand il s'agissait des femmes qu'il affectait de mépriser. Sa présence inopinée chez Éliane, où je ne l'avais jamais rencontré, me surprit et me déplut. Ce qui me déplut bien davantage ce fut de lui voir prendre avec elle un ton léger, persifleur, et s'établir dans son salon avec une familiarité négligente qui me sembla dépasser les bornes de la liberté permise. Je donnai de fréquentes marques d'impatience pendant sa longue visite, et, lorsqu'il quitta la place, j'éclatai en indignation, presque en reproche. Je ne concevais pas comment une femme honnête pouvait recevoir un homme pareil, je n'aurais pas supposé qu'une personne qui se respectait entendît de tels propos, souffrît une manière d'être si inconvenante. Enfin je donnai un libre cours à ma colère que fomentait déjà le premier levain d'une violente jalousie. Le comte était beau, je n'avais pu m'empêcher de lui trouver du mordant, du trait dans l'esprit, une certaine élégance, un grand air jusque dans le cynisme, quelque chose enfin de supérieur, de voulu dans son laisser-aller apparent, qui me causait une irritation sourde ; et je me vengeais, en le rabaissant le plus possible, de tous ces avantages dont je ne possédais aucun. Un des plus singuliers effets de la jalousie, c'est qu'elle cause tout à la fois d'imbéciles aveuglements et des divinations en quelque sorte surnaturelles. Pour la première fois depuis que j'aimais Éliane, j'observai dans ses réponses un certain embarras qui ne me parut pas d'accord avec sa franchise ordinaire. Une ombre glissa dans mon cœur; ce ne fut pas le doute, je me serais cru le dernier des hommes si j'avais hésité à la croire en ce moment; ce fut comme une lointaine et vague possibilité entrevue de ne pas la croire entièrement toujours.

» Elle m'expliqua que, à la vérité, elle avait peu attiré M. de Marcel jusqu'ici, parce que ses principes trop connus lui inspiraient la même répulsion qu'à moi, mais elle ajouta que d'anciennes relations de famille, d'importants services rendus à ses parents, lui faisaient un devoir de l'accueillir en ami, et autorisaient jusqu'à un certain point les libertés qu'il prenait chez elle. Elle parla longtemps sur ce ton. Je ne répondis rien, je n'aurais pas osé avouer de la jalousie; des conseils dans ma bouche eussent été déplacés. J'en avais déjà trop dit; je me tus. Je devins pensif, et, rentré chez moi, je m'abandonnai à une grande tristesse. Un sentiment inconnu jusqu'alors envahit mon cœur. C'était une douleur fiévreuse, sans nom et sans objet, un chagrin dont la puérilité me faisait rougir, et dont pourtant je ne savais pas me défendre; j'étais jaloux, éperdûment jaloux; et cela à propos d'une misère, à propos de rien; jaloux de la plus vertueuse femme qu'il y eût au monde; c'était de quoi me prendre moi-même en grande pitié.

» Dès ce jour commença pour moi une période de souffrance toujours croissante; je ne crois pas qu'il soit au monde de tourments plus odieux que celui d'un cœur fier aux prises avec la jalousie, cette passion basse que les poëtes ont tenté d'ennoblir, mais dont le principe est, presque toujours, dans un intérêt égoïste et brutal ou dans un amour-propre désordonné. Il est bien rare que l'amour pur, si emporté qu'on le suppose, se montre jaloux et défiant. C'est ce qu'il y a de maladif, de mauvais en nous, qui sert d'aliment aux flammes de la jalousie. J'en fis alors la triste épreuve, car, à ses premières lueurs, je découvris en moi des petitesses, des lâchetés dont je n'avais pas jusque-là soupçonné l'existence.

» Ma passion pour Éliane, en paraissant s'accroître, changea de nature. Je n'allais plus chez elle avec simplicité et ouverture de cœur, pour jouir de sa douce présence et des épanchements de notre amour. J'y allais avec la pensée de rencontrer Marcel, avec une sorte de désir âpre de les surprendre, de rompre leur tête-à-tête. J'étais désappointé quand il ne s'y trouvait pas. Son nom me revenait sans cesse à la bouche. Éliane le prononçait-elle, au contraire, mon cœur se serrait douloureusement et mes yeux s'emplissaient de larmes. Je m'aperçus bientôt qu'Éliane évitait de me faire rencontrer avec le comte, et je crus même surprendre, quand je les voyais dans le monde, où il ne la quittait guère, des sourires d'intelligence échangés entre eux. J'en devins comme fou, et je m'oubliai un jour jusqu'à vouloir exiger d'Éliane qu'elle cesserait de le voir ; je lui fis d'absurdes menaces : puis voyant que je n'obtenais rien ainsi, je me montrai faible comme un enfant ; je pleurai sur son sein, je la conjurai de prendre en pitié ma souffrance. Elle me répondit qu'elle ne pouvait fai. un pareil éclat, que les choses s'arrangeraient d'elles-mêmes par le prochain départ de Marcel. Elle raisonnait à perte de vue, quand moi je divaguais de la façon la plus déplorable. Aussi dans ces sortes de scènes, qui se renouvelèrent plusieurs fois, je finissais toujours par lui demander pardon ; je la quittais mécontent de moi, admirant sa sagesse et maudissant ma folie. Quant au comte, il ne semblait pas s'apercevoir de ces orages. Il ne me témoignait ni éloignement ni sympathie ; il était avec moi strictement poli, rien de plus, rien de moins, et ne tenait guère compte de ma présence. Moi je le haïssais ; j'aurais voulu le tuer ; j'épiais sans cesse un sujet de querelle. Je fus trop exaucé : j'étais réservé au plus triste des châtiments, à celui que l'homme, égaré par sa passion, rencontre dans l'accomplissement même de ses aveugles désirs.

» Il y avait près de deux mois que duraient mes angoisses ; je ne voyais pas d'issue à ce labyrinthe de soupçons, de reproches, d'explications, de révolte où j'étais entré. Mon cerveau fatigué n'avait plus la faculté d'envisager sainement quoi que ce soit, mon cœur se gonflait d'amertume ; j'étais dans un état lamentable. Vous concevez ce que je dus éprouver, lorsqu'un jour, en entrant chez Éliane, je la vis accourir au-devant de moi, ce qu'elle ne faisait jamais, et se jeter à mon cou en fondant en larmes.

» Depuis mes ridicules querelles, elle s'était montrée plus froide, plus réservée. Je m'attendais si peu à une démonstration pareille, que je demeurai pétrifié, en croyant à peine mes yeux.

» — Éliane ! m'écriai-je.

» Et dans ce nom, prononcé ain en la serrant contre mon cœur, je retrouvai ma joie, mon espoir, mon aveugle amour.

»—Hervé, me dit-elle, m'aimes-tu encore? me pardonnes-tu tes tristesses? les chagrins que je t'ai causés, veux-tu les oublier? Hervé! si tu savais, ah! j'en suis cruellement punie!

» Ses sanglots lui coupèrent la parole. Troublé, ému, orgueilleux tout à coup, je la conduisis, je la portai presque jusqu'à son fauteuil, et je m'agenouillai devant elle.

Alors seulement je vis l'altération effrayante de ses traits; une pâleur mortelle couvrait ses joues, son œil était ardent et sec.

» — Que j'étais insensée, reprit-elle, de croire à un bon sentiment chez cet homme pervers! Hervé, si tu savais comme il m'a traitée!... Quel affront sanglant!...

» — Que dites-vous? m'écriai-je. Quand, où, comment? Qu'a-t-il fait? Où se cache-t-il? O mon Dieu! depuis si longtemps je me contiens! La voilà donc arrivée enfin, mon heure!... Mais encore une fois, Éliane, qu'a-t-il fait?

« Un affront public, un outrage dont il se vante sans doute en ce moment dans tout Paris. Hier soir, à l'ambassade de Sardaigne, sa sœur, la marquise de R***, qu'il affecte d'aimer pour faire croire qu'il est capable d'aimer quelque chose, était venue s'asseoir auprès de moi ; sans nous connaître autrement que de vue nous échangeâmes cependant quelques paroles. Mais tout à coup M. de Marcel, qui était à l'autre bout du salon, fendit la foule, vint droit à sa sœur, et jetant sur moi un regard impudent : « Vous n'êtes pas bien là, Marguerite, dit-il en haussant la voix, ce n'est pas là une place convenable pour vous. » Puis il lui prit le bras et l'emmena dans une autre pièce. Son intention était évidente. Soit qu'il voulût faire comprendre que sa sœur était une trop grande dame pour se commettre avec une bourgeoise, soit que dans son rôle d'homme à bonnes fortunes, il entrât de donner à croire à tous ceux qui nous entouraient qu'il était mon amant et qu'il ne voulait pas voir sa sœur auprès de sa maîtresse, toujours est-il que le coup a porté, et qu'aujourd'hui, si vous ne détournez les propos en donnant le change, je suis la fable de la ville.

»—Je cours lui en demander raison, m'écriai-je.

»—Vous n'y pensez pas, reprit-elle; le comte vous recevra en fumant sa pipe ; il vous dira qu'il ne sait à qui vous en avez, vous plaisantera sur l'intérêt que vous prenez à moi, et cette démarche ne servira qu'à me compromettre davantage. Non, non, j'ai pensé à tout, j'ai réfléchi toute la nuit. Il n'y a qu'un moyen, il faut lui rendre au centuple son insolence; il faut l'insulter publiquement, et cela dans la personne de sa sœur. C'est son seul endroit vulnérable ; il a l'orgueil de son nom à un point inouï. Allez ce soir au bal de lord C***; vous les y trouverez, elle et lui, sans aucun doute; saisissez un moment où il sera près d'elle, trouvez moyen de lancer quelques mots railleurs sur la marquise; il répondra, cela est certain; une querelle s'engagera naturellement, et je serai doublement vengée.

» Cette combinaison, si habile qu'elle fût, ou peut-être à cause de son habileté, révolta tout ce qu'il y avait en moi d'honnêteté et de délicatesse.—Prenez garde, Éliane, lui dis-je, votre trop juste ressentiment vous emporte. Vous me demandez une chose impossible. Insulter une femme, qui, après tout, n'est aucunement coupable envers vous, ce serait une lâcheté.

»—Ce ne sera point une lâcheté, interrompit Éliane, puisqu'il y aura là un homme pour la défendre. D'ailleurs je la hais, ajouta-t-elle avec un accent qui m'épouvanta.

» — Au nom du ciel, Éliane, songez...

» — Je songe, reprit-elle, que vous êtes bien circonspect.

» Ce mot si blessant fit son effet. Je fus d'une pitoyable faiblesse. Faisant taire ma conscience, et mon honneur, je n'écoutai plus que sa colère; je promis tout ce qu'elle voulut, comptant un peu sur le hasard; mais le hasard qui sert les volontés fortes ne vient jamais en aide aux caractères faibles. La marquise de R.., qui avait eu pendant longtemps une réputation irréprochable, était cette année-là en butte à la malignité du monde. Son mari voyageait depuis près d'une année ; on voyait assidûment chez elle un jeune homme fort à la mode ; on remarquait qu'elle devenait triste, soucieuse ; les plus téméraires dans leur méchanceté faisaient observer que sa taille svelte perdait de sa grâce, qu'elle prenait un embonpoint singulier; le mot de grossesse avait même été prononcé. Ce fut de ces honteux propos que je me souvins lorsque, étant arrivé au bal, la vue de Marcel ranima ma colère et chassa mes derniers scrupules. Je me hâtai d'engager la marquise pour une prochaine valse, et, le moment venu, je vis avec une joie vraiment féroce que son frère l'avait rejointe et qu'il ne pourrait pas ne pas entendre les impertinences que j'allais lui dire. Quand l'orchestre donna le signal je m'approchai de la marquise, et, feignant de la regarder avec inquiétude : « Voici, madame, la valse que vous avez daigné me promettre, dis-je, mais, en vérité, je me fais scrupule d'user de mon droit;

vous paraissez fatiguée, souffrante même; peut-être le repos vous serait-il plus conseillable que la danse.

» Soit que la malheureuse femme fût réellement coupable, soit qu'elle eût connaissance des bruits qui couraient, elle rougit. Marcel, qui était derrière sa chaise, attacha sur moi un œil interrogatif, c'était ce que je voulais.

» — Je ne suis point lasse, monsieur, me dit-elle timidement et je danserai volontiers.

» — J'en serais heureux, madame, continuai-je avec une détestable effronterie, mais vous respirez avec peine... Il est des circonstances, ajoutai-je en me penchant à son oreille, où la plus légère fatigue peut devenir dangereuse.

» — De grâce, monsieur, dit la marquise d'un air suppliant et entièrement décontenancée par les sourires que ces insinuations avaient appelés sur les lèvres de ceux qui nous entouraient...

» En ce moment Marcel se leva, et me séparant de la marquise par un mouvement brusque :

» Vous avez raison, monsieur, me dit-il; je suis également d'avis que ma sœur ne danse pas, et, si vous le trouvez bon, nous irons pendant la valse faire un tour de jardin ensemble.

» Je le suivis. »

IV

« En descendant les degrés du perron, Marcel me dit d'un accent bref : ·

» — Le ton que vous venez de prendre avec ma sœur ne me convient pas, monsieur; j'ignore ce que vous lui avez dit et je n'ai pas souci de l'apprendre ; mais votre air railleur m'a déplu et je vous prie de vouloir bien m'expliquer...

» — Je ne donne point d'explication des airs que je puis avoir, interrompis-je, ayant hâte d'en venir à un cartel, prenez-les comme bon vous semblera.

» — Il suffit, dit Marcel ; veuillez avoir l'obligeance de rester ici une minute, un de mes amis va venir de ma part pour s'entendre avec vous.

» Je fis une légère inclination de tête. Un quart d'heure après, le témoin du comte et un de mes cousins, qui fit l'office de mon second, étaient convenus que le lendemain à huit heures on se battrait à l'épée, c'était l'arme à la mode cette année-là, au bois de Boulogne. Rentré chez moi, je fis, avec une solennité empressée, mes dispositions en cas de mort. J'écrivis à Éliane une lettre remplie de conseils évangéliques. Je pardonnai aux ennemis que je n'avais pas, je laissai des souvenirs aux amis que je n'avais guère davantage ; enfin je passai la nuit dans un accès d'héroïsme fiévreux, dans un monologue déclamatoire, dont je n'ai pu m'empêcher de sourire quelquefois depuis en y songeant.

» Heureusement un sommeil de quelques heures, l'air vif du matin, la présence de Marcel et des témoins me ramenèrent à un sentiment plus simple et plus calme des choses. Je puis vous le dire, aujourd'hui que certes nulle vanité rétrospective ne se mêle à ce récit, je me battis avec le sang-froid et l'adresse d'un homme consommé dans l'habitude des armes, et j'entendis Marcel, au moment où, blessé assez grièvement, il s'appuyait sur son témoin, dire ces paroles qui me semblèrent un brevet d'honneur dans la bouche d'un homme aussi réputé pour sa bravoure :

» —En vérité, on ne s'est jamais battu plus galamment ; cela s'appelle manier l'épée en gentilhomme.

» Le chirurgien déclara que la blessure de Marcel ne présentait aucun danger immédiat. J'en fus heureux. Ce duel avait tout à coup apaisé ma colère ; je ne me souvenais plus d'avoir été jaloux ; je ne songeais qu'à la satisfaction de m'être bien montré dans une semblable rencontre. Le plaisir d'avoir vengé Éliane ne venait même qu'en seconde ligne. Vous ne pouvez vous figurer combien on est fier, dans la jeunesse, d'acquérir la certitude qu'on est véritablement brave et qu'on sait faire bonne contenance en présence du danger. Un premier duel est une crise dans la vie d'un homme : c'est comme une initiation, comme, dans un autre ordre d'idées, un sacrement reçu : c'est une confirmation de l'honneur.

» Ne pouvant me présenter chez Éliane aussi matin, je lui fis savoir l'issue de mon affaire avec M. de Marcel, et dans l'après-midi, j'allai suivant l'usage m'informer de l'état du blessé. On me dit qu'il se sentait aussi bien que possible, que le chirurgien assurait toujours que la blessure n'avait aucun caractère alarmant. Le comte avait donné l'ordre de me faire entrer si j'en témoignais le désir. J'avoue que je fus flatté de cet ordre, et je me fis immédiatement annoncer à M. de Marcel. Il me parut bien; il était à peine un peu pâli et se mouvait dans son lit sans aucune gêne apparente. Il me reçut avec une extrême politesse. Après avoir répondu brièvement à mes questions sur l'état où il se trouvait :

»—A mon tour, monsieur, me permettez-vous, me dit-il, de vous interroger ? Je n'en ai pas le droit, et vous avez répondu à l'avance, de la pointe de votre épée, à tout ce que je pourrais vouloir d'éclaircissements sur le sujet qui a amené notre rencontre ; toutefois, monsieur, j'ai près du double de votre âge, je pourrais être votre père ; me direz-vous, à ce titre, comment il se peut qu'un homme d'honneur, un gentilhomme, qui a du monde et dus avoir-vivre, s'attaque à une femme ainsi que vous l'avez fait hier.

» Je demeurai un peu confus. Le comte m'avait toujours imposé malgré moi. En ce moment son accent était si calme, si noble, il avait si complétement raison de me parler ainsi, que pour toute réponse je balbutiai.

»—J'ai déjà eu l'honneur de vous dire, continua-t-il, que je n'ai point entendu vos propos; je n'ai pas questionné ma sœur; je ne veux pas apprendre de vous ce que vous lui avez dit; mais enfin, monsieur, qui le saurait mieux que vous ? ce n'est pas de ce ton goguenard et impertinent qu'il convient d'aborder une femme comme elle, n'est-il pas vrai?

»—Pourquoi donc, alors, dis-je en reprenant contenance, pourquoi, vous, monsieur le comte, aviez-vous insulté la veille, au bal, une femme également digne de tous vos respects?

» — Ah! j'en étais certain, s'écria Marcel en faisant un mouvement brusque qui lui arracha un signe de douleur, c'est cette détestable créature qui est derrière tout cela! C'est Éliane qui vous pousse... Mais savez-vous bien, monsieur, de qui vous parlez, quand vous l'appelez une femme respectable?

» Je le priai avec calme, quoique la colère m'eût fait tout à coup monter le rouge au front, de ne pas s'exprimer ainsi devant moi sur le compte d'une personne qui m'était chère. Il sourit avec ironie.

»—Écoutez, monsieur, me dit-il en reprenant son sang-froid, je n'ai aucun intérêt à calomnier madame... auprès de vous. Quoi que vous en puissiez penser, je ne dispute ses faveurs à personne. Je ne suis point jaloux de mes nombreux rivaux; mais tenez, je vais vous parler en gentilhomme, vous avez aujourd'hui gagné mon cœur par votre parfaite tenue, par votre bonne grâce à manier l'épée. Un homme qui se bat bien, qui est correct en matière d'honneur, comme nous disons, nous autres vieux du métier, a droit à toutes mes sympathies. La façon dont vous vous êtes comporté ce matin, m'a non-seulement fait vous pardonner la cause de notre querelle, mais encore (ne me trouvez pas trop singulier), elle m'a vivement intéressé à vous. Je vous le répète, je serais votre père: eh bien, laissez-moi vous donner un conseil. Vous êtes jeune, vous avez de l'avenir, ne vous empêtrez pas dans les lacs de cette femme, vous ne savez pas jusqu'à quel point cela peut vous devenir funeste.

» Je voulus l'interrompre.

»—Mon Dieu, je vous choque, je blesse en ce moment un sentiment exalté peut-être ; vous n'êtes pas le premier qu'Éliane a séduit ; c'est une véritable sirène... Mais croyez-moi, si vous vous y abandonnez, vous ne recueillerez de cet amour qu'ennuis et dégoûts de toute sorte ; peut-être même finirez-vous par faire de mauvaises actions pour lui plaire, car elle exerce un pouvoir inouï sur tout ce qui l'entoure, personne ne l'approche impunément... Moi qui vous parle, et qui ne me suis pas pris comme un enfant dans ses piéges, vous voyez pourtant que me voici puni de ne m'être pas toujours tenu à distance.

» Le comte avait, en me parlant, un accent si vrai, si loyal, son regard était si paternel, sa parole si simple et en même temps si pleine d'autorité, qu'il m'imposa silence ; il continua ainsi :

»—Mais il ne faut pas que son triomphe soit complet ; il ne faut pas que, pour une aussi vile créature, deux hommes d'honneur se méconnaissent, se prennent de haine l'un pour l'autre ; il y a assez longtemps qu'elle fait des dupes. J'ai acquis le droit de la démasquer ; je le ferai.

» Je croyais, en entendant le comte parler de la sorte, que le délire m'avait pris. Je sentais le sol se dérober sous moi ; j'étais comme frappé de la foudre. Marcel sonna, fit ouvrir son secrétaire, demanda un grand portefeuille à serrure qui s'y trouvait, et me le montrant :

» — Ce portefeuille, me dit-il, contient à peu près tout le secret de la vie d'Éliane ; il renferme une longue correspondance et d'autres papiers écrits de sa main, dans lesquels toute la fausseté, tout l'odieux de son caractère sont dévoilés. Elle qui a, toute sa vie, été prudente, circonspecte de telle façon que le monde, encore à l'heure qu'il est, ne soupçonne rien de ses déportements, elle a commis une faute immense : elle s'est confiée une fois, une seule fois, mais entièrement, sans restriction, sans pruderie, je vous le jure, à une femme ; et cette femme l'a trahie pour moi.

» Je fis une exclamation.

» — Ce n'était pas une grande dame, ce n'était pas même une honnête femme, c'était tout simplement une courtisane, mais très-bonne, et valant cent fois mieux qu'Éliane qu'elle avait connue, je ne sais où ni comment, et dont elle était devenue, sans trop en avoir conscience, l'instrument, la confidente, le recours, à certaines heures de ces dangers auxquels les femmes qui mènent de front plusieurs intrigues sont souvent exposées.

» Cette chère Zélia qui m'aimait, je crois, assez sincèrement, mais qui pourtant ne m'avait jamais laissé deviner ses relations mystérieuses avec Éliane, est morte il y a six mois, fort tourmentée d'une sorte d'engouement qui m'avait pris pour son amie en la voyant dans le monde. Voulant me prémunir sans doute contre les dangers qu'elle prévoyait, elle me remit à son lit de mort le portefeuille ci-joint, en me faisant jurer de le brûler après l'avoir lu ; mais on ne tient pas les serments faits aux femmes, cela ne compte pas ; j'ai gardé le portefeuille, et le voici à vos ordres, si vous voulez avoir une idée nette de ce que peut être la corruption chez le beau sexe quand une fois il s'en mêle.

» J'avoue, continua le comte, que lorsque je parcourus ces pages, qui recélaient le secret de tant d'intrigues, de perfidies, de mensonges, il me prit une violente curiosité, la maladie de notre temps, la curiosité de la dépravation. Je fus moins sage alors que je ne vous parais aujourd'hui; je voulus connaître Éliane et devenir son amant. Cela ne fut pas difficile. Elle sut à n'en pas douter que je possédais cette correspondance. Dès lors il s'engagea entre nous une lutte pleine de péripéties; elle voulait ravoir le portefeuille, moi je voulais le garder, de nous deux je fus le plus habile; elle céda sans condition, s'en rapportant à ma bonne foi, comme vous pourrez vous en convaincre dans quelques billets qu'elle n'a pas craint de m'écrire, car elle n'avait plus rien à risquer avec moi; elle jouait le tout pour le tout. Ces lettres, je les ai jointes à celle de Zélia, elles sont là aussi.

» En ce moment on annonça le docteur. Marcel me fit signe de prendre le portefeuille. Je lui serrai la main et je sortis en silence, la mort sur les lèvres, l'enfer dans le cœur. Quand j'arrivai chez moi, je ne sais ce que j'avais pensé en route, quelle étrange confusion s'était faite dans mon cerveau, ni comment j'avais pu oublier si vite la parole du blessé, son regard convaincu, tout ce qui enfin mettait hors de doute la véracité de son récit; mais j'étais persuadé que ce qui venait de se passer ne pouvait être qu'une plaisanterie, une vengeance peut-être, exercée par Marcel, une épreuve faite sur ma crédulité, dont j'allais trouver l'explication et l'excuse dans le portefeuille.

» Cela était bien incroyable, bien impossible assurément, mais pour moi, tout au monde était croyable, tout était possible, hormis l'avilissement d'Éliane. Je posai le portefeuille sur ma table, je le regardai longtemps d'un œil hébété ; un nuage était devant mes yeux, il me semblait que quelque chose de glacé s'était posé sur mon cœur ; je ne me sentais plus ni impatience ni curiosité, je n'avais pas même peur ; tous les ressorts de mon être étaient relâchés ; ce grand ébranlement, ce choc inattendu avaient comme arrêté soudain en moi la vie et l'intelligence. Ce fut par un mouvement machinal que je tournai la clef dans la serrure du portefeuille, et certes si quelqu'un fût entré en ce moment et m'eût demandé ce que je faisais là, je n'aurais pas su répondre. Il y a dans la vie de l'homme des heures rapides, décisives, chargées de choses, où l'on dirait que le destin a hâte de faire son œuvre à lui tout seul, et ne laisse ni à la volonté ni à la réflexion le temps d'agir.

» La vue même de l'écriture d'Éliane ne me fit pas sortir de ma torpeur ; je ne pouvais plus en douter, pourtant, le récit de Marcel se confirmait ; j'avais bien là sous les yeux une volumineuse correspondance, dont quelques mots saisis au hasard, en tournant rapidement les feuilles, me blessaient comme des pointes aiguës. Je suis certain que ces lettres passèrent plus de vingt fois dans mes mains tremblantes, avant que j'eusse bien compris de quoi il s'agissait. Enfin un billet de date toute récente, adressé à Marcel, me causa une sensation plus vive, m'entra plus avant et d'une pointe plus acérée dans le cœur.

» Je m'éveillai comme en sursaut ; une sueur froide inonda mon visage, ma douleur éclata et je me laissai tomber à terre en poussant des cris. Je crois que je restai là plusieurs heures à pleurer et à me tordre. Je ne pense pas que tristesse plus amère ait jamais envahi plus complétement une âme aussi ouverte, aussi mal défendue; ce fut comme un flot noir qui passa tout à coup sur ma tête et qui emporta avec lui, pour ne jamais me les rendre, ma jeunesse, mon amour et mon facile bonheur. Un coup frappé à ma porte m'arracha à cette première crise de pleurs et de sanglots. J'allai ouvrir. C'était un billet d'Éliane qu'on m'apportait. Je le jetai sans le regarder. Mon transport s'étant un peu calmé, mon cerveau étant devenu un peu plus lucide par l'abondance de mes larmes, je me rassis, et j'eus cette fois le courage de lire jusqu'au bout la fatale correspondance. Lecture effroyable! Marcel ne m'avait pas trompé.

» Ces lettres, écrites sans doute dans des moments où Éliane ressentait le besoin, qui saisit même les plus hypocrites, de soulever un instant le masque qui les offusque, laissaient voir à nu des vices, des turpitudes où l'œil le plus aguerri eût hésité à plonger. Ce n'étaient pas seulement les intrigues multipliées d'une femme galante dont je trouvais les trop certains indices, c'étaient encore les raffinements d'une froide corruption et toutes les bassesses que le goût immodéré de la dépense et du faste peut faire commettre à un être sans moralité et sans autres principes que ceux d'un épouvantable égoïsme.

» Vous ne pourrez jamais vous figurer, ma chère Thérèse, quel affreux ravage porta en moi cette nuit de désolation, où je ne fis que lire et relire ces lettres funestes.

Quand on a acquis l'expérience du monde, on se reporte difficilement à ces heures de jeunesse où la passion libre, forte, croyante et simple, règne seule sur le cœur. A ce moment de la vie, on ne se représente jamais le mal que sous des dehors repoussants ; la beauté, les grâces du corps semblent une image fidèle de la perfection de l'âme ; une femme aimée est toujours un ange. On ne pourrait pas comprendre l'existence de ces êtres doués de tous les charmes et gangrenés de tous les vices, tels qu'une société vieillie dans la corruption peut seule les produire.

» J'ai quelque peine, moi-même, à me rappeler de quelle hauteur j'étais en ce moment précipité. L'excès de ma douleur était tel que je n'avais plus aucune notion ni de temps ni de lieu. Je demeurai toute la nuit et tout le jour suivant seul, enfermé dans ma chambre, l'œil fixe et morne, sans parler, sans songer à prendre de nourriture. J'écoutais machinalement le bruit égal et régulier de ma pendule, je suivais les mouvements du balancier ; il me semblait voir quelque chose de mystérieux et de terrible dans les chiffres du cadran, et quand l'aiguille les touchait, j'éprouvais une angoisse puérile. Quelquefois je me jetais à genoux, mais je me relevais tout à coup en éclatant de rire comme un insensé. Le soir venu, mon domestique, inquiet de n'avoir pas été appelé une seule fois dans la journée, vint me demander si je n'avais pas d'ordre à lui donner. Sa vue me rendit la conscience de moi et de ce qui s'était passé.

» Je pensai à Marcel et j'envoyai savoir de ses nouvelles. Au bout d'une demi-heure, on revint me dire qu'on était assez inquiet, que le comte avait passé une nuit détestable, qu'une fièvre très-forte s'était déclarée le matin, et qu'un second médecin venait d'être appelé. Les gens de la maison croyaient, ajouta mon domestique, que le chirurgien qui avait fait les premiers pansements s'était trompé, et que la blessure était bien plus grave qu'on ne l'avait craint d'abord. Un peu secoué par ces nouvelles, je voulus aller moi-même savoir l'exacte vérité, mais une défaillance de cœur me prit encore. Après avoir renvoyé mon domestique, je me laissai tomber sur mon fauteuil. « Éliane ! m'écriai-je douloureusement, Éliane !... » A l'instant même, et comme si elle eût pu m'entendre, elle ouvrait ma porte et je la vis devant moi. »

V

« Frappée sans doute de ma pâleur et du bouleversement de mes traits :

» — Qu'avez-vous, Hervé ? s'écria-t-elle, m'aurait-on trompée ?... Seriez-vous blessé ? Pourquoi ne m'avoir pas écrit ? Pourquoi n'être pas venu ?

» Cette voix si douce, ce regard qui descendait sur moi comme un rayon, me donnèrent encore un moment d'illusion, presque de bonheur. Je la contemplai sans rien dire, puis je fondis en larmes. Elle s'était approchée de moi ; mon fauteuil touchait à la table sur laquelle j'avais laissé le portefeuille de Marcel tout ouvert ; son châle, en frôlant cette table, fit voler en l'air quelques-unes des lettres. Il faut croire qu'elle connaissait le portefeuille, ou que, voyant sa propre écriture, elle devina à l'instant même, car elle pâlit.

» — Qu'est-ce que cela ? me dit-elle vivement.

» — C'est un souvenir que me laisse Marcel, lui dis-je en attachant sur elle un regard qui l'eût tuée, si cette femme avait eu un cœur ; c'est un legs; il va peut-être mourir, il ne veut pas que je puisse vivre après lui. Il m'a donné vos lettres...

» Aussitôt, et comme pour s'assurer que je ne l'abusais pas, elle s'élança sur le portefeuille. A la façon dont elle le saisit, toutes les lettres s'en échappèrent. Elle ne put plus douter, elle était trahie, dévoilée. J'ignore ce qui se passa dans son esprit, je ne sais quel démon lui inspira subitement la seule chose qui pût la sauver, mais sans presque changer de visage et sans hésiter une minute, elle se jeta à mes genoux et joua la plus transcendante comédie qui jamais, peut-être, ait été jouée depuis que l'on se trompe et que l'on se trahit dans ce monde.

» Nier était impossible; expliquer, atténuer, excuser, rien de tout cela ne se pouvait; elle comprit vite, car elle avait le génie du mal.

» — Hervé ! Hervé ! s'écria-t-elle d'une voix qui eût ému le marbre, et en tenant malgré moi mes genoux embrassés, Hervé, je suis la plus misérable des créatures, la dernière des femmes! Il n'y a pas en ce monde de châtiment assez rude pour moi; je ne sais pas de parole qui me flétrisse assez; une fatalité épouvantable m'a entraînée; je suis tombée de déception en déception, d'égarement en égarement, jusqu'au plus profond de l'abîme ; j'ai enfin commis le plus grand des crimes, puisque j'ai aussi trahi votre amour, votre saint et noble amour. Je ne vous demande ni pitié ni pardon. Je sais que vous ne pouvez plus aimer une femme telle que je suis devenue, malgré Dieu lui-même qui m'avait fait naître avec un noble cœur et capable peut-être de grandes vertus... Mais voyez-vous, Hervé, ne me refusez pas la dernière grâce que j'implore de vous. Je ne survivrai pas à la douleur de voir se briser si cruellement mon dernier espoir de vertu... votre amour. Mais je veux avoir eu du moins le seul courage qui me soit possible, celui d'une sincérité sans bornes; je veux que vous entendiez comme un prêtre ma confession tout entière, et peut-être prononcerez-vous sur ma tête courbée une parole de paix et de miséricorde.

» Elle continua ainsi longtemps; elle fut pathétique, éloquente; elle déroula à mes yeux toute une vie de déréglements et d'hypocrisie à faire trembler. Mais telle est la puissance de l'aveu, que, à mesure qu'elle s'accusait, elle semblait se purifier et se grandir. Ce qui m'avait fait horreur à lire loin d'elle, je l'écoutais avec une sorte de terreur presque respectueuse; les actes les plus condamnables, au moment où elle s'en confessait, se paraient à mes yeux d'une beauté sinistre; elle me fascinait et me dominait en raison même de sa honte, car je ne voyais plus dans ses bassesses que son courage à me les révéler. On eût dit, à me voir pâle, frémissant, éperdu, et à l'entendre, elle, me parler d'une voix vibrante, sa belle main tenant la mienne avec force, comme si elle eût craint que je ne lui échappasse, on eût dit que j'étais le coupable et qu'elle allait m'absoudre ou me condamner.

Enfin, que vous dirais-je? elle était divinement belle. Il vint un moment où je n'entendis plus rien, où mon regard perdu dans le sien n'y vit plus que les flammes d'un ardent amour, où mes lèvres attachées à ses lèvres y burent le poison d'une volupté terrible, où tout disparut, tout s'abîma, tout s'anéantit dans le sentiment de cette volupté. »

Hervé s'interrompit. Thérèse lâcha son bras. Elle respirait à peine. Ils firent quelques pas séparés.

— Ne vous lassez pas de moi, dit enfin Hervé, nous approchons de la conclusion. Encore un peu de patience, et le récit de mes pitoyables faiblesses sera terminé.

« Je tombai dans une sorte d'assoupissement causé, je pense, par la longue tension de mes nerfs, l'abondance de mes larmes, et aussi l'absence totale de nourriture depuis vingt-quatre heures. C'était une complète prostration de forces. Je ne sais au bout de combien de temps je m'éveillai, mais il faisait sombre, les lumières étaient éteintes ; je rallumai une bougie, tout en cherchant à rappeler mes esprits ; je ne savais pas si je sortais d'un affreux cauchemar, d'une léthargie... Je regardai autour de moi comme pour chercher Éliane. Il n'y avait personne dans la chambre ; mes yeux rencontrèrent la table ; le portefeuille avait disparu.

» Je ne m'arrêterai pas davantage à vous peindre ma fureur et mon désespoir ; la Providence avait choisi ces jours pour épuiser sur moi sa colère. Vers neuf heures du matin, on m'apporta un billet d'Éliane ainsi conçu :

« Le comte de Marcel est au plus mal ; on s'était gros-
» sièrement trompé sur sa blessure. La fièvre et le délire
» ne l'ont pas quitté depuis douze heures. Il n'a plus, se-

» lon toute apparence, que très-peu d'instants à vivre.
» Mon cœur est brisé par ce malheur ; je ne me consolerai
» jamais de la fin si cruelle d'un de mes meilleurs amis.
» Vous comprendrez, monsieur, qu'il me devienne im-
» possible, au moins d'ici à bien longtemps, de vous re-
» cevoir chez moi. »

» La lecture de ce billet ne me causa presque aucune émotion, tant je les avais toutes épuisées la veille. Notre cœur est aussi impuissant pour la douleur que pour la joie. Il y a un terme que nous ne dépassons guère : au delà c'est l'abrutissement ou la défaillance. Le fond des deux calices est vite atteint ; c'est un breuvage de même saveur et d'effet pareil, une lie narcotique qui engourdit l'âme et la plonge dans une stupide insensibilité.

» Une seule pensée me restait distincte : je voulais partir, quitter à l'instant Paris, ne plus voir un visage connu, fuir ces tristes murailles qui semblaient chargées de malédictions. Je croyais, j'étais bien jeune, qu'on se fuyait soi-même, et que, en allant loin, bien loin, au delà des monts et des mers, j'irais aussi, peut-être, au delà de ma douleur.

» Je m'embarquai à Marseille pour l'Amérique du sud. Pendant les huit jours que je restai là à attendre le premier vaisseau qui ferait voile pour Rio-Janeiro, j'appris deux nouvelles funestes : la mort de Marcel et le retour à Paris de son beau-frère, le marquis de R***, qui, averti par des amis charitables, avait saisi une correspondance, portait partout ses plaintes et menaçait d'un procès qui alla achever de perdre la marquise, déjà cruellement compromise par le duel et la mort de son frère, dont elle était regardée comme l'unique cause.

» Durant toute la traversée, je quittai à peine ma chambre, si l'on peut donner ce nom aux six pieds carrés qui contenaient mon lit et ma table. J'avais d'effroyables accidents nerveux, on me prenait pour un homme frappé d'aliénation mentale; personne n'était désireux de m'aborder, mais j'avais un compagnon invisible, le sentiment constant, aigu, de mon crime, le remords, qui ne me laissait de repos ni jour ni nuit. Un reste de religion, ou peut-être tout simplement l'horreur naturelle d'une organisation robuste pour la destruction, m'empêchèrent d'attenter à ma vie. Tout ce que je fis, tout ce que je tentai pendant près de deux années pour trouver du répit fut vain. J'allais, j'allais toujours, sans m'arrêter, de ville en ville, de désert en désert; je parcourus les plus beaux pays du monde, je vis les scènes les plus grandioses de la nature ; je pressai, j'entassai les images dans ma mémoire, mais ma pensée, sans se lasser non plus, franchissait tous les obstacles que j'élevais entre elle et ma faute ; elle s'acharnait à sa proie; et cette proie c'était mon propre cœur que rien ne soulageait alors, que rien depuis n'a su guérir.

» Les émotions du jeu me tentèrent ; je gagnai d'abord immensément, puis je perdis à peu près tout ce que je possédais, sans plus m'affecter de la perte que du gain. Seulement cette ruine presque totale me força de revenir en Europe et de me rapprocher de ma famille, qui ne savait ce que j'étais devenu et à laquelle je fus contraint de recourir. Ce fut une dernière misère assez vivement ressentie par mon orgueil. Je ne pus me résoudre toutefois à remettre les pieds sur le sol de la France. Je débarquai à Livourne, d'où je me rendis à Florence. Je m'étais déterminé presque machinalement à aller là plutôt qu'ailleurs. J'avais rencontré à bord un moine italien avec lequel, durant la traversée, il m'était arrivé de causer plus longuement et plus intimement que je ne l'avais fait depuis mes malheurs. Ce moine était un Dominicain, jeune encore, mais fatigué, soit, comme on le racontait, par des abstinences et des macérations volontaires, soit par une maladie des poumons gagnée dans ce voyage au Brésil, qu'il avait entrepris pour les intérêts de son ordre. Il allait tenter de se guérir en essayant les climats les plus doux de l'Italie. Il devait habiter successivement Florence, Pise et Naples.

» Le père Anselme, c'est ainsi qu'on l'appelait, m'avait inspiré sinon de l'intérêt, mon cœur était mort à tous les sentiments bienveillants, du moins une respectueuse curiosité. Dès le premier jour où nous nous étions abordés, il avait paru trouver du plaisir à s'entretenir avec moi. Ces entretiens, d'abord très-vagues, avaient pris peu à peu, grâce à lui, quelque chose de plus sérieux et de plus intime.

» Tout en gardant le silence sur son véritable nom et sur les événements de sa vie, le moine me laissa entrevoir qu'il avait traversé bien des orages, et que le monde et ses écueils ne lui étaient pas inconnus. Il s'exprimait en français avec une facilité rare; il abordait tous les sujets avec convenance et liberté. Sa parole, quoique simple, touchait toujours au fond des choses et donnait beaucoup à penser. C'était un noble esprit et un noble cœur. Un jour que, sans rien préciser, je lui avais parlé de mes ennuis, de mes courses sans but et de mon éloignement à rentrer dans ma patrie :

»—Pourquoi ne feriez-vous pas avec moi le voyage d'Italie? me dit-il.

» Il n'en avait pas fallu davantage pour me décider à suivre ses pas. Après quelques mois de séjour à Florence, il ne se trouva pas bien de l'air trop vif, et résolut de passer la mauvaise saison à Pise. Pendant tout cet hiver, je le vis sans cesse. Nous faisions ensemble des promenades le long de l'Arno, à San Rossore, dans la forêt de pins qui s'étend des cascines jusqu'à la mer, et surtout dans les galeries du Campo-Santo. Cette nature douce et triste, ces œuvres de l'art dont je pénétrais chaque jour davantage les solennelles beautés, agissaient sur mon esprit et m'arrachaient à la constante obsession de ma misère. Il me prenait quelquefois des tressaillements subits d'admiration et d'enthousiasme. La vie rentrait en moi. J'en arrivai à éprouver le besoin de confier mes peines, et je fis au père Anselme, en déguisant les noms et les circonstances, la confession de mon indigne amour et des fautes où il m'avait entraîné. C'était un jour que nous revenions d'une course en plein midi le long de la mer; le ciel n'avait pas un nuage; la lumière inondait la grève solitaire. Le moine marchait silencieux et pensif à mes côtés. Quand je cessai de parler, il réfléchit quelques instants, puis, me regardant avec une tendresse profonde :

»— Mon enfant, me dit-il, écoutez la parole d'un homme qui a suivi, lui aussi, les sentiers de la perdition; croyez-moi, il n'est permis à aucun de nous de désespérer de sa vie. L'irréparable aux yeux de Dieu n'existe pas. Si vous êtes poursuivi de trop cuisants remords, si vous croyez la doctrine catholique, il y a des asiles ouverts à la pénitence:

faites-vous chartreux ou trappiste; si, au contraire, comme je le pense, votre cœur est moins frappé de remords que tourmenté de regrets, si vous avez moins de désespoir de vos fautes que de retours cruels vers des illusions perdues, alors, mon enfant, sachez ressaisir les rênes de votre âme. Sachez être homme. Il n'est personne ici-bas, pas même le galérien attaché à son boulet, qui ne puisse encore être bon à son semblable. Quand nous n'avons plus dans notre cœur de quoi nous rendre heureux nous-mêmes, c'est alors souvent qu'il se trouve dans notre esprit de plus riches trésors à répandre autour de nous. Vous êtes jeune; vous avez une patrie, une famille; vous avez l'humanité à aimer comme le Christ l'a aimée jusqu'à la fin. Et, tenez, ajouta-t-il en me désignant la tour penchée (nous arrivions en ce moment sur la place du Dôme), vous savez l'histoire de cette tour que le peuple regarde comme miraculeuse. Elle s'élevait sous les yeux de l'architecte, droite, fière, audacieuse, quand tout à coup, arrivée à moitié de sa hauteur, le terrain s'affaissa, et chacun pensa que l'édifice allait s'écrouler. Mais l'artiste, confiant en Dieu et en sa volonté, ne perdit pas courage. Il sut trouver le remède au moment du plus grand péril. Il étaya fortement la tour; puis, s'étant assuré que l'affaissement du sol ne pouvait dépasser une certaine profondeur qu'il calcula avec précision, il modifia ses mesures, il changea ses lignes, il acheva son campanile sur un plan incliné qui est aujourd'hui l'émerveillement de tous, et fait paraître son œuvre bien plus belle dans sa singularité qu'elle ne l'eût été si aucun accident ne fût survenu.

» Ceci est un apologue, mon noble ami, poursuivit le

père Anselme en souriant doucement. Notre vie, c'est la tour de Pise. Nous la commençons avec audace et certitude, nous la voulons droite et haute; mais tout à coup le terrain sur lequel nous bâtissons vient à s'effondrer. Notre volonté fait défaut, nous croyons que tout est perdu. Souvenons-nous alors de Bonanno Pisano, imitons-le : étayons d'abord notre âme, puis faisons la part de nos fautes. Mais, continuons, ne craignons pas la peine, achevons notre vie penchée; et qu'on puisse au moins douter en nous voyant s'il n'a pas mieux valu qu'elle fût ainsi, et si une perfection plus complète n'eût pas été peut-être moins admirable.

» Le soir même de cet entretien je reçus des lettres qui m'annonçaient la mort de mon frère aîné. Il ne laissait pas d'enfants. J'allais me trouver chef de famille, possesseur d'une grande fortune territoriale. Je crus reconnaître dans cet événement et dans cette coïncidence le doigt de Dieu. Je résolus de rentrer immédiatement en France, et d'y commencer une vie nouvelle. J'allai prendre congé du père Anselme; il parut heureux de ma détermination et me serra dans ses bras. « Mon père, lui dis-je, bénissez en moi la résignation et la volonté que vous y avez mises. »

» Il fit, en silence, sur ma tête, le signe de la croix.

» Nous ne nous sommes jamais revus.

» Le reste, vous le savez. A mon arrivée ici, d'anciens amis de ma famille me parlèrent de mariage. J'y étais assez disposé. Tout ce qui devait fixer, régler mon existence me semblait bon. Je ne devais plus y laisser de place pour le hasard. On me fit connaître la mère de Georgine, et plusieurs fois nous allâmes ensemble voir cette dernière au couvent. Je la trouvai jolie ; je la savais bonne ; elle était pauvre. Je me laissai séduire par la pensée de réparer une injustice du sort. Je me dis que, ne pouvant plus jouir de rien par moi-même, je jouirais du moins de tous les plaisirs de cette jeune fille élevée dans les privations et dans une austère simplicité. Je crus que cette âme à guider, cette intelligence à conduire serait un intérêt noble et constant dans ma vie. Je désirais passionnément avoir de beaux enfants, et vous voyez que le Ciel m'a exaucé. Georgine est heureuse par moi, elle le sent, elle m'aime. A chaque heure du jour, elle sait me le témoigner. J'ai la conviction d'avoir fait autour de moi un bien réel. Dans ce pays, depuis huit ans que je l'habite, la misère a disparu. Le nécessaire est assuré à tous ; beaucoup même ont ce modique superflu qui fait si aisément bénir l'existence à ceux qui vivent de leur travail. Je suis à la veille d'entrer dans la vie politique. J'espère alors faire plus en grand ce que je fais maintenant sur une très-petite échelle. Je ne suis pas insensible au désir d'attacher mon nom à quelque réforme utile pour mon pays. »

— Vous ne me dites pas ce qu'est devenue Éliane? interrompit Thérèse ; l'avez-vous revue?

— Jamais ! dit Hervé. Elle avait quitté la France quand j'y suis rentré. On m'a dit qu'elle s'était fixée à Naples. Je n'en sais pas davantage. Voici la première fois, depuis huit années, que je prononce son nom.

Ils entraient dans la cour du château ; la cloche avait depuis longtemps appelé pour le déjeuner; des domestiques étaient partis dans plusieurs directions pour avertir Hervé et Thérèse.

18.

— Mais arrivez donc ! leur cria Georgine du plus loin qu'elle les aperçut ; les enfants s'impatientent, le cuisinier se désespère; on n'a pas idée de se promener par ce temps là et à de pareilles heures.

Disant cela elle tendit la main à Thérèse, embrassa Hervé, et ne vit pas sur le visage de tous deux qu'un mystère venait d'être révélé, qu'un lien nouveau et secret unissait leurs cœurs ; heureuse Georgine ! elle ne devina pas l'orage qui grondait sur sa tête.

Il est sur la terre des êtres singulièrement préservés; ils passent à côté des plus graves événements sans les voir; ils se trouvent mêlés aux drames les plus terribles sans les soupçonner ; ils reçoivent l'étreinte d'une main convulsive sans que rien en eux frémisse, et sourient dans la bénignité d'une ignorance tranquille aux cœurs dévastés, aux fronts qu'a touchés la foudre : ce sont de bonnes et douces natures qui vivent leur temps et s'en vont de ce monde sans y avoir fait ni mal ni bien. Georgine était un peu de celles-là.

Les jours suivants, Hervé et Thérèse ne se parlèrent plus. Le récit d'Hervé avait bouleversé le cœur de Thérèse ; lui-même se sentait profondément ébranlé. Il y a des révélations qui sont des révolutions. Il est des dangers contre lesquels le silence est la seule armure.

Un matin Thérèse était descendue au salon un peu plus tôt que de coutume; il n'y avait personne encore. Un feu mal allumé emplissait l'âtre d'une fumée épaisse ; les vitres, chargées de brume, ne laissaient pas percer le regard sur les jardins. La table était encore dans le désordre de la veille. L'ouvrage commencé de Georgine, les jouets des enfants, un volume de Walter-Scott, dont Hervé faisait le soir lecture, y étaient restés. Le piano était ouvert. Dans une corbeille, placée en face des fenêtres, quelques chrysanthèmes penchaient mélancoliquement leurs têtes violacées ; je ne sais pourquoi ce salon parut à Thérèse d'une tristesse lugubre. Elle essaya de lire un journal, elle ne put ; elle se mit au piano, préluda longtemps, mais aucune phrase ne s'achevait sous ses doigts ; elle voulut chanter, alors les pleurs qu'elle réprimait se mirent à couler. Tout à coup elle sentit une main se poser doucement sur son épaule, elle se retourna : c'était Hervé qui la regardait avec une indicible expression de tendresse et de douleur.

— Vous ressemblez à Éliane, lui dit-il ; seulement vous êtes beaucoup plus belle.

En ce moment la porte s'ouvrit ; c'était Georgine avec les enfants et deux voisins qui venaient s'établir à Vermont pour plusieurs jours. Thérèse s'échappa et fut cacher ses larmes. C'est ainsi, par un incident insignifiant, par un hasard vulgaire, que se brisent souvent, au moment où ils vont se nouer, les fils de deux destinées. Tout fut dit : la dernière parole qui devait être échangée entre Hervé et Thérèse vint se perdre dans les compliments et les lieux-communs de la politesse de province.

Le lendemain, à sept heures du matin, un beau cheval sellé et bridé attendait devant le perron du château ; sur la selle du domestique qui devait suivre, une petite valise était attachée. Hervé parut ; il remit un billet au valet de chambre qui lui ouvrit la porte d'entrée.

— Quand madame sera éveillée, vous lui donnerez cette lettre.

Disant cela, il monta lentement en selle, traversa au

pas la cour du château, puis, piquant des deux, il s'élança au galop dans la longue avenue. Au bout de quelques minutes, un détour du chemin le ramena en vue de Vermont. Il s'arrêta, regarda longtemps une fenêtre dont les jalousies venaient de s'ouvrir :

« Thérèse ! » murmura-t-il, et il s'éloigna de toute la vitesse de son cheval.

Sa lettre à Georgine motivait son départ. Les intérêts de son élection l'appelaient à la petite ville de B... et l'y retiendraient une huitaine de jours. Thérèse, malgré les instances de Georgine, quitta Vermont avant le retour d'Hervé. Elle demeura fort peu de temps dans sa famille et s'embarqua pour New-York. Georgine n'eut plus de ses nouvelles qu'à de rares intervalles.

Aujourd'hui, l'océan est entre Hervé et Thérèse. Ils ne se reverront pas, ou du moins ils ne se reverront que lorsque l'âge les aura rendu méconnaissables l'un à l'autre. Ils étaient faits pour s'aimer ; le devoir les sépare, et chacun d'eux, sans se l'être dit, garde au fond de son cœur un ineffaçable et cher regret. Leur histoire est celle de plusieurs d'entre nous. Passer un jour tout auprès d'un bonheur immense, le voir, croire qu'on le saisirait en étendant la main, et ne pas s'y arrêter pourtant, c'est l'héroïsme ignoré de bien des nobles cœurs. J'en sais qui se pleurent et qui s'appellent tout bas à travers l'espace. O mon Dieu ! vous qui leur avez donné la force des grands sacrifices, donnez-leur-en du moins l'amère volupté !

JULIEN

A UNE AMITIÉ BRISÉE

Je devais écrire votre nom en tête de cette petite esquisse.
Je me l'étais promis dans un temps irrévocablement passé.
Aujourd'hui, Madame, vous ne devinerez même pas ce nom
que je tais et qui me fut si cher.
La vie se passe en vains efforts et en plus vains regrets.
Nous avions voulu nous aimer.

I

Quelle promesse déplorable vous m'avez arrachée ! vous exigez que je n'attente plus à mes jours ; vous voulez que je vive. Et pour qui, grand Dieu ! et pourquoi ? Y aurait-il quelqu'un ici-bas à qui ma vie pût être bonne ? Croyez-vous qu'il y ait là-haut un Dieu qui se plaise au spectacle de nos misères ? Moi, je ne crois rien, je n'aime rien, pas même vous. Je subis votre ascendant ; j'ai pour vous une sorte d'admiration triste et stérile qui m'amène là où vous êtes et qui m'y fait rester de longues heures à vous écouter sans presque vous entendre, à vous regarder sans presque vous voir. N'abusez pas de l'empire que je vous ai laissé prendre. N'en croyez pas votre enthousiaste tendresse, elle vous trompe. Il n'y a plus rien en moi à raviver ; vous ne trouverez plus une étincelle sous ce tas de cendres où vous vous fatiguez en vain à la chercher. Depuis longtemps je porte avec fatigue le poids de mon propre cœur comme une femme porte son fruit mort dans son sein. Aurélie, je suis un enfant maudit ; j'ai tué ma mère en venant au monde ; je n'ai pas pu aimer mon père ; une sœur ne m'a point été donnée, je vous ai rencontrée trop tard. Si vous m'aviez tendu la main deux ans plus tôt, il était temps encore, peut-être ; vous m'auriez appris ce que c'est que l'orgueil, l'ambition, l'amour, ces beaux mots qui vibrent si éloquemment sur vos lèvres. Aujourd'hui tout est dit. Aurélie, rendez-moi ma liberté, laissez-moi mourir.

II

Non, Julien, cet espoir né d'hier, l'espoir de te sauver, il est déjà entré trop avant dans mon cœur pour qu'il dépende de toi de l'y détruire si vite. Cette nuit ta mère m'est apparue, pâle, belle, pleine de majesté, comme je la vis le jour de sa mort. Elle te tenait, tout petit enfant, dans ses bras et te pressait contre sa poitrine ; mais elle ne te regardait pas. Ses grands yeux restaient attachés sur un point dans l'espace que, malgré tous mes efforts, il m'était impossible d'apercevoir ; seulement la voix mystérieuse et familière que l'on entend dans les rêves me disait que ce lieu invisible c'était le monde infini, où les âmes éprouvées et purifiées se rejoignent un jour.

Je me suis éveillée confiante et calme. Le beau front transfiguré de ta mère, son regard profond et comme fixé sur l'éternité avec une solennité tranquille, ont dissipé soudain mes doutes, mes terreurs. Julien, ta pauvre mère qui m'aimait qui me nommait sa fille aînée, elle me choisit pour te ramener à elle. Elle veille sur nous ; elle m'inspirera. Je triompherai de cette force sinistre ou plutôt de cette faiblesse obstinée qui est en toi. Je te sauverai malgré toi-même. Non, Julien, je ne te délie pas de ton serment. Désormais ton existence m'appartient ; tu me l'as donnée, je veux la donner à Dieu. Tu penses que mon enthousiasme m'abuse ? L'enthousiasme ne trompe pas ; il est tout-puissant ; il crée ce qu'il affirme. Tu seras grand, Julien, et pour cela tu n'as qu'à continuer de vivre. Ce n'est pas en vain, crois-moi, que la nature a fait avec tant d'amour ton noble et gacieux visage ; ce n'est pas en vain que ton cœur a saigné, que des larmes précoces ont creusé sur ta joue ce sillon imperceptible à d'autres yeux qu'aux miens, parce que la jeunesse le voile encore de ses plus brillantes couleurs ; ce n'est pas en vain que tu as affronté les redoutables secrets de la mort avant d'avoir pénétré ceux de la vie ; et, laisse-moi te le dire dans mon orgueil : ce n'est pas en vain que je t'aime.

III

Quand vous connaîtrez le mal dont je suis atteint, quand vous saurez ce que je suis, vous renoncerez à me guérir.

IV

Nous ne savons pas ce que nous sommes, enfant ; nous savons seulement ce que nous avons été. Parle, je t'écouterai religieusement.

V

J'aime mieux vous écrire que vous dire ma vie. Votre présence me trouble, elle dénaturerait peut-être mes paroles, et je veux être vrai, absolument vrai, avec la seule créature humaine qui me paraisse digne de tout amour et de toute vénération.

D'après ce que vous m'avez appris de ma mère, je dois croire que j'étais né très-semblable à elle. Dès ma plus tendre enfance, j'avais, ainsi qu'elle, des élans de piété singulière et des visions d'un monde peuplé d'anges et d'esprits radieux ; j'étais rêveur, mélancolique, un peu sauvage. Mon plus grand plaisir était de contempler le ciel et les étoiles. Souvent, la nuit, je me levais en cachette, j'ouvrais ma fenêtre et je m'agenouillais devant la constellation de la Lyre, où je me figurais que ma mère était allée et d'où elle pouvait me voir. Ainsi qu'elle encore, j'aimais passionnément les fleurs et la musique; quand j'entendais jouer certains airs aux orgues des rues, je fondais en larmes.

A mon entrée au collége, j'avais douze ans, j'étais un enfant obéissant et doux, porté à la tendresse, vrai en toutes choses, d'une conscience timorée, plein de respect pour mes maîtres, et croyant de cœur et d'âme tout ce qui m'avait été enseigné touchant les mystères de la religion. Vous avez sans doute quelquefois ouï parler des coutumes barbares du collége, de ces usages traditionnels qui font du dernier arrivé dans les classes le sujet de toutes les risées, la victime légitimement sacrifiée à la malice universelle. Quoique douloureusement surpris de l'accueil hostile qui me fut fait, je supportai assez bien les premières épreuves, et je ne fus véritablement atteint que lorsque la raillerie se prit à ma piété qui était fervente et sincère. Un soir, avant de me coucher, m'étant agenouillé suivant mon habitude pour prier Dieu, je fus découvert par un de mes voisins de dortoir. Il me montra du doigt aux autres, et tous, éclatant de rire, se mirent à parodier, sous mes yeux, mes naïves pratiques. Dès le lendemain matin, le bruit se répandit à l'étude que j'étais un petit béat, un cafard, un jésuite à qui il fallait faire passer l'envie de réciter des patenôtres. Bientôt, malgré quelques réprimandes des surveillants, il n'y eut sorte de persécution à laquelle je ne me visse en butte. Tantôt, je trouvais dans mon pupitre de hideuses caricatures des cérémonies du culte, tantôt des vers infâmes sur les mystères ; aux récréations on m'affublait d'une manière de soutane, on me liait à un arbre du jardin, puis les élèves venaient un à un, avec force génuflexions grotesques, me faire des confessions bouffonnes et me demander l'absolution. Vous pouvez vous figurer combien ce langage si nouveau pour moi, cette effrayante unanimité de moquerie tombée tout à coup sur mon pauvre cœur plein d'adoration, dut y porter un coup terrible. J'essayai de me défendre, mais que pouvais-je seul contre tous ces enfants cruels et effrontés ? J'étais accablé par le nombre. Voyant d'ailleurs que ma résistance ne servait qu'à les exciter, je souffris passivement leurs outrages, mais ce ne fut pas sans un grand bouleversement intérieur ; ma santé s'altéra, je tombai dans une sorte d'hébêtement, d'idiotisme, qui lassa enfin leur perversité ; ils passèrent à d'autres divertissements et me laissèrent dans un isolement complet.

Un jour que je me promenais dans une allée écartée, un élève plus âgé que moi de plusieurs années vint à ma rencontre et, me tendant la main, m'aborda d'un ton affectueux qui me causa le premier mouvement de joie que j'eusse encore éprouvé depuis ma sortie de la maison paternelle. « Eh bien, mon pauvre Julien, me dit-il, te voilà tout seul ; ne veux-tu pas te promener un peu avec moi ? » Cette proposition me sembla une si grande marque de condescendance, elle était pour moi un honneur tel, que pour toute réponse je le regardai d'un air ébahi. Il prit mon bras ; nous fîmes plusieurs tours d'allée, et au bout d'un quart d'heure il m'avait offert son amitié pour la vie et accepté en échange un dévouement sans bornes. Ce jeune homme s'appelait Léonce. Ses manières étaient distinguées, son humeur était égale. Il ne lui fut pas difficile de conquérir mon cœur. Il devint le confident et le consolateur de mes peines. Il blâma mes camarades de la persécution qu'on m'avait fait subir ; mais en même temps, avec un sang-froid et une douceur insinuante qui firent un effet désastreux sur mon esprit, il m'expliqua que, s'ils avaient tort dans la forme, ils avaient parfaitement raison quant au fond ; qu'il était impossible qu'un garçon d'esprit tel que moi pût ajouter foi aux billevesées que j'affectais de croire ; et lorsque je l'interrompis pour lui jurer que ma dévotion était sincère : Alors je te plains, reprit-il, de n'avoir pas su deviner à toi seul que tout cela n'est que sottise, invention des prêtres pour nous faire peur et nous tenir sous le joug. Puis il me déroula un charmant et complet petit système d'athéisme, le seul vrai, le seul démontré par l'expérience, et cru, ajouta-t-il, par tous les gens sensés.

Il ne me convainquit pas du premier coup, mais il y revint souvent. Il avait beaucoup lu ; il parlait avec facilité, avec élégance, sans passion ; je l'aimais ; il me persuada peu à peu que ce qu'il pensait devait être fondé en raison. Lorsqu'il eut gagné ce point, il passa des théories philosophiques à l'application morale, des notions générales la conduite particulière ; au bout de six mois il avait si bien réussi, il avait formé un si digne élève, que je surpassais en fanfaronnade d'impiété les plus anciens et les plus pervertis du collége. Le jour de la première communion arriva, je n'y songe pas encore aujourd'hui sans frissonner. Je commis volontairement, par défi, ce que je ne pouvais m'empêcher de considérer encore comme un épouvantable sacrilége. Mais ma nature était si profondément religieuse qu'elle se révolta contre mon esprit dépravé : au moment où le prêtre posait l'hostie sur mes lèvres je m'évanouis ; il fallut m'emporter de la chapelle, et j'eus pendant près d'un mois des convulsions qui firent craindre pour ma vie.

Pensant que le régime du collége était trop rude pour ma santé, mon père me reprit chez lui et j'achevai mon éducation avec un précepteur. J'étais tenu fort sévèrement et ne puis rien me rappeler de ces années d'études, si ce n'est que peu à peu les impressions du collége s'effacèrent, et que, de l'impiété affichée, je tombai dans une indifférence presqu'aussi déplorable. Je venais d'avoir dix-neuf ans lorsque mon père fut atteint de la maladie qui l'emporta. C'était comme vous savez un homme d'un caractère froid ; il avait toujours paru éviter plutôt que rechercher ma confiance, et il m'inspirait plus de respect que de tendresse. Je fus donc extrêmement surpris lorsque, pour la première fois, à son lit de mort, il me parla avec un accent ému que je ne lui connaissais pas, et me dit ces mots qui se sont gravés au plus profond de ma mémoire :

« Julien, je vais mourir. Je vois venir ma dernière heure sans effroi, presque sans regret. Vous êtes arrivé à un âge où l'on n'a plus guère besoin de guide, où l'on souffre même impatiemment l'autorité paternelle. Si vous devez faire des folies et des sottises, je ne vous en empêcherais pas, et les faisant moins librement, vous les feriez plus sottement. » Je voulus l'interrompre. « Laissez-moi achever, reprit-il ; mes moments sont comptés. Ne nous abandonnons point à de puériles lamentations ; la mort n'est pas un mal ; c'en serait un grand de vivre toujours dans un monde tel que le nôtre.

» Depuis votre enfance, Julien, sans que vous vous en soyez douté, je vous ai suivi pas à pas. J'ai observé tous les mouvements de votre esprit et de votre cœur ; rien ne m'a échappé, et je crois vous avoir pénétré autant qu'il est donné à un homme d'en pénétrer un autre. Avant de vous quitter pour toujours, je veux vous faire part du résultat de mes observations ; cela vous épargnera peut-être quelques années de trouble, d'activité mal dépensée, des regrets, des remords, à tout le moins une grande perte de temps. La plupart de nos fautes, et par conséquent de nos malheurs, viennent de ce que nous apprenons trop tard à nous connaître nous-mêmes. Dieu vous a donné une belle âme, mon enfant ; vous n'avez aucune mauvaise passion à combattre, aucune inclination vicieuse à étouffer ; mais je ne vois pas non plus en vous le germe des mâles vertus. Vous avez le goût du bien ; une certaine force vous manque pour en avoir l'amour. Votre intelligence est ouverte aux nobles curiosités, mais elle ne se porte vers aucune étude avec une particulière ardeur.

» Je crains pour vous cette facilité à tout comprendre qui empêche de se fixer sur rien ; je crains encore plus, je l'avoue, quelque chose de flottant, d'indéterminé dans votre nature, une délicatesse peut-être excessive, qui vous rendra difficiles les résolutions énergiques, les persévérants efforts, la rudesse nécessaire à certains héroïsmes. Hâtez-vous de tracer les lignes principales de votre vie, si vous ne voulez pas qu'elle s'essaie, s'égare et se lasse en mille chemins. Entrez au plus vite dans la carrière que vous préférez ; mariez-vous jeune. Si le bonheur doit être quelque part pour vous, il sera, j'en suis convaincu, dans la modération, dans les affections de famille, dans une convenance choisie. Vous n'êtes pas de ces hommes qui font leur destinée ; vous êtes de ceux qui doivent se borner à régler leur existence. »

Ces derniers mots me révoltèrent. Ils étaient trop vrais dans leur sévérité pour ne pas blesser au vif mon amour-propre. Mon père, déjà très-affaibli, cessa de parler. Je quittai sa chambre sans rien trouver à lui répondre. Je ne réfléchis point sur ce qu'il venait de me dire ; je le vis mourir avec une indifférence que ma jeunesse seule pouvait excuser et sur laquelle j'ai versé depuis des larmes amères. Il s'en faut que ce soit un bien pour l'homme d'é-échapper à certaines douleurs.

Je désirais depuis longtemps entrer dans la diplomatie. Mon père avait obtenu pour moi la promesse du premier poste d'attaché d'ambassade qui viendrait à vaquer. Aussitôt que les convenances de mon deuil le permirent, je demandai une audience au ministre, qui était de nos amis ; il me réitéra sa promesse et me conseilla, en attendant qu'elle pût s'effectuer, d'aller dans le monde afin d'apprendre à connaître les hommes. Je le remerciai de son intérêt et je suivis son conseil ; qu'avais-je de mieux à faire ? J'étais libre, riche, curieux et oisif. Bientôt je me trouvai lancé dans le tourbillon de la vie élégante, emporté par un courant de frivoles plaisirs et de devoirs plus frivoles encore.

La première curiosité, la première préoccupation d'un jeune homme en entrant dans le monde, ce sont les femmes. Leur plaira-t-il ? sera-t-il aimé d'elles ? telles sont les questions qu'il se pose incessamment, les pensées qui l'assiégent et jettent le trouble à son cerveau. Tantôt son imagination l'entraîne loin des réalités ; parmi les formes enchanteresses qui passent et repassent devant ses yeux éblouis, il en choisit une plus accomplie que toutes les autres, il la pare de mille grâces, il l'orne des dons les plus rares ; puis, épris de sa chimère, il se transporte avec elle dans une sphère idéale ; il y prodigue les scènes d'amour, les actions d'éclat ; il se crée un rôle sublime dans un drame impossible ; toutes les délices et tous les héroïsmes s'y rencontrent. Tantôt, au contraire, un mal secret l'oppresse. Ardent et timide, s'interrogeant lui-même avec anxiété, sa jeunesse, son inexpérience lui semblent des obstacles insurmontables. Les regards de femme, qui l'attirent comme un irrésistible aimant, il les fuit, tant il redoute de les trouver dédaigneux ou distraits.

Ce tourment-là fut le mien. Je n'avais pas l'ombre de fatuité ; j'aurais pu sans cela m'apercevoir que je ne déplaisais point, mais les artifices si nouveaux pour moi de la coquetterie me mettaient en défiance. Je ne me sentais pas de force à jouer ce jeu subtil, et quand l'occasion me souriait, quand je me voyais seul en présence des femmes auxquelles j'aurais le plus souhaité de plaire, la crainte du ridicule paralysait ma langue et glaçait mes esprits. Cependant mes vingt ans se faisaient sentir ; ma jeunesse rongeait son frein ; une langueur perfide me pénétrait. Je ne trouvais plus qu'ennui dans les plaisirs, que fatigue dans le travail, qu'accablement dans la solitude. Je me sentais emprisonné dans mes hésitations, et du fond de mes nuits sans sommeil j'appelais à grands cris la délivrance.

Je n'ignorais pas que, en dehors de ce qu'on appelle la bonne compagnie, à côté du cercle des bienséances où les hommes vivent de leur vie factice, au-dessous de ces apparences conventionnelles qui les contiennent pendant quelques heures, s'ouvre pour eux une autre existence, libre de toute entrave, affranchie de toute retenue. J'avais répugné jusqu'alors à suivre mes amis au sein de ces réalités grossières, dont les récits ne m'inspiraient que du dégoût ; une grande pureté naturelle s'alliait chez moi à une délicatesse presque féminine. Je parvins, non sans effort, à vaincre l'une et l'autre. Un jour que ma jeunesse avait parlé bien haut, un jour que les irritants manéges d'une coquette avaient exaspéré mon amour-propre, j'acceptai d'un cœur tremblant, mais d'une voix hardie, une partie de jeunes gens. A peine engagé, j'en eus du regret ; une crainte puérile s'empara de moi. J'appréhendai de manquer de l'aplomb convenable, de trahir mon innocence par quelque gaucherie. Je rougis de honte en songeant à la sotte contenance que j'allais avoir, et je résolus, pour échapper à cette humiliation, de me familiariser avec le vice, en faisant en quelque sorte mon apprentissage de corruption. Aurélie, pardonnez-moi d'attrister votre esprit par de tels tableaux ; mais comment omettre dans mon récit une circonstance si décisive ? comment ne pas vous parler de la morne séduction de ces amers plaisirs par lesquels la plupart des hommes commencent la vie ? Oh ! si l'on savait ce qu'il en coûte à certaines natures pour se dégrader, si l'on était dans le secret des combats que se livre à elle-même une âme orgueilleuse avant de consentir à descendre dans les régions où se plaisent les âmes vulgaires ; si l'on pouvait comprendre de quel affreux courage il faut s'armer pour flétrir à vingt ans dans son sein le premier espoir d'amour et de volupté ; si l'on connaissait les angoisses, les dégoûts qui précèdent et suivent certaines fautes, on ne trouverait plus dans son cœur le courage de les condamner. Nous les couvririons de notre silence comme d'un manteau ; une triste compassion serait à leur égard notre seule justice.. . . . .

. . . .

Il était trois heures du matin ; il avait gelé, la lune éclairait les rues désertes, les étoiles scintillaient au ciel dont pas un nuage ne voilait la pureté ; un vent froid me coupa le visage et me réveilla d'un affreux cauchemar. Le silence éloquent de cette nuit solitaire qui me saisissait, étourdi que j'étais encore par les fumées du punch et les propos dits et entendus dans l'ivresse, la beauté auguste de ce ciel étoilé, inondant soudain mon œil appesanti par l'orgie, la sérénité de ces profondeurs radieuses suspendues au-dessus de ma tête, éclairant tout à coup les ténébreux abîmes que je venais de découvrir dans mon propre cœur, tout cela m'accabla à la fois et me courba sous le sentiment d'un abaissement profond, d'une irréparable échéance.

Je me mis à marcher avec hâte, comme pour me fuir moi-même, et j'essayai de fredonner un refrain d'opéra pour narguer ma conscience ; mais bientôt le retentissement de mes pas sur le pavé sonore me devint insupportable ; ma chanson s'arrêta dans mon gosier brûlant ; je passai devant une église ; sans trop savoir ce que je faisais, je me laissai tomber sur une des marches du parvis. Là, cachant mon visage dans mes mains, je cessai de me contenir ; je m'abandonnai à la faiblesse de mon cœur, et de longs sanglots le soulagèrent. Combien de temps je restai ainsi défaillant et brisé, je l'ignore. Ce que je sais, c'est que cette douleur qui semblait si intense ne changea point mes voies, ne détermina aucune réforme dans ma vie. Ces pleurs, ces sanglots n'étaient que l'instinctive révolte d'une organisation délicate aux prises avec des réalités brutales ; ce n'était point le sérieux repentir d'une âme vraiment touchée. Les jours suivants me virent plus résolu, plus affermi dans le désordre ; et bientôt mes amis se félicitèrent d'avoir acquis en moi un compagnon d'une aussi agréable humeur.

Je menai, pendant six mois environ, une vie pitoyable. Au bout de ce temps, le courage me manqua. L'effort que j'avais été obligé de faire pour vaincre ma répulsion, l'exagération du personnage que j'étais contraint de jouer pour dissimuler ma véritable nature, me donnaient une sorte de fièvre qui me soutenait ; mais quand l'habitude eut entièrement pris le dessus, quand je ne fus plus préoccupé de l'effet que je produisais sur les autres, quand je me trouvai à l'aise dans mon rôle de roué, l'ennui me prit au cœur et la monotonie de ces ignobles divertissements me causa un dégoût insurmontable. Alors je souhaitai de quitter Paris ; les rêves de l'ambition vinrent chatouiller ma pensée ; je brûlai de commencer enfin ma carrière. Ayant redoublé d'instances, j'obtins d'être envoyé à.... et je partis en toute hâte, ranimé, oublieux, le cœur confiant et l'esprit superbe, comme si j'allais à la conquête du monde.

En m'annonçant ma nomination, le ministre m'avait félicité de débuter dans la carrière sous les auspices d'un homme aussi éminent que M. R... Notre ambassadeur était reconnu pour un esprit de premier ordre. Dans plusieurs négociations importantes il avait exercé une influence décisive. Son opinion était toujours d'un grand poids. Le bruit courait, et cela ne surprenait personne, qu'il serait prochainement appelé à diriger les affaires.

Quand je le vis, sa réputation me sembla restée au-dessous de son mérite; il m'imposa singulièrement. Bien qu'il n'eût ni la tenue ni les manières d'un grand seigneur, il possédait au plus haut degré une sorte de souveraine et tranquille impertinence qui lui donnait, avant même que d'avoir parlé, la supériorité sur tous ceux qui l'abordaient. Son front pâle, son œil impénétrable, son geste rare et caractéristique, le patient dédain de sa parole toujours précise et d'une logique rigoureuse, lui assuraient dans la discussion l'autorité dont il s'emparait par sa seule présence.

Je ne négligeai rien pour conquérir, non pas sa bienveillance, c'était un sentiment impossible à lui supposer, mais son attention. Protégé par la mémoire de mon père, avec lequel il avait combattu, sous la restauration, les ennemis de la liberté, ayant réussi à le contenter dans plusieurs travaux qu'il m'avait choisis, il daigna, au bout d'assez peu de temps, m'admettre dans une sorte d'intimité; il causa, sinon avec moi, du moins en ma présence, et me fournit ainsi l'occasion vivement désirée d'étudier un homme qui, au dire de tous, possédait le génie des affaires et de la haute politique.

Cette étude fut longue. Mes notions premières ne m'aidaient pas à comprendre ; mon point de départ était faux. Je n'avais d'autre opinion, d'autres principes que ceux qui germent naturellement dans une âme honnête à la vue des misères de la société. Je croyais que le gouvernement d'un peuple ne devait être autre chose que l'application la plus complète possible des grandes lois de la justice naturelle ; que le but de tous les efforts, c'était le nivellement graduel et régulier des inégalités sociales, la répartition plus équitable des biens de la terre commune ; je pensais qu'assurer à tous le pain quotidien, la nourriture du corps et celle de l'intelligence, faire une place au soleil à cette multitude qui gémit courbée sous le poids du travail, c'était là le vœu de ceux qui font les révolutions. Je m'attendais à trouver dans M. R... l'expression puissante de ma pensée encore confuse. Il était du tiers-état ; il en faisait gloire. Je devais croire que dans les rangs d'une classe si longtemps opprimée il aurait nourri des sentiments de justice vivaces et impatients. Combien je me trompais ! Aux yeux de M. R..., gouverner c'était dominer ; c'était briser ou faire ployer toutes les volontés sous la sienne. Comme il ne craignait plus rien de la noblesse et que le tiers-état lui semblait assez asservi par l'amour du bien-être et les puériles vanités, il ne s'occupait que du peuple qu'il redoutait comme une force brutale, menaçante, contre laquelle il fallait, au plus vite, élever d'inexpugnables remparts. L'avénement des prolétaires, il en parlait comme de l'invasion des Barbares. Pourtant,

M. R... avait ce qu'on appelle des idées religieuses : c'était un penseur dans l'ordre chrétien; mais il n'avait retenu de l'évangile que le principe de la soumission et l'image du peuple juif se ruant sur la vérité pour la crucifier. M. R... était, en un mot, un esprit fortement trempé, mais une âme sans rayons; une intelligence circonscrite par la personnalité; un homme qui eût voulu arrêter à lui la marche des choses, et à qui tout progrès semblait accompli depuis que son ambition ne rencontrait plus d'obstacles.

Tout ce que j'avais d'idées généreuses, d'enthousiastes désirs, d'ambition même, fut refoulé par cette imposante figure, qui tenait dans ses mains rigides l'avenir de mon pays. Mes beaux romans politiques, mes chimères sociales s'évanouirent au souffle glacé de cet homme qui m'apparaissait comme une personnification du destin : calme, fort, impénétrable et inflexible. Je me sentais si petit, si faible auprès de lui, que le découragement le plus complet s'empara de moi. Désabusé sur le but de mes travaux, j'en perdis le goût; l'ambition me parut un sentiment puéril, indigne d'animer un grand cœur. Je retombai dans un désœuvrement assez triste, et, de ce désœuvrement, naquit un amour plus triste encore, qui fut mon illusion dernière.

Je ne vous parlerais pas de cette affection qui effleura à peine ma vie, si, en la traversant, elle n'avait emporté avec elle, comme un vent stérile, le dernier bon grain tombé à terre des épis dorés de ma jeunesse. La femme dont je devins épris était bien le produit le plus achevé qu'ait jamais offert à l'admiration du vulgaire la société aristocratique. Toute sa personne était étudiée, mais nulle contrainte ne se faisait sentir ; l'habitude et un savant exercice l'avaient rendue, en quelque sorte, naturellement affectée. Si la nécessité de se montrer simple et vraie avait pu se rencontrer dans son existence, je crois qu'elle en eût été singulièrement embarrassée ; depuis si longtemps le naturel avait disparu sous l'artifice, que bien certainement elle n'aurait plus su où le prendre.

Née bonne, intelligente, mais livrée au monde dès son enfance, et dès lors emportée par cette pitoyable émulation qui y tient les femmes haletantes sous l'aiguillon de la vanité, la comtesse de… s'était jetée dans mille travers, dans d'inexplicables inconséquences. Ainsi, au retour des offices divins, qu'elle fréquentait assidûment, on la voyait se parer et se farder comme une courtisane ; ainsi, elle qui eût frémi à la pensée d'une liaison coupable, elle avait de complaisants sourires pour les empressements les plus équivoques ; elle vivait enfin sans scrupule dans un compromis continuel entre des choses en apparence inconciliables. Elle traitait la religion comme le monde ; sa ferveur était une sorte d'amour platonique qui n'engageait à rien ; sa dévotion n'était autre chose que de la coquetterie avec Dieu.

Ce que j'eus à souffrir de cette liaison n'est pas croyable. J'aimais cette femme non pour ce qu'elle était, mais pour ce qu'elle aurait pu être. J'ai souvent pensé qu'elle m'aimait aussi, mais elle était faible et vaniteuse : elle n'avait ni le courage de la faute, ni l'héroïsme de la vertu. Elle m'écrivait des lettres pleines d'amour, puis elle me les redemandait en laissant percer les craintes les plus outrageantes. Je la quittais souvent exaltée, déterminée à tout braver pour moi ; une heure après, je la retrouvais prude et minaudière, en présence d'une foule d'imbéciles dont elle semblait ne pouvoir se passer. Parfois elle disait de ces choses hardies et naïves, entraînantes et délicates comme les femmes passionnées en trouvent au plus profond de leur cœur; mais aussitôt elle leur donnait pour commentaires les lieux-communs les plus déplorables, les plus vulgaires banalités. Je résistai trois mois à ces irritantes alternatives; puis un jour, sans motif, sans qu'aucun incident fût survenu, sans la prévenir, je saisis une occasion qui s'offrait, et je partis pour la France en évitant même de prendre congé d'elle.

Vous me croirez difficilement, Aurélie, si je vous dis qu'en la quittant... j'étais résolu, inébranlablement résolu au suicide. Une lassitude sans cause, un engourdissement de toutes mes facultés, pesaient sur moi et me rendaient odieux les actes les plus ordinaires de la vie; mon seul but, en retournant à Paris, était de revoir encore une fois les lieux où j'avais commencé de vivre, et d'y choisir bien à l'aise, sans rien précipiter, l'heure et les circonstances où il me conviendrait de mourir. Ce qui m'amenait là, vous devez le comprendre d'après le récit que je viens de vous faire, ce n'était pas un choc inattendu, c'était un successif et continuel désabusement. Mon âme n'était pas brisée par le désespoir, elle succombait sous l'action lente de la *désespérance*. Je n'accusais ni le sort ni les hommes; je quittais la vie comme on quitte avant la fin un banquet dont on trouve les mets insipides. Je ne voyais plus à l'horizon rien à désirer, rien à tenter, rien même à craindre; aussi je n'étais pas pressé de m'en aller, et je mis une sorte de complaisance à savourer les derniers moments que je m'accordais à moi-même.

Ayant envoyé ma démission au ministre, sous prétexte de santé, je ne fus plus obligé de voir personne. Je m'enfermai chez moi avec des livres et des fleurs, et je louai aux Italiens une petite loge très-cachée où j'allais plusieurs fois la semaine entendre de la musique. Il y avait pour moi un attrait vif et singulier dans ce lieu où la société se montrait parée de toutes ses grâces. J'aimais à me dire (l'orgueil a aussi sa sensualité) : tous ces plaisirs, tous ces enchantements de la jeunesse et de la fortune n'ont plus de pouvoir sur moi, aucune de ces illusions ne m'éblouit ; ces femmes si belles, si parées, si coquettes, je pourrais leur plaire, obtenir leur amour, je n'en veux pas ; ces jeunes gens si heureux des faveurs de la mode, je pourrais les égaler ou les éclipser, je n'en ai nul souci ; ces prétendus hommes d'État qui viennent ici se délasser de leurs travaux, je pourrais au bout de bien peu d'années être des leurs, les traiter comme mes pairs, mais je souris de pitié en les regardant, et je refuse l'honneur de leur compagnie.

Si vous saviez, ma noble amie, combien les choses de ce monde paraissent petites et misérables à quiconque est bien déterminé à mourir ; combien toutes les proportions s'amoindrissent à l'œil de celui qui a gravi les hauts sommets de la pensée, ces sommets où nous porte tout d'un coup le sombre enthousiasme du renoncement volontaire. C'est la vie forte et puissante qui précipite l'homme dans les voies de l'erreur. La mort est sœur de la vérité. On dirait que, pour tempérer les horreurs de son approche, elle aime à se faire précéder de cette sœur auguste, et qu'avant d'enlever l'ame à son existence terrestre, elle consent à lui laisser voir les choses finies sous le rayon infini. La vérité parle au cœur qui va mourir, à l'intelligence qui va s'éteindre ; et ce qu'elle nous dit alors, Aurélie, croyez-moi, il n'est plus en notre pouvoir de l'oublier jamais. Je ne sais plus quel saint personnage a dit : « Je ne croyais pas qu'il fût si doux de mourir. » Moi, je disais avec une satisfaction tranquille : je ne croyais pas qu'il fût si *simple* de mourir.

J'avais fixé le 28 février pour l'accomplissement de mon dessein. C'était un jour de bal à l'Opéra. En partie pour gagner l'heure où les quais sont déserts, en partie par le désir d'éprouver ma propre résolution et d'affronter un violent contraste, j'entrai dans la salle et j'allai m'asseoir à une galerie des cinquièmes d'où je pouvais embrasser l'ensemble de ces saturnales. En plongeant dans ce gouffre, je crus avoir tout d'un coup la vision d'un cercle de l'*Enfer* de Dante. C'était bien « *la bufera infernal, che mai non resta.* » A travers une vapeur chaude et épaisse, montait jusqu'à moi, pareille au mugissement de la mer houleuse qui se brise sur les galets, une immense et sourde rumeur. Les sons stridents des instruments de cuivre éclataient par moments comme un rire de démon au sein de ce bruit. Des tourbillons de formes étranges, haletantes, éperdues, pressées sans relâche par le rhythme impérieux de la musique, semblaient, en se poursuivant, obéir à une nécessité incompréhensible. L'œil se lassait en vain à vouloir saisir quelque chose de distinct dans ce chaos de couleurs et de lignes mouvantes. C'était l'orgie effrénée de la matière, le triomphe de la chair révoltée contre l'esprit, la personnification du vertige.

Je regardai cela longtemps avec une extrême tristesse.

« Le sentiment qui amène ici, me disais-je, tout ce peuple qui va demain reprendre la chaîne de ses misères et expier, par un travail au-dessus de ses forces, une heure d'oubli, qu'est-ce donc, si ce n'est le sentiment qui me conduit au tombeau : le besoin d'échapper à une vie odieuse, à des réalités écrasantes ? Eux, les pauvres d'esprit, ils s'y soustraient par l'ivresse des sens ; moi, à qui ont été données la science et la raison, je ne puis m'y soustraire que par l'ivresse suprême de l'intelligence : le suicide. » Et tout en songeant ainsi, je traversai la foule bigarrée, je repoussai doucement des masques de femmes qui m'accostaient, et je m'acheminai vers la Seine. Le temps était froid, le ciel pur comme en cette nuit de douloureuse mémoire où, défaillant sur les marches d'une église, j'avais pleuré mes premières illusions ravies. Cette fois je ne pleurais pas ; mon œil était sec, ma tête calme ; comme je vous l'ai dit, mourir me semblait et me semble encore l'action la plus simple du monde.

Sous les arcades de la rue de Rivoli, je heurtai presque du pied un homme étendu à terre, qui paraissait dormir d'un profond sommeil. Les haillons dont il était couvert annonçaient la misère. Je m'arrêtai un instant à le considérer ; il y avait dans le caractère de sa figure et dans la manière dont sa tête reposait sur son bras une noblesse remarquable ; je songeai à l'éveiller pour lui donner quelques pièces d'or restées dans ma bourse, mais je ne pus me résoudre à troubler son sommeil. Qui sait, me disais-je, quels sont les bonheurs renfermés dans ce repos, et quelles consolations mystérieuses descendent sur l'infortuné qui dort ? Je glissai tout ce que j'avais d'argent sous un pli des vêtements de cet homme, de manière à ce que, en s'éveillant, il dût s'en apercevoir tout de suite, et je lui dis adieu comme à mon dernier ami. Avant une heure, pensai-je, la main qui t'a secouru, ô toi dont j'ignore le nom, mais que j'ai aimé une minute, avant de mourir, cette main sera raide et glacée ; mais la joie qu'elle t'aura donnée vibrera dans toute sa force, et cette joie en enfantera d'autres ; et qui pourrait dire ce que produira dans ta destinée ce dernier acte d'une volonté qui va rentrer dans le néant ?.... Mais non, il n'est point de néant ; rien ne périt, tout se transforme ; ce qui a été ne peut plus cesser d'être ; tout est en Dieu et Dieu est tout..... Qu'est-ce que notre existence éphémère ? Qu'est-ce que notre passage ici-bas ?..... L'ombre d'un nuage qui fuit sur le pli d'une onde qui s'efface !

Ce furent là mes dernières pensées, le reste fut machinal. J'arrivai sur le Pont-des-Arts, j'épiai un moment où personne ne passait et je me précipitai. Il faut croire que l'instinct de la conservation triompha de ma volonté ; car on me retrouva à six cents pas de là, évanoui sur la rive. Par un hasard, dois-je dire providentiel, le médecin qui fut appelé pour me donner des soins était votre ami ; mon nom lui était connu ; il vous parla de moi. Le lendemain, en m'éveillant, je vis votre noble et grande figure penchée sur mon lit, et je sentis deux larmes tomber sur ma joue. Le reste, vous le savez. Vous savez combien je vous vénère. J'ai écouté à genoux l'histoire simple et grave de votre vie ; j'admire l'héroïsme constant qui vous a fait toujours tout sacrifier à la notion du devoir que vous avez puisée au sein de vos croyances ; mais n'exigez pas que je vous imite ; je ne puis agir comme vous, parce que je ne crois pas comme vous. Mon premier pas dans la vie de l'âme a été un sacrilége ; mon premier pas dans la vie du cœur une débauche ; mon premier pas dans la vie de l'intelligence la rencontre d'un égoïsme tout-puissant. Qu'ai-je encore à apprendre ? qu'ai-je à espérer ? Laissez-moi donc mourir !

VI

Je ne te dirai pas d'agir comme moi, Julien ; je ne te prêcherai pas même mes croyances. Quand Dieu daigne regarder une âme, elles y naissent soudain dans un tressaillement d'amour ; mais la parole humaine est impuissante à les imposer. Tout ce que je puis faire, c'est de prier la mansuétude infinie de ne pas trop longtemps différer. Il est plusieurs chemins qui conduisent au royaume céleste. Le catholicisme, vois-tu, mon enfant, c'est la route royale ; elle est droite, bordée de larges fossés qui empêchent qu'on ne dévie ; de grands esprits de tous les siècles, pareils à des arbres majestueux, y donnent au croyant leur rafraîchissant ombrage ; les sacrements, comme des bornes milliaires, marquent la distance franchie ; un sacerdoce vigilant est sans cesse occupé à réparer les ravages faits par l'impiété et la licence ; on marche dans cette magnifique voie avec confiance, avec certitude, car la foi découvre de bien loin à l'horizon le triangle lumineux, la délivrance promise : c'est la route où mon Ange gardien m'a conduite.

Toi, Julien, qui as abandonné le droit et facile chemin, toi qui as osé désespérer de la vie et de toi-même, tu ne reviendras au Seigneur que par de plus longs et de plus incertains sentiers ; mais tu lui reviendras parce que tu es de la race des poëtes ; tu lui reviendras par la contemplation de la beauté, toi qui as connu les divins enthousiasmes et qui as senti dans ton cœur le frémissement sacré de la vie idéale.

Tu peux encore aimer, Julien ; élargis ton âme et ta pensée pour comprendre et étreindre l'éternelle et toujours jeune nature ; repose ta tête fatiguée sur le sein de cette mère bienfaisante, dont les mamelles ne tarissent jamais. Depuis l'astre qui traverse le firmament jusqu'à l'insecte qui se traîne sur un brin d'herbe ; depuis la baleine qui fend les mers jusqu'à l'infusoire qui naît et meurt dans une goutte d'eau ; depuis le cèdre couronné de nuages jusqu'à la roche inerte qui repose à ses pieds, aime tout, unis-toi à tout, et tu te sentiras soulevé et porté bien près de Dieu. Julien, Julien ! ne meurs pas. Tu m'as dit que tu n'avais pas de hâte : ne détermine donc rien. Laisse encore, quelques jours seulement, ton sourire plein de grâce traverser, comme un rayon d'espoir et d'amour, la brume déjà si froide de mes jours d'automne.

VII

Le docteur S... part tout à l'heure pour la Suisse. Il va chez des amis à moi, qui sont les plus excellentes gens que j'aie jamais connus. Va avec lui, j'ai besoin de demeurer un peu seule. Ta tristesse et ton découragement me gagnent ; cela ne doit pas être, il faut nous séparer pour un peu de temps. Tu m'as promis de m'obéir en aveugle, pars donc. Si tu te déplais plus là-bas qu'ici, tu reviendras.

VIII

Vous le voulez, je vous obéis, quoique je ne puisse rien comprendre à ce caprice. Que pouvait-il donc y avoir de mieux pour moi que de vous voir le plus souvent possible avant de mourir ? Dois-je croire que je vous gênais, que ma tristesse vous devenait importune ? Quoi qu'il en soit, Aurélie, je pars. Adieu.

IX

Vallée du Rhône.

En vérité, vous avez eu raison de m'envoyer ici. Ce lieu semble fait pour ceux qui ne savent ni vivre ni mourir, Il est comme pénétré d'une mélancolie résignée. On peut y attendre patiemment. Auprès de vous, Aurélie, je le sens maintenant, j'étais honteux de moi-même ; l'atmosphère que vous respirez était trop forte pour mon âme allanguie. Je souffrais de trouver dans le cœur d'une femme une constance, une fermeté que je cherchais en vain dans le mien. Sans le vouloir, vous me faisiez trop tristement sentir l'infériorité de ma nature. Je vous admire trop, Aurélie, pour vivre à l'aise auprès de vous ; et puisque vous voulez que je vive, enfin, vous avez bien fait de m'éloigner.

La maison qu'habitent les M... est simple et de peu d'apparence au dehors, mais commode et hospitalière à l'intérieur. Une avenue de platanes y conduit. Les murs tapissés de jasmin, le sable toujours bien lissé de la cour, les plates-bandes encadrées de buis d'où s'exhale un parfum de réséda et de chèvrefeuille, semblent vous inviter, par leur charme familier, aux douceurs d'une existence obscure. Un verger s'étend au midi jusqu'au pied de la montagne ; là des pommiers, des poiriers, des cerisiers sont épars dans un désordre plein de bonhomie, sur une pelouse qu'arrose un petit cours d'eau toujours limpide et murmurant. Une haie de ronces et de clématites borne cet enclos. Tout auprès, un sentier aux allures négligentes se glisse comme une couleuvre sous les châtaigniers qui couvrent le premier plateau de la montagne, et de là, en suivant les déchirures d'un torrent, il grimpe jusqu'au sommet, d'où l'œil plonge sur la vallée sombre. A la tombée de la nuit, le paysage se revêt d'une beauté incomparable. La chaîne des Alpes découpe à l'horizon ses masses d'un bleu violet. De distance en distance, à un plan plus éloigné, on voit resplendir quelque pic neigeux, que les dernier rayons du soleil couchant teignent de pourpre et d'or. Le silence descend sur la campagne ; on n'entend que le mugissement du Rhône qui se précipite, impatient et comme dédaigneux de sa rive, vers les horizons majestueux et paisibles du lac Léman. Les troupeaux, en regagnant l'étable, jettent dans l'air le rhythme inégal et doux de leurs clochettes. On respire partout une saine odeur de mélèze et de plantes aromatiques ; et quand une brise légère effleure en courant les hautes cimes des bouleaux, on dirait l'esprit des nuits heureuses qui passe.

J'ai été reçu dans la famille M... comme je désirais l'être, sans empressement et sans contrainte. Au bout de très-peu d'heures, il semblait que j'avais toujours été là. Les habitudes d'intérieur n'ont pas changé. Seulement ils ont eu l'art de me faire croire qu'avant mon arrivée, quelque chose devait leur avoir manqué. Ils ont la politesse innée des gens de cœur. Ils ne s'inquiètent ni ne se mettent en peine de beaucoup de choses, parce qu'ils savent qu'*une seule est nécessaire*. Ils ont l'air de supposer que je dois me plaire avec eux, et me donnent ainsi une sorte de tranquillité qui me fait du bien.

M. M.... est une homme loyal et bon, assez vieux pour avoir déjà eu le tems de se réconcilier avec la vieillesse ; sa femme est aimable ; c'est une sainte personne qui s'ignore elle-même. Elle a passé sa vie dans la sérénité des vertus faciles et ne se doute seulement pas qu'il y ait au monde de mauvaises passions et des êtres mal nés. Quant à leur fille, je ne sais rien d'elle, si ce n'est qu'elle chante divinement, qu'elle se met au piano toutes les fois que je l'en prie, et qu'on lui a donné un nom italien infiniment doux à prononcer : elle s'appelle Gemma.

X

Tu ne m'écris plus, Julien. D'autres que toi me donnent de tes nouvelles. On me dit que tu es mieux portant, que tu parais moins absorbé. C'est une grande joie pour mon cœur, mais c'est une tristesse de penser que tu n'éprouves pas le besoin de me le dire.

XI

Je viens de faire avec Mme M... et sa fille une longue tournée dans l'Oberland. Je n'aurais jamais cru que l'action des choses extérieures pût être aussi forte. La nature, dans son silence, est plus éloquente que la parole humaine. Oui, Aurélie, le spectacle de cette nature grandiose a fait sur mon esprit un effet inconcevable. Ces monts immaculés, ces pyramides de glace, ces lacs comblés par des volcans, ces roches menaçantes où s'abritent les touffes rosées du rhododendron, ces béantes cavernes où conduisent des sentiers parfumés de cyclamens, le grondement de l'avalanche qui se précipite, l'iris qui se balance dans la vapeur argentée des cascades, le cri de l'aigle et le bramement du chamois sur les cimes abandonnées, la fertilité des étroits plateaux disputée à la sévérité des monts, toute cette nature à la fois terrible et gracieuse, sombre et riante, ce contraste d'une éternelle immobilité avec les convulsions d'un chaos qui se transforme, cette lutte formidable des esprits de la terre entre eux, agit puissamment sur moi. Il me semble que si je pouvais vivre toujours ici, sans aucun commerce avec le monde, je bénirais encore l'existence, et je rendrais grâces à Dieu de m'avoir empêché de mourir.

XII

Et cette jeune fille au nom mélodieux, est-elle belle?

XIII

Je ne sais pas si elle est belle; je sais que chaque jour je la trouve plus semblable à ce que j'étais aux jours de ma première jeunesse. Elle est de ces femmes en qui réside, à leur insu même, un mystère sacré d'ineffable tristesse. Sous sa longue paupière, on sent une force attirante et douce. Elle a des alternatives subites et singulières de gaieté sans cause et d'abattement mélancolique; il lui prend des rires d'enfant à propos de rien; puis, tout à coup, on voit le rayon disparaître à ses beaux yeux, une ombre pâlit son front, ses joues se décolorent, tout son corps semble s'affaisser sous un poids invisible; elle ressemble alors à un palmier du désert, dont les feuilles droites et fières s'inclinent soudain et s'abaissent tristement sous le souffle orageux du *simoun* qui passe. Comme rien n'a été faussé en elle par le monde ou l'éducation (elle ne s'est jamais éloignée de sa mère et n'a jamais quitté la vallée), comme ses idées et ses sentiments n'ont pas été froissés par l'expérience, elle est à la fois enthousiaste et sensée, naïve et forte ; son âme a des clartés merveilleuses ; on sent que toutes les espérances y ont un libre accès, et que tous les dévouements s'y trouveraient à l'aise.

XIV

Tu l'aimeras, Julien ; car cette femme est ce que tu aurais été si le vent aride du monde n'avait flétri dans ton cœur la fleur de l'idéal. Tu l'aimeras, parce qu'il est impossible qu'un être aussi semblable à toi ne t'inspire pas un sentiment durable. On dit que l'amour naît des oppositions, des contrastes ; que les caractères forts subjuguent les natures faibles, que les imaginations vives séduisent les esprits positifs, que les ardeurs du sang méridional s'allument surtout à la vue des froides beautés du nord ; cela est vrai pour la plupart des hommes, chez lesquels une vie désordonnée a perverti les primitifs instincts. La curiosité pousse alors l'un vers l'autre les êtres les plus dissemblables, parce que, pour les cœurs et les sens blasés, l'amour n'est qu'un accident, une surprise, une mutuelle recherche de l'imprévu, une sorte de jeu dont les combinaisons sont plus variées quand les esprits sont plus contraires. Mais l'amour vrai et profond, cet amour si différent de l'autre par son essence et sa durée, qui naît sans effort, qui grandit sans secousse, et sur lequel le temps est sans puissance, celui-là, Julien, c'est le rapprochement naturel d'éléments semblables, c'est l'harmonie de deux cœurs au timbre pareil, c'est l'accord mystérieux que rendent deux âmes prédestinées, quand le doigt le Dieu vient à s'y poser aux heures de jeunesse et d'enthousiasme. Tu aimeras Gemma.

XV

Que devenez-vous, Aurélie? Depuis deux mois je n'ai pas reçu une seule ligne de vous. M'auriez-vous oublié Oh! cela n'est pas possible. Seriez-vous malade? Pourquoi ne pas me le faire savoir? Toutes les félicités du ciel et de la terre, ne savez-vous pas que je les quitterais à l'instant sur une parole de vous? Aurélie, ma mère, écrivez-moi.

XVI

Au moment où tu recevras cette lettre, mon cher Julien, j'aurai quitté la France. Dans très-peu de jours, je serai à Rome et j'y prendrai le voile au couvent de la Trinita-dei-Monti. Depuis bien des années c'était un projet arrêté dans mon esprit ; mais Dieu a toujours envoyé sur mon chemin quelqu'un de plus malheureux que moi à secourir, de plus chancelant à fortifier. Maintenant je crois avoir acquis le droit de songer à mon repos. Tu es heureux ; tu vas épouser la femme que tu aimes. Je n'ai plus rien à faire ici-bas. Si tu as une fille, appelle-la Aurélie. Ce nom, je vais le quitter comme le dernier anneau qui m'attache à un monde dont je ne dois plus me souvenir. Ecris-le en caractères ineffaçables dans ton cœur, et qu'il y rappelle toujours une affection qui fut sans partage et sans bornes. Adieu.
Julien.

TABLE

Nélida..	1
Hervé..	265
Julien..	321

www.ingramcontent.com/pod-product-compliance
Lightning Source LLC
Chambersburg PA
CBHW050750170426
43202CB00013B/2374